CAMPAGNE DE 1870-1871

SIÉGE DE PARIS

L'auteur et l'éditeur déclarent réserver leurs droits de traduction et de reproduction à l'étranger.

Cet ouvrage a été déposé au ministère de l'intérieur (section de la librairie) en mars 1872.

Paris. — Typographie de E. Plon et Cie, rue Garancière, 8.

CAMPAGNE DE 1870-1871.

SIÉGE DE PARIS

OPÉRATIONS

DU 13ᵉ CORPS ET DE LA TROISIÈME ARMÉE

PAR

LE GÉNÉRAL VINOY

Troisième Edition

PARIS

E. PLON et Cⁱᵉ, IMPRIMEURS-ÉDITEURS

10, RUE GARANCIÈRE

1874

Tous droits réservés.

A S. E. LE GÉNÉRAL DE DIVISION DE CISSEY,

MINISTRE DE LA GUERRE.

Paris, le 1er mars 1872.

Monsieur le Ministre,

J'ai l'honneur de vous adresser le rapport détaillé des diverses opérations militaires auxquelles ont pris part les troupes placées sous mon commandement depuis le 17 août 1870 jusqu'au 1er juillet 1871. Pendant cette triste et fatale période, les événements seuls ont eu la parole : les valeureux efforts des troupes, les combats incessants qu'elles ont livrés, n'ont été, jusqu'à ce jour, rendus publics et connus que par les secs et courts résumés des télégrammes parfois inexacts et toujours incomplets.

Nommé successivement au commandement du 13e corps d'armée, de la troisième armée de Paris, puis de l'armée de Paris tout entière, et enfin de l'armée de réserve à Versailles, je dois au ministre de la guerre, de qui ont émané les instructions qui m'ont fait agir, le compte rendu aussi complet que possible de mes opérations. Je dois également lui faire connaître dans quelle mesure j'ai été secondé, pendant l'accomplissement des diverses missions que j'ai eu à remplir, par les officiers et les soldats qui ont combattu sous mes ordres.

Tel est l'objet du présent rapport, qu'en raison de son étendue j'ai cru devoir livrer à l'impression, autant pour lui donner plus de précision et de clarté que pour faciliter sa lecture.

La publication de ce travail est faite un peu tardivement peut-être, mais le temps a manqué pour un achèvement plus rapide : le classement et l'analyse de nombreux documents restés entre mes mains ou retrouvés depuis le 18 mars, ont demandé un soin minutieux et n'ont pu se faire qu'avec une certaine lenteur, au milieu du dépouillement d'archives nombreuses forcément demeurées en désordre, et où il a fallu reprendre, puis discerner les pièces les plus nécessaires. Enfin l'étude, dans ses moindres détails, d'une partie des lignes de circonvallation prussiennes, que j'ai confiée à mon aide de camp, M. le chef d'escadron d'état-major de Sesmaisons, et dont je tenais beaucoup à conserver les traces, qui chaque jour s'effacent et disparaissent, a également nécessité un travail des plus longs et des plus difficiles, et sur l'importance duquel je prends la liberté d'appeler tout particulièrement votre attention.

Aujourd'hui que ce rapport est terminé, vous pouvez mieux que personne, Monsieur le Ministre, apprécier, en le lisant, les efforts que nous avons faits pour la défense du pays et pour le rétablissement de l'ordre. Je m'empresse donc de mettre sous vos yeux ce récit, où j'ai évité avec soin toute discussion politique ou tout jugement personnel, et je veux espérer qu'il obtiendra votre approbation.

Veuillez agréer, Monsieur le Ministre, l'assurance de ma haute considération.

Le général de division,

VINOY.

PREMIÈRE PARTIE

OPÉRATIONS DU 13ᵉ CORPS D'ARMÉE

AVANT LE SIÉGE DE PARIS

RETRAITE DE MÉZIÉRES

RÉCIT

DES

OPÉRATIONS QUI ONT PRÉCÉDÉ LE SIÉGE DE PARIS

CHAPITRE PREMIER.

FORMATION DU 13ᵉ CORPS D'ARMÉE.

C'est seulement le 16 août que le 13ᵉ corps d'armée commença à se former à Paris, sous les ordres du général de division Vinoy.

Voici quel fut le tableau de sa formation :

Commandant en chef : Le général de division Vinoy.

Aide de camp : De Sesmaisons, capitaine au corps d'état-major.

Officier d'ordonnance : Castelnau, sous-lieutenant aux cuirassiers de la garde impériale.

ÉTAT-MAJOR GÉNÉRAL.

De Valdan, général de brigade, chef d'état-major ;

Filippi, lieutenant colonel au corps d'état-major, sous-chef d'état-major

Étaient attachés à l'état-major les officiers au corps d'état-major dont les noms suivent :

LANIER, chef d'escadrons;

MASSON, capitaine;

GONSE, capitaine;

BOISDEFFRE (Raoul DE), capitaine.

INTENDANCE MILITAIRE.

VIGUIER (Jacques), intendant militaire.

GÉNIE.

DUPOUET, colonel, commandant le génie.

LEBESCOND DE COATPONT, lieutenant-colonel, chef d'état-major du génie.

Étaient attachés à l'état-major les officiers du génie dont les noms suivent :

LASVIGNES, capitaine;

ATTELEYN, capitaine;

BLANCHARD, capitaine;

MARCILLE, capitaine;

PINGAT, garde de première classe;

TERLÉ, garde de deuxième classe.

ARTILLERIE.

RENAULT D'UBEXI, général de brigade, commandant l'artillerie.

Aide de camp : DE CONTENCIN, capitaine d'artillerie.

Chef d'état-major : Lucet, lieutenant-colonel d'artillerie, chef d'état-major.

Étaient attachés à l'état-major les officiers d'artillerie dont les noms suivent :

Vaudrey, chef d'escadron;

Gras, capitaine;

Blanc, garde de deuxième classe.

VÉTÉRINAIRES.

Beyhamer, vétérinaire en second;

Clément, aide vétérinaire.

INFANTERIE.

1re DIVISION.

D'Exéa, général commandant la division.

Chef d'état-major : De Belcaric, colonel au corps d'état-major.

Étaient attachés à l'état-major les officiers au corps d'état-major dont les noms suivent :

Pinoteau, capitaine;

Rouvière, capitaine;

Altmayer, lieutenant.

Génie.

Guyot, chef de bataillon du génie, commandant[1]:
1re compagnie de sapeurs du 2e régiment du génie.

---

[1] Tué à la bataille de Champigny.

Artillerie.

Charpentier de Cossigny, chef d'escadron, commandant :

    3º batterie du 10º régiment;
    4º batterie du 10º régiment;
    3º batterie du 11º régiment.

1re *brigade.*

Mattat, général de brigade, commandant :

    Une compagnie du 5º bataillon de chasseurs à pied;
    Une compagnie du 7º bataillon de chasseurs à pied;
    5º régiment de marche (formé des quatrièmes bataillons des 2º, 9º et 11º de ligne);
    6º régiment de marche (formé des quatrièmes bataillons des 12º, 15º et 19º de ligne).

2º *brigade.*

Daudel, général de brigade, commandant :

    7º régiment de marche (formé des quatrièmes bataillons des 20º, 23º et 25º de ligne);
    8º régiment de marche (formé des quatrièmes bataillons des 29º, 41º et 43º de ligne).

2ᵉ DIVISION.

De Maud'huy, général de division, commandant.

Chef d'état-major : Crepy, colonel au corps d'état-major.

Étaient attachés à l'état-major les officiers au corps d'état-major dont les noms suivent :

Durostu, capitaine;
De Malglaive, capitaine;
Deshorties de Beaulieu, lieutenant.

Génie.

Mengin, chef de bataillon du génie, commandant 15ᵉ compagnie de sapeurs du 2ᵉ régiment.

Artillerie.

Berthault, chef d'escadron d'artillerie, commandant :
    3ᵉ batterie du 2ᵉ régiment;
    4ᵉ batterie du 2ᵉ régiment;
    4ᵉ batterie du 9ᵉ régiment.

1ʳᵉ *brigade.*

Guérin, général de brigade, commandant :
    9ᵉ régiment de marche (formé des qua-

trièmes bataillons des 51ᵉ, 54ᵉ et 59ᵉ de ligne);

10ᵉ régiment de marche (formé des quatrièmes bataillons des 69ᵉ, 70ᵉ et 71ᵉ de ligne).

2ᵉ *brigade.*

BLAISE[1], général de brigade, commandant :

11ᵉ régiment de marche (formé des quatrièmes bataillons des 75ᵉ, 81ᵉ, 86ᵉ de ligne);

12ᵉ régiment de marche (formé des quatrièmes bataillons des 90ᵉ, 93ᵉ et 95ᵉ de ligne).

3ᵉ DIVISION.

BLANCHARD, général de division, commandant.

Chef d'état-major : BOUDET, chef d'escadron au corps d'état-major.

Étaient attachés à l'état-major les officiers au corps d'état-major dont les noms suivent :

DOCTEUR, capitaine;

CROISSANDEAU, capitaine;

DEL CAMBRE, capitaine.

Génie.

DE BUSSY, chef de bataillon du génie, commandant :

15ᵉ compagnie de sapeurs du 3ᵉ régiment.

[1] Tué à l'ennemi le 21 décembre 1870.

Artillerie.

MAGDELAINE, chef d'escadron d'artillerie, commandant :

    3ᵉ batterie du 9ᵉ régiment d'artillerie ;
    3ᵉ batterie du 13ᵉ régiment d'artillerie ;
    4ᵉ batterie du 13ᵉ régiment d'artillerie.

1ʳᵉ brigade.

Baron SUSBIELLE, général de brigade, commandant :

    Une compagnie du 1ᵉʳ bataillon de chasseurs à pied ;
    Une compagnie du 2ᵉ bataillon de chasseurs à pied ;
    13ᵉ régiment de marche (formé des quatrièmes bataillons des 28ᵉ, 32ᵉ et 49ᵉ de ligne) ;
    14ᵉ régiment de marche (formé des quatrièmes bataillons des 55ᵉ, 67ᵉ et 100ᵉ de ligne).

2ᵉ brigade.

GUILHEM[1], général de brigade, commandant :
    35ᵉ régiment de ligne (trois bataillons) ;
    42ᵉ régiment d'infanterie de ligne.

---

[1] Tué à l'ennemi le 30 septembre 1870.

Réserve d'artillerie.

Hennet, colonel d'artillerie, commandant.
Lefébure, chef d'escadrons :
 3ᵉ batterie du 14ᵉ régiment d'artillerie;
 4ᵉ batterie du 14ᵉ régiment d'artillerie.
Delcros, chef d'escadrons :
 3ᵉ batterie du 6ᵉ régiment d'artillerie;
 4ᵉ batterie du 6ᵉ régiment d'artillerie.
Dorat, chef d'escadrons :
 3ᵉ batterie du 12ᵉ régiment d'artillerie;
 4ᵉ batterie du 12ᵉ régiment d'artillerie;

Parc d'artillerie.

Hugon, colonel d'artillerie, directeur.
Galle, chef d'escadrons, sous-directeur.
Zickel, capitaine d'artillerie, adjoint.

Cavalerie. — Une division de cavalerie, formée tout entière à Paris, devait être attachée au 13ᵉ corps et placée sous les ordres du général Reyau; mais elle fut envoyée au camp de Châlons avant l'achèvement de la complète organisation du corps d'armée.

Artillerie. — En effet, malgré l'activité et les soins du général en chef, la formation et la réunion du 13ᵉ corps d'armée éprouvaient de grandes difficultés. L'artillerie fut prête la première : elle était réunie à Vincennes, et comprenait quinze batteries ou quatre-vingt-dix pièces, dont voici le détail :

6 batteries divisionnaires de 4 rayé ;
3 batteries divisionnaires de mitrailleuses ;
2 batteries de réserve de 4 rayé ;
4 batteries de réserve de 12 rayé.

L'effectif des troupes composant le 13ᵉ corps d'armée devant dépasser 30,000 hommes, c'était donc un chiffre d'environ trois pièces par 1,000 hommes. Cette artillerie était d'ailleurs suffisamment instruite, et surtout bien attelée et bien équipée.

Infanterie. — L'infanterie n'avait pas la même valeur. La seule brigade du général Guilhem, composée de troupes anciennes, bien exercées et aguerries, avait une véritable solidité. Ses deux régiments, les 35ᵉ et 42ᵉ de ligne, avaient fait partie de la division stationnée dans les États romains : ils arrivaient à Paris avec une organisation régulière et un effectif complet; en outre, ils étaient dispos et pleins d'ardeur.

Les dix autres régiments étaient encore en voie de formation. Les trente bataillons qui doivent les composer arrivent successivement de tous les points de la France. Les cadres d'officiers sont très-incomplets; ceux des 5ᵉ et 6ᵉ compagnies des bataillons ne sont pas encore nommés[1]; les effectifs surtout sont inégaux, ainsi qu'on peut en juger par les situations d'arrivée suivantes :

4ᵉ bataillon du 2ᵉ de ligne : 10 officiers, 629 hommes.
4ᵉ bataillon du 49ᵉ de ligne : 10 officiers, 306 hommes.
4ᵉ bataillon du 70ᵉ de ligne :   »   400 hommes.
4ᵉ bataillon du 12ᵉ de ligne : 7 officiers, 928 hommes.
4ᵉ bataillon du 19ᵉ de ligne : 8 officiers, 510 hommes.
4ᵉ bataillon du 15ᵉ de ligne : 11 officiers, 555 hommes.

Les effectifs de ces bataillons présentaient, comme on le voit, une très-grande disproportion : l'un d'eux, par exemple, se trouva être de 1,200 hommes, tandis qu'un autre, le 49ᵉ, en comptait seulement 306. Ces différences, d'ailleurs, avaient en réalité peu d'inconvénients, car il était facile d'y suppléer par une mesure administrative; mais il n'en était pas de même de l'insuffisance des cadres. Ainsi, un bon régiment d'infanterie de ligne partait avec un cadre de 62 officiers pour trois bataillons, tandis que les régiments de marche n'avaient, au début, que 25 ou 30 officiers en moyenne, et leurs cadres inférieurs n'étaient pas mieux constitués en sous-officiers et caporaux.

D'autre part, les instructions du ministère

---

[1] Ils ne l'étaient pas encore le 19 septembre 1870.

avaient été interprétées et exécutées par les dépôts de manières tout à fait différentes. Les uns avaient compris dans les bataillons qu'ils envoyaient tous les hommes armés et équipés, mesure qui leur donnait un effectif considérable : d'autres, au contraire, avaient voulu n'y faire figurer que des soldats ayant déjà reçu un commencement d'éducation militaire. Pour tous, du reste, sans aucune exception, l'instruction était très-défectueuse; la plupart des nouveaux arrivants n'avaient jamais tiré à la cible avec le fusil Chassepot, dont ils connaissaient à peine le maniement; tous, enfin, ou à peu près tous, ignoraient absolument le service en campagne.

Intendance. — En tout temps ces vices d'organisation eussent présenté de nombreux et de graves inconvénients : trente corps différents avaient fourni des bataillons qu'il fallait refondre dans des cadres nouveaux et auxquels manquaient surtout les premières qualités qui font les bonnes troupes : l'union et la cohésion. Mais ces inconvénients se faisaient alors d'autant plus sentir que la crainte d'être prévenus et même surpris par la rapidité des événements obligeait à une formation plus prompte et par conséquent forcément incomplète. Le service de l'intendance, dont l'organisation éprouvait aussi de grands retards, était surchargé par le travail incessant et minutieux que lui imposait la nécessité de remédier, autant que possible, aux difficultés plus grandes de la situation.

Service médical. — C'est seulement le 26 août que fut organisé le service médical du 13ᵉ corps. Son personnel était à Paris, mais il y demeurait sans emploi ni destination. L'expédition des lettres de service aux divers titulaires qui le composaient avait souffert, même en ce suprême moment, des lenteurs inexplicables, et c'est pour ainsi dire de haute lutte que durent être arrachées aux bureaux de la guerre les nominations nécessaires.

Trésorerie. Génie. — Le service de la trésorerie n'existait pas encore. Une seule compagnie du génie pouvait alors rejoindre le 13ᵉ corps. La 15ᵉ compagnie du 2ᵉ régiment, destinée à la 2ᵉ division, avait été détachée au fort de Vanves. La 15ᵉ compagnie du 3ᵉ régiment, attribuée à la 3ᵉ division, était au château de Meudon.

Mais les plus grandes difficultés d'organisation portaient, ainsi que nous l'avons déjà fait voir, principalement sur l'infanterie, c'est-à-dire sur la partie du 13ᵉ corps qui devait faire sa plus grande force. Ces difficultés, grâce aux efforts généreux de tous, furent heureusement surmontées. Les

9ᵉ, 10ᵉ, 13ᵉ, 14ᵉ régiments de marche, devenus aujourd'hui les 109ᵉ, 110ᵉ, 113ᵉ et 114ᵉ de ligne, ont déjà une histoire glorieuse, et c'est aux services qu'ils ont rendus avant et pendant le siége qu'ils ont dû d'être maintenus dans l'armée après la guerre.

Mais il n'est pas moins vrai qu'on ne pouvait demander dès les premiers combats, à des troupes aussi jeunes et surtout aussi peu éprouvées, le même effort que celui qu'on était en droit d'attendre de troupes anciennes et expérimentées, et que la première règle était de ne les employer qu'avec modération et prudence. Le 14ᵉ corps d'armée, formé peu après le 13ᵉ, avec des éléments analogues, eut à lutter contre les mêmes difficultés, et sa conduite, le premier jour qu'il fut mené au feu, le 19 septembre, à Châtillon, a montré tout le danger qu'il y a d'engager à fond des troupes qui n'ont pas encore acquis la cohésion et la solidité nécessaires.

La période de formation du 13ᵉ corps d'armée dura du 16 au 26 août. Pendant ce temps, quelques modifications furent apportées à sa composition, et le général Guérin étant tombé malade, fut remplacé dans le commandement de la 1ʳᵉ brigade de la 2ᵉ division par le général Dumoulin, récemment promu.

Enfin, le 22 août, la division de cavalerie partit pour le camp de Châlons, et une nouvelle division fut alors donnée au 13ᵉ corps, pour la remplacer, et fut mise également sous les ordres du général Reyau. Mais elle commençait seulement son organisation et devait être ainsi formée :

Général de division : REYAU, commandant.

Chef d'état-major : MARQUERIE, chef d'escadron au corps d'état-major.

Étaient attachés à l'état-major les officiers au corps d'état-major dont les noms suivent :

ROUGET, capitaine;

DUTEIL, lieutenant.

1ʳᵉ *brigade.*

DE GERBROIS, général de brigade, commandant.

1ᵉʳ régiment de chasseurs;

9ᵉ régiment de chasseurs.

2ᵉ *brigade* [1].

RESSAYRE, général de brigade, commandant.

8ᵉ régiment de cuirassiers;

9ᵉ régiment de cuirassiers.

Le 13ᵉ corps reçut l'ordre de quitter Paris [2]

---

[1] Cette brigade se reconstituait après les graves pertes qu'elle avait éprouvées à Frœschwiller.

[2] Le 24 août, la brigade Guilhem avait été mise à la disposition du nouveau gouverneur de Paris, le général Trochu, à cause

avant que l'organisation de sa nouvelle division de cavalerie fût terminée. A son retour, le 9 septembre, le général Vinoy ne devait plus retrouver cette division à Paris : le gouvernement de la défense nationale l'avait dirigée sur l'armée de la Loire. Elle n'a donc jamais pris part aux opérations du 13ᵉ corps d'armée.

d'une alerte motivée par la crainte d'un mouvement populaire, qui heureusement n'eut pas lieu. Cette brigade, qui était venue prendre position au palais de l'Industrie, put donc rejoindre le lendemain ses casernements sans avoir eu à agir.

CHAPITRE DEUXIÈME.

MOUVEMENT DU 13ᵉ CORPS D'ARMÉE DE PARIS SUR REIMS ET MÉZIÈRES.

26 août.

Pendant que le 13ᵉ corps complétait son organisation aussi solidement que possible avec les éléments si divers qui le composaient, les événements avaient marché. Le 16 août, avait été livrée la sanglante bataille de Gravelotte; le 18, celle de Saint-Privat, à la suite de laquelle le maréchal Bazaine s'était replié sous Metz. Depuis le 17 août, les communications régulières avec le maréchal avaient été complétement interrompues; l'inquiétude que cette grave situation entretenait à Paris prenait chaque jour un caractère plus sombre et plus menaçant. De son côté, le ministre de la guerre ne se dissimulait pas les dangers que courait une armée à laquelle trois efforts terribles n'avaient pu rendre la liberté de ses mouvements. Il savait, en outre, que les approvisionnements de Metz étaient limités, qu'ils seraient bientôt insuffisants, et il prévoyait déjà la catastrophe cruelle que la famine devait amener dix semaines plus tard! Le général de Palikao voulut donc tenter, en employant toutes les ressources militaires alors disponibles, de dégager l'armée du maréchal Bazaine, en la faisant rejoindre et renforcer par celle du maréchal de Mac-Mahon. Les ordres qu'il fit parvenir à ce dernier [1] tendaient tous à cette jonction, qui, dans l'opinion publique comme dans la sienne, était alors le suprême espoir du salut.

D'après les instructions venues de Paris, l'armée du maréchal de Mac-Mahon avait commencé le 21 août le mouvement qui devait la rapprocher du maréchal Bazaine; malheureusement elle n'arriva que le 26 sur les bords de l'Aisne. Il n'entre pas dans le cadre de ce récit d'expliquer les causes de la marche indécise du maréchal, non plus que le retard, si terriblement fatal, qui en fut le résultat, et qui semblait pouvoir être évité si l'on eût suivi une route plus directe.

Dans la nuit du 30 au 31 août, le quartier général et l'avant-garde du 13ᵉ corps arrivaient à Mézières. Dans cette même nuit les troupes du

---

[1] La pensée du général de Palikao est très-explicitement exposée dans un croquis qu'il fit remettre le 28 août, par son chef de cabinet, au général Vinoy, et dans lequel il indique et la position réelle des armées à cette date, et le but qu'il donne à leurs efforts. On trouvera la reproduction de ce croquis aux Appendices de ce volume.

général de Failly, qui avait éprouvé un échec la veille à Beaumont, battaient précipitamment en retraite sur Sedan : le mouvement combiné par le ministre, et dans lequel il persistait encore le 28 août, avait échoué. L'armée de Châlons se trouvait subitement arrêtée dans sa marche et gravement compromise; elle était obligée de reculer au lieu de se porter en avant.

Nous dirons maintenant quel rôle avait été assigné au 13ᵉ corps dans ces importantes opérations, comment il fut gravement menacé à son tour, et enfin comment il parvint à se dégager.

Le 25 août, l'armée de Mac-Mahon étant arrivée à Rethel, la division d'Exéa (1ʳᵉ du 13ᵉ corps) fut dirigée sur Reims par les voies ferrées; elle devait servir à protéger autant que possible les communications du maréchal avec Paris, en maintenant à une distance raisonnable les coureurs de la cavalerie ennemie. Arrivé à Reims le 26, le général d'Exéa prit aussitôt quelques dispositions défensives : le 27, il détacha, à Rethel, un bataillon qui demeura dans cette ville jusqu'au 31 août, et regagna Reims dans la nuit du 31 au 1ᵉʳ septembre. Le général réclama ensuite avec instance des troupes de cavalerie pour pouvoir s'éclairer dans les vastes plaines qui se trouvent en avant de Reims, et le 6ᵉ régiment de dragons lui fut envoyé. Les deux divisions du 13ᵉ corps restées à Paris reçurent peu de temps après l'ordre de prendre la même direction.

Un premier ordre de départ avait d'abord été donné, le 28 août à neuf heures du soir, duquel il résultait que le 13ᵉ corps devait prendre position sur les bords de l'Aisne, entre Berry-au-Bac, Vassogne et Craonne. Ce dernier village fut fixé aux troupes pour point de concentration. Une lettre du ministre, en date du 28 août [1], indiquait « que l'objet de cette mission n'est pas de livrer » un combat, mais d'inquiéter le flanc de l'armée » du prince royal. »

Ces instructions prescrivaient, en outre, au 13ᵉ corps de maintenir les communications libres entre Reims et Rethel, et de se rendre au premier appel aux ordres du maréchal de Mac-Mahon.

« Dans le cas où l'ennemi se dirigerait de votre » côté, ajoutait le ministre dans sa dépêche, » vous ferez sauter le pont de Suippes afin de re- » tarder sa marche, et vous vous retirerez sur » Laon ou sur Soissons, suivant les circonstances » de guerre qui viendraient à se produire. »

Mais le même jour, 28 août, une nouvelle dépêche du ministre [2] prescrivit de suspendre le départ, et le lendemain, à huit heures du matin, le 13ᵉ corps reçut l'avis d'une direction différente.

---

[1] Voir cette pièce aux Appendices.
[2] Voir cette pièce aux Appendices.

Il dut se rendre à Mézières par les voies ferrées, emportant toutefois les mêmes instructions et chargé du même rôle : il devait, en cas de retraite, surveiller et protéger la ligne que suivrait l'armée et assurer ses communications.

La marche du 13ᵉ corps fut ainsi réglée :

La brigade Guilhem — 2ᵉ de la 3ᵉ division — partait, en tête de colonne, le 29 août à dix heures du soir, les trains devant se suivre d'heure en heure. Le quartier général venait ensuite ; puis toute l'artillerie, les services administratifs, la brigade Susbielle (1ʳᵉ de la 3ᵉ division), toute la division Maud'huy, et enfin le parc d'artillerie de réserve.

Cet ordre de marche avait été réglé par le ministre de la guerre lui-même. Il avait adopté, au dernier moment et sur la demande du commandant en chef, une modification au projet primitif, en plaçant au départ, en tête du corps d'armée la gauche au lieu de la droite. Ce changement lui donnait pour avant-garde deux vieux régiments sur la solidité desquels on pouvait, en cas de rencontre avec l'ennemi, faire plus de fonds que sur la colonne de droite, plus particulièrement composée de jeunes troupes et de conscrits.

Le point choisi pour la concentration des troupes, fixé sur Mézières, se trouvait trop près de l'ennemi. L'armée prussienne pouvait nous y devancer avec des forces supérieures. Le mouvement nécessaire pour opérer cette concentration était d'ailleurs rendu encore plus difficile par la faiblesse de l'effectif des troupes d'avant-garde et l'encombrement de toute l'artillerie, des bagages et autres *impedimenta* habituels lors de la marche d'une colonne de quelque importance. En outre, si l'on était obligé de combattre avant l'arrivée des derniers convois, on était exposé à se trouver sans munitions, tous les approvisionnements de cartouches ayant été confiés au parc d'artillerie de réserve. Mézières, qui n'est qu'une place d'ordre inférieur, n'avait pas les moyens nécessaires pour suppléer, en cas de besoin urgent, à ce manque de munitions.

Tels étaient les inconvénients de l'ordre de marche adopté pour le 13ᵉ corps. Son mouvement n'était donc qu'un suprême effort tenté dans un moment des plus critiques, et dont les dispositions premières, qui eussent été sans danger dans une situation ordinaire, devaient peser lourdement sur la suite de ses opérations.

Mardi 30 août.

Le départ des troupes, par le moyen des voies ferrées, a présenté de grandes et de nombreuses difficultés pendant la dernière guerre. Si, dans l'armée, cette partie de l'instruction militaire est encore bien incomplète, il faut convenir que pour ce qui regarde le personnel des grandes Compagnies, elle n'est pas moins entièrement à faire. D'ailleurs, l'appropriation même des gares de nos chemins de fer, telle qu'elle existe actuellement, contribue à augmenter encore les inconvénients qui résultent de part et d'autre de ce manque d'habitude. Elles sont convenablement aménagées pour les besoins du commerce, mais elles deviennent, même à Paris, exiguës et insuffisantes, aussitôt qu'il s'agit de les utiliser pour les nécessités du transport des troupes. Les quais trop restreints sont bien vite encombrés par les chevaux et les voitures; les voies, où les wagons sont outre mesure accumulés, ne peuvent plus recevoir ni les trains vides qui viennent pour se remplir, ni les trains déjà remplis et chargés qui se présentent pour le départ. Les manœuvres sont éternelles, les retards considérables; le personnel, qui est resté le même que pour les situations ordinaires, est rapidement débordé, et dès lors il n'y a plus ni régularité dans les départs, ni sécurité dans la marche, ni certitude pour les heures d'arrivée. Cette longue et interminable attente dans les gares fatigue tout le monde, surmène et épuise le soldat, et produit en général un mauvais effet sur la troupe.

Le quartier général du 13ᵉ corps devait partir le 30 août, dès huit heures du matin : mais une brigade seulement avait pu le précéder et partir pendant la nuit. Son embarquement causa même un retard de deux heures et demie, et le train ne put quitter la gare que vers onze heures. Chacun eut d'ailleurs bien vite oublié ces légers contre-temps : le ciel était sans nuages, le soleil radieux, l'espérance dans tous les cœurs ; les soldats étaient pleins d'entrain, et les officiers, eux aussi, tout heureux de marcher enfin à l'ennemi, se laissaient aller à ces mêmes sentiments de confiance dans l'avenir.

L'itinéraire assigné au 13ᵉ corps le faisait passer par Soissons, Laon et Vervins. Les populations que les trains rencontraient dans le trajet paraissaient sombres et inquiètes : quelques gares, rapprochées de Paris, étaient déjà occupées par des postes de la garde nationale; à Crépy en Valois, les habitants, accourus nombreux à la gare, offraient à boire et à manger à nos soldats; à Laon, une foule considérable se pressait à l'arrivée du train, encombrait les abords du chemin de fer et assistait au passage des troupes comme à un véritable spectacle. Pour faciliter la marche du 13ᵉ corps, l'administration avait ouvert la nouvelle ligne achevée, mais non encore livrée à l'exploitation, et qui conduit de Vervins à Hirson.

Elle avait l'avantage de diminuer d'une façon très-sensible la longueur et la durée du trajet. En effet, il y a trois voies pour atteindre Mézières : la plus directe passe par Soissons, Reims et Rethel, et ne compte que 248 kilomètres d'étendue. Malheureusement, elle avait été coupée par l'ennemi près de Poix, entre Rethel et Mézières.

La deuxième, qui est celle que suivait le 13ᵉ corps, compte de Paris à Vervins, en passant par Soissons et Laon. . . . . 179 kilom.

De Vervins à Hirson. . . . . 36 kilom.

D'Hirson à Mézières. . . . . 56 kilom.

c'est-à-dire 271 kilomètres. Elle est plus longue de 23 kilomètres, mais elle offrait plus de sécurité que la précédente. Enfin, dans le cas où elle n'aurait pu servir, il aurait fallu diriger les troupes par Creil, Tergnier et Aulnoye. . 216 kilom.

D'Aulnoye à Hirson. . . . . 41 kilom.

D'Hirson à Mézières. . . . . 56 kilom.

soit 313 kilomètres. L'ouverture de la nouvelle voie évitait donc aux troupes un détour de 42 kilomètres.

Jusqu'à Hirson, la marche des trains fut lente, mais régulière. Le train qui portait le quartier général arriva vers six heures du soir, ayant ainsi parcouru deux cent quinze kilomètres en sept heures environ, soit trente kilomètres à l'heure. La ligne de Vervins à Hirson n'a qu'une voie, qui était alors peu solide encore, de telle sorte que les trains se trouvèrent obligés de ralentir leur marche. Les populations que l'armée rencontra, aux stations de Vervins, de la Bouteille, d'Origny, accouraient en foule dans les gares, offrant des rafraîchissements aux soldats, manifestant tout haut leur joie et leurs espérances, tout heureuses surtout de voir inaugurer par le transport de nos armées la ligne nouvelle, que nos trains traversaient pour la première fois.

De Paris à Hirson, la route va presque directement vers le nord-est. A Hirson, la ligne est parallèle à la frontière et rejoint celle qui passe par Lille, Avesnes, Mézières et Montmédy, en se dirigeant par un brusque détour à droite sur le sud-est. Hirson est donc un point important comme lieu de jonction des deux lignes. La marche du 13ᵉ corps y fut retardée d'une heure et demie environ par l'encombrement produit dans cette gare par le passage inattendu du train qui conduisait à Avesnes le jeune Prince impérial. Il avait passé à Mézières la nuit du 29 au 30, et il était reparti le matin même pour sa destination avec tous ses bagages, son escorte et sa suite.

Cependant la nuit était venue : le train qui porte le quartier général du 13ᵉ corps avance avec une lenteur toujours croissante : des retards inexpliqués amènent à chaque station de longs séjours et des arrêts interminables. A Rimogne, le train est retenu près de trois heures sur place par suite de l'avis que le chef de gare vient de recevoir de l'encombrement des stations suivantes. Plus on approche du but de ce long voyage, et moins les populations semblent rassurées : le bruit court déjà que des uhlans ont été vus dans les environs, et la peur qu'ils inspirent est extrême. Des postes de volontaires arrivent avec la mission, qu'ils ont spontanément sollicitée, de surveiller et de garder la ligne que notre train parcourt.

Enfin, à minuit et demi, nous entrons en gare dans Charleville. Nous avions mis six heures pour franchir les cinquante-six kilomètres qui séparent Hirson de Charleville, c'est-à-dire que nous n'avions pas parcouru tout à fait dix kilomètres à l'heure. Dans la gare de Charleville, l'encombrement était extrême, indescriptible; il se traduisait surtout par un vacarme dont rien ne peut donner l'idée.

Charleville n'est en quelque sorte qu'un vaste faubourg de Mézières, aujourd'hui plus grand et plus beau que la ville qui lui a donné naissance. Le général en chef le traversa tout entier pour aller établir son quartier général à la préfecture. Le préfet de Mézières, M. Foy; le général Mazel, commandant la subdivision ; le colonel Canelle de Lalobbe, commandant la place, et le sous-intendant militaire, furent aussitôt convoqués et réunis autour du général en chef, qui voulait avant tout avoir des renseignements. On ignorait encore à Mézières l'issue du combat qui venait de se livrer à Beaumont. Bien que la lutte ait eu lieu sur le territoire même du département, à huit ou neuf lieues tout au plus du chef-lieu, aucune autorité, soit civile, soit militaire, n'avait cherché à s'instruire ni des péripéties de l'action engagée, ni de ses conséquences. Cependant, à la gare du chemin de fer, on était un peu mieux renseigné. Là se trouvait l'intendant Richard, détaché du quartier général, et qui venait de recevoir l'ordre de diriger sur Montmédy douze cent mille rations. Il concluait de ce fait que le combat de la veille avait dû être favorable pour nos armes. Mais, d'autre part, l'impression produite sur l'inspecteur de la ligne du chemin de fer, homme de beaucoup de jugement et d'intelligence, était tout à fait différente. Les informations qu'il avait reçues de son personnel étaient absolument contradictoires et malheureusement plus conformes à la vérité; et cependant, hélas! elles ne faisaient connaître encore qu'une bien faible partie de nos désastres!...

CHAPITRE TROISIÈME.

OPÉRATIONS DU 13e CORPS SOUS MÉZIÈRES.

A son arrivée à Mézières, le commandant en chef du 13e corps dut se préoccuper de trois graves et importantes questions. Il était d'abord indispensable qu'il connût immédiatement le résultat du combat livré le 30 août, et quelles déterminations son issue avait dictées au maréchal commandant l'armée de Châlons. Il devait ensuite maintenir, autant que possible, ses lignes de communication libres, et enfin il s'agissait surtout de se tenir prêt pour la défense, en cas d'une attaque de l'ennemi qui pouvait être imminente.

Mercredi 31 août.

Désirant avant tout se mettre en communication avec l'armée du maréchal, le général en chef fit partir pour Sedan, où il supposait qu'il devait se trouver, son aide de camp, le capitaine d'état-major de Sesmaisons. Il lui prescrivit de se faire suivre d'un détachement de 359 hommes destinés au 3e régiment de zouaves, et qui, arrivés la veille à Mézières, n'avaient pas encore reçu d'ordres concernant leur direction. Un train spécial dut conduire cette troupe à Sedan, où le général Beurmann, commandant la place, lui ferait connaître sa destination définitive. Quant au capitaine de Sesmaisons, il avait pour mission de faire tous ses efforts pour parvenir jusqu'au maréchal de Mac-Mahon et au besoin auprès de l'Empereur, de leur faire connaître l'arrivée sur le théâtre des opérations de la tête de colonne du 13e corps, ainsi que les dispositions prises par son chef, de recevoir et enfin de lui rapporter leurs instructions et leurs ordres.

En attendant le retour de son aide de camp, le commandant du 13e corps avait pris les dispositions suivantes :

1° Établir une brigade en avant de la gare pour protéger l'arrivée des troupes ;

2° Faire occuper la gare de Rimogne par un régiment, pour assurer la marche des trains ;

3° Envoyer une forte reconnaissance à Poix, sur la ligne de Mézières à Reims, pour rétablir la voie ferrée coupée à ce point et se relier, autant que possible, avec le bataillon de la division d'Exéa, que le général en chef suppose être encore à Rethel ;

4° Protéger ses communications avec Sedan par le chemin de fer et la rive droite de la Meuse, en faisant sauter le pont de Flize. Quant à celui de Donchery, on devait le signaler au général Beurmann, qui aurait à le surveiller et à l'intercepter au besoin.

Toutes ces mesures étaient prises afin de permettre aux divisions Blanchard et Maud'huy d'opérer leur concentration complète.

Le chemin de fer était encore libre entre Mézières et Sedan ; à huit heures du matin, un train spécial emmena, ainsi que nous venons de le dire, le capitaine de Sesmaisons avec le détachement du 3ᵉ de zouaves qui devait lui servir d'escorte jusqu'à Sedan. La marche fut lente au début, à cause de l'encombrement produit par l'arrivée à la gare de Mohon du matériel que l'on avait été obligé de faire rétrograder des gares plus avancées. Néanmoins, le train passa et parvint sans autre difficulté à la station de Donchery.

A partir de ce village, la voie ferrée domine la vallée et suit la rive droite de la Meuse; elle traverse la rivière à un coude que forme celle-ci, et entre dans une courte tranchée qui conduit directement à la gare de Sedan. Au moment où le train s'engageait sur cette partie de la voie, le bruit du canon retentit soudain sur la droite, et une dizaine de coups semblèrent avoir été dirigés sur le train, qui continua néanmoins sa marche à toute vapeur. C'était une avant-garde prussienne qui avait placé des pièces en batterie sur un mamelon situé entre

Frenois et Donchery, et qui avait en effet ouvert son feu sur le train à environ dix-huit cents mètres. Personne ne fut atteint : mais les zouaves se précipitèrent aux portières des wagons et tirèrent dans toutes les directions sur un ennemi à peu près imaginaire, puisque tout naturellement la moitié de nos hommes lui tournait forcément le dos. D'ailleurs, la tranchée dans laquelle le train s'engageait le déroba promptement au danger qu'il pouvait courir; les zouaves reçurent l'ordre de cesser le feu, et peu après on arrivait sans autre accident en pleine gare de Sedan.

A Donchery, on avait déjà rencontré un détachement de troupes françaises; à Sedan, la gare était protégée par un détachement plus considérable, et qui représentait pour le moins un régiment. La ville était d'ailleurs défendue militairement; la garde mobile occupait les chemins couverts et de toutes parts garnissait les parapets de l'enceinte fortifiée. En pénétrant dans la place par la porte et le faubourg de Torcy, le capitaine de Sesmaisons vit très-distinctement, sur les hauteurs voisines de Wadelincourt, une forte colonne prussienne composée de cavalerie, d'artillerie et surtout d'infanterie, qui paraissait venir du Chesne et se diriger sur Mézières ou sur Donchery. Il était alors neuf heures et demie du matin.

Le rappel battait dans les rues de Sedan : la ville commençait à se remplir outre mesure de soldats, de chevaux, d'artillerie et de voitures de toutes sortes. En cherchant le général de Beurmann, le capitaine de Sesmaisons passa devant le quartier impérial, installé à l'hôtel de la sous-préfecture, et fut aussitôt admis devant l'Empereur. Napoléon III s'enquit d'abord des causes de la canonnade qu'il avait entendue peu auparavant, dans la direction de Donchery. Le capitaine, après avoir répondu sur ce point, fit connaître à l'Empereur l'arrivée de la tête de colonne du 13e corps, ainsi que les dispositions prises par son commandant en chef. Il était évident que l'ennemi s'étant montré aussi près de Mézières, les détachements dirigés sur Poix, Rimogne et Flize allaient se trouver très-compromis. Le capitaine de Sesmaisons pria donc l'Empereur de vouloir bien faire parvenir immédiatement au général Vinoy tous les renseignements que le quartier général pouvait avoir sur la situation, et de l'avertir qu'il eût à ramener toutes les troupes autour de Mézières. L'Empereur lui transmit aussitôt la dépêche suivante :

« Sedan, 10 heures matin.

» Les Prussiens s'avancent en force : concen» trez toutes vos troupes dans Mézières.

» NAPOLÉON. »

Toutefois il fit observer au capitaine de Sesmaisons qu'il ne donnait cet avis qu'à cause de l'urgence et de la difficulté qu'il allait éprouver à rencontrer le maréchal de Mac-Mahon, qui, ayant seul le commandement en chef, devrait, dans tous les cas, ratifier et approuver les dispositions prescrites, pour qu'elles devinssent définitives. L'Empereur s'inquiéta ensuite de la route que prendrait le capitaine de Sesmaisons pour rejoindre Mézières, car il fallait renoncer à la voie ferrée, à cause du feu trop rapproché de l'ennemi. L'Empereur lui fit donner un des chevaux de l'état-major général et lui indiqua, en la traçant lui-même au crayon sur la carte, la route que l'armée devait suivre le lendemain. C'était un chemin de grande communication récemment ouvert entre Sedan et Vrigne-aux-Bois, sur la rive droite de la Meuse. L'Empereur ne doutait pas que ce chemin, qui ne figurait pas encore sur la carte, ne fût inconnu de l'ennemi, et il supposait, par conséquent, qu'il devait être resté libre. Le capitaine conclut, du reste, de cet entretien, que l'Empereur semblait admettre pour le lendemain, comme bien décidée ce jour-là même, la marche de l'armée sur Mézières, et cela dans la persuasion où il était que la rive droite de la Meuse ne pouvait être inquiétée.

Cependant, le capitaine de Sesmaisons parvint

à rencontrer le maréchal de Mac-Mahon au moment où il visitait la citadelle. Le maréchal approuva les dispositions prescrites par l'Empereur : il voulut bien ensuite faire connaître à l'aide de camp du général Vinoy ses vues et ses impressions personnelles : il avait été très-douloureusement ému par l'échec du général de Failly à Beaumont, et surtout par la conduite si pleine de faiblesse et d'imprévoyance de ses troupes. Les soldats, qu'il avait lui-même commandés, avaient jusque-là montré plus de résistance et de solidité : il compara, en quelques mots, cette triste et pénible affaire de Beaumont à l'héroïque journée de Freschwiller, qui malgré ses funestes résultats n'en avait pas moins été une lutte honorable et une défaite presque glorieuse. La résolution du maréchal semblait définitivement arrêtée pour une marche de l'armée sur Mézières : il ne redoutait pas un mouvement des Prussiens sur ses derrières, persuadé qu'il était que, dans le cas où ce mouvement serait tenté, ses troupes pourraient écraser à temps le corps ennemi, forcément peu nombreux, qui chercherait à s'opposer à sa marche. Il pensait donc que ses communications demeureraient libres par la rive droite de la Meuse.

Vers onze heures, le général Douay vint trouver le maréchal et discuta avec lui la force d'une position défensive que celui-ci l'avait prié de reconnaître. Le général pensait que cette position n'offrait pas tous les avantages désirables, les pentes en étaient trop douces, et surtout elle était dominée par d'autres positions occupées par l'ennemi. C'est à ce moment que le maréchal parut songer à une détermination différente : renonçant provisoirement à l'opinion qui avait d'abord prévalu dans son esprit et dans ses conseils, d'une retraite, alors encore possible, sur Mézières, il sembla préférer attendre l'ennemi et accepter la bataille.

Le maréchal, après avoir demandé au capitaine à quel moment le 13ᵉ corps serait prêt à agir, et lui avoir promis d'envoyer, au moment voulu, des ordres nouveaux, partit pour aller passer l'inspection de ses divers corps de troupes.

Il était alors près de midi : le canon commençait à se faire entendre du côté de Bazeilles, et le bruit de la bataille semblait se rapprocher, de plus en plus violent et terrible. Bientôt la canonnade redouble et devient en effet si proche, que deux pièces de 24 de la citadelle de Sedan peuvent prendre part à l'action. Il est toutefois difficile de juger de son importance dans Sedan même, mais le retentissement de moins en moins éloigné des pièces d'artillerie semble indiquer que le combat livré n'est pas à notre avantage.

A ce moment même, le capitaine de Sésmaisons cherchait à quitter Sedan pour retourner à Mézières, où il devait rendre compte de sa mission au général commandant le 13e corps. Mais déjà les rues de la petite place sont devenues à peu près impraticables : des voitures de vivres, les unes pleines, les autres vides; des caissons d'artillerie, des pièces de canon, se croisent et s'entre-croisent sur la place Turenne et dans la rue qui conduit de la porte de Carignan à celle de Mézières. Ce sont aussi, de toutes parts, des soldats qui errent et vont de tous côtés sans direction et sans ordres; des cavaliers qui se pressent et que l'encombrement oblige à marcher au pas et souvent à stationner au milieu des files de voitures qui arrivent ou qui sortent, et qui, se rencontrant sous la voûte trop étroite de la porte de la ville, ne peuvent plus ni avancer ni reculer.

L'Empereur passait à ce moment dans la rue qui se dirige de la place Turenne à la porte de Mézières : il avait quitté son quartier général pour venir à l'hôpital visiter les militaires blessés, et il était sorti à pied. Sur son passage, les soldats sortent en foule des maisons, le saluent avec respect ou l'acclament avec enthousiasme. Les habitants de la ville se portent également à sa rencontre, lui témoignant la même déférence et joignant leurs cris à ceux de l'armée.

Enfin, vers une heure, le capitaine de Sesmaisons parvenait à sortir de Sedan. Au dehors, la campagne était animée par le mouvement des camps; à droite, l'infanterie occupait un emplacement considérable sur une hauteur; à gauche de la route, et près de la rivière, était une division de cavalerie légère; enfin, sur les bords mêmes de cette route, campait la division de cavalerie Bonnemains.

Dans le bas du coteau, le long faubourg de Sedan, qui s'étend sur les bords de la Meuse, était sans cesse parcouru et visité par de nombreux soldats sans armes, qui, descendus de leurs camps, cherchaient à manger, à boire, et même, au besoin, à marauder.

Après avoir dépassé l'extrémité de la presqu'île d'Iges, la route monte jusqu'à une sorte de petit plateau : cette partie du chemin était couverte de soldats en armes qui paraissaient accablés de fatigue et de besoin; sur le sommet du plateau se trouvait un détachement de 5 à 600 hommes du 3ᵉ de ligne, sous les ordres d'un officier à cheval qui n'était autre que le lieutenant payeur du régiment. Il était, raconta-t-il à M. de Sesmaisons, à la tête du peu d'hommes restés de son régiment, disparu dans la fatale affaire de la veille. Il n'avait point d'ordres, pas d'officiers d'état-major pour indiquer et diriger sa marche : obéissant beaucoup plus à un instinct de conservation, hélas! compréhensible au milieu de tant de revers, qu'à tout autre sentiment, ce petit corps de troupe ne songeait qu'à gagner Mézières pour s'y mettre à l'abri.

Plus loin se trouvait une batterie d'artillerie, commandée par un chef d'escadron; elle avait perdu une de ses pièces, enlevée sans doute dans le combat de la veille. Sans ordres, sans escorte, elle allait droit devant elle, cherchant aussi à gagner Mézières, et comptant, pour la protéger et l'accompagner, sur les cuirassiers qui étaient au camp sous Sedan, à deux lieues en arrière. Enfin, dans le village de Vrigne-aux-Bois, vingt à vingt-cinq voitures de bagages, escortées par quelques gendarmes commandés par un capitaine, stationnaient dans les rues au milieu des habitants rassemblés; leurs conducteurs étaient attablés dans les cabarets, pendant que l'officier qui dirigeait ce convoi et qui, lui non plus, ne savait où aller, se renseignait sur le chemin le plus direct pour se rendre à Mézières. Au milieu de tout ce désordre, la tristesse et parfois aussi un commencement de découragement se manifestaient parmi les chefs mêmes de l'armée : leurs troupes étaient comme démoralisées par l'issue du combat de Beaumont, et ces douloureux symptômes se produisaient en présence d'une désorganisation déjà trop visible, comme les précurseurs des cruels et irréparables désastres du lendemain.

La route qui s'étend de Sedan à Mézières était couverte d'habitants de la campagne, suivis de leurs troupeaux et de voitures où ils avaient entassé leurs objets les plus précieux, et qui fuyaient en désordre leurs demeures par eux dévastées et abandonnées à l'ennemi, qu'ils supposaient déjà, dans leur terreur folle, arrivant à grands pas derrière eux. Par une singulière et inexplicable contradiction, les habitants des environs de Sedan se sauvaient dans la direction de Mézières, pendant que ceux du pays avoisinant Mézières croyaient mieux faire en venant se mettre à l'abri sous les remparts de Sedan.

Vers deux heures et demie, le capitaine de Sesmaisons arrivait à Mézières et rendait compte de sa mission au général commandant le 13ᵉ corps, lequel, par suite des informations apportées par cet officier, se trouvait placé dans une situation bien aventurée. En effet, le mouvement de l'ennemi qui s'opérait alors au sud de Sedan semblait aussi se prononcer et s'étendre entre cette ville et Mézières, et il n'était pas moins menaçant pour l'armée de Châlons, qui devait y trouver sa perte, que pour le 13ᵉ corps lui-même, que son effectif, encore si incomplet, rendait impropre à toute action ou diversion efficace. L'on voit d'après le rapport allemand, que les positions occupées par l'armée prussienne, dans la journée du 31 août, étaient les suivantes :

Garde royale : à Carignan, sur la rive droite du Chiers.

12ᵉ corps : à Mairy (les avant-postes de Pourru-aux-Bois à Pourru Saint-Remy, la Foulerie et Douzy, faisant face au nord et à l'ouest).

4ᵉ corps prussien : rive gauche de la Meuse, près de Sedan.

3ᵉ ARMÉE.

1ᵉʳ corps bavarois, à Remilly
2ᵉ corps bavarois, à Raucourt,
5ᵉ corps prussien, à Chémery;
11ᵉ corps prussien, à Donchery;
Wurtembergeois, à Boutançourt
6ᵉ corps prussien, à Semuy et Attigny.

Les Wurtembergeois, massés à Boutancourt, étaient plus spécialement chargés d'observer la place de Mézières. Très-nombreux en cet endroit, ils devaient être encore appuyés par des forces plus considérables. Deux reconnaissances dirigées de ce côté de l'ennemi allaient bientôt s'en apercevoir.

La dépêche de l'Empereur était parvenue trop tard au général commandant en chef le 13ᵉ corps, pour qu'il pût contremander ou même simplement rappeler à lui les reconnaissances dirigées au loin. Un bataillon du 35ᵉ de ligne avait été envoyé à Flize, un autre du 42ᵉ était parti pour Poix. Le 6ᵉ de hussards, attaché provisoirement au 13ᵉ corps pour y faire le service d'éclaireurs, étant arrivé dans la nuit, on en détacha un peloton qui fut adjoint au bataillon du 42ᵉ de ligne, en marche sur Poix.

Reconnaissance sur Poix. — Poix est un petit village situé à quinze kilomètres de Mézières : c'est là que la voie ferrée avait été coupée par les éclaireurs ennemis. S'étant avancé jusqu'à neuf à dix kilomètres de Mézières, le bataillon se trouva tout à coup en présence des Prussiens. Supposant qu'il n'a devant lui qu'un corps envoyé comme le sien en reconnaissance, le commandant français prend ses dispositions pour tenter de passer outre : deux compagnies sont déployées en tirailleurs et continuent à marcher en avant. Mais l'ennemi démasque alors une batterie d'artillerie et ouvre tout d'abord un feu assez violent; il se prépare ensuite à recevoir l'attaque, et bientôt montre une force inattendue et assez considérable, que le chef de la reconnaissance évalue à environ 5 à 6,000 hommes. Dès lors, le but de l'opération semble manqué : il n'était pas possible de songer à enlever le village avec une telle infériorité numérique en présence d'un ennemi relativement aussi fort, et il fallut se retirer. Les Prussiens paraissent vouloir suivre et contrarier notre retraite; ils activent le feu de leur artillerie à ce point que le peloton du 6e de hussards prend les devants avec une précipitation effarée, rentre dans Mézières à bride abattue et vient jeter l'alarme dans le camp. La première pensée du général Guilhem fut de se porter au secours du bataillon ainsi compromis et qui appartenait à sa brigade, mais le général en chef ne voulut pas le permettre. Il pouvait craindre que cette échauffourée, d'ailleurs sans grande importance, ne prît, dans le cas où on tenterait de la poursuivre outre mesure, les proportions d'une affaire sérieuse où toutes les mauvaises chances devaient être forcément contre nous. Il décida donc de s'en remettre à l'énergie du commandant de la reconnaissance pour se dégager. Celui-ci avait prudemment opéré sa retraite sur un des grands bois qui couvrent les coteaux à droite de la route; il parvint à s'y établir et à dérober ainsi la marche de ses troupes à l'attention et aux poursuites de l'ennemi. En effet, les Prussiens ne l'apercevant plus, cessèrent leur feu et arrêtèrent leur mouvement en avant, ne sachant pas si le bois qu'ils avaient devant eux, et dont l'étendue était considérable, ne renfermait pas une armée tout entière. Le bataillon y resta à l'abri jusqu'à l'arrivée de la nuit : il se déroba alors à la faveur des ténèbres et put regagner le jour même le camp de Mézières, où il arriva dans la soirée. Dans cette petite expédition, il avait eu quelques hommes tués, au nombre desquels un officier, M. Marquis, et une vingtaine de blessés qui furent recueillis sur place par une ambulance internationale.

Reconnaissance sur Flize. — D'autre part, le bataillon du 35e de ligne dirigé sur Flize avait pu opérer son mouvement jusqu'à ce village sans rencontrer d'obstacles. Cette troupe fut aussitôt employée à démolir le pont suspendu qui se trouve à cet endroit et qui fut bientôt coupé par la rupture des câbles supportant son tablier. Il tomba lourdement dans la rivière, et il ne put dès lors offrir un moyen de passage efficace. Le colonel La Mariouse, qui avait tenu à diriger lui-même la reconnaissance, voulut pourtant compléter la destruction du pont en faisant briser entièrement le tablier. Mais à ce moment quelques uhlans se montrèrent; ils furent reçus à coups de fusil, et bientôt dispersés : soudain, derrière eux, de fortes colonnes ennemies apparaissent, et il devient évident qu'il n'est pas possible de terminer l'opération commencée sans risquer de compromettre la retraite. Le colonel La Mariouse informe le commandant du 13ᵉ corps qu'il a devant lui environ 20,000 hommes, et qu'il croit devoir se replier lentement. Pour faciliter son mouvement, les quatre bataillons de la brigade Guilhem, restés au camp de Mohon, prennent les armes, et s'avancent avec trois batteries d'artillerie, appuyant leur droite à des bois qui se trouvent au sortir du camp, leur gauche au village de Villers, et occupant, avec des tirailleurs, le village des Ayvelles.

Le commandant en chef fit interdire, de la manière la plus formelle, de s'engager plus avant, et même il prescrivit aux troupes de rejoindre la gare de Mohon aussitôt que la rentrée du bataillon compromis aurait été assurée. Les Prussiens d'ailleurs assistèrent à cette démonstration sans attaquer : ils se bornèrent à mettre quelques pièces en batterie sur les hauteurs boisées qui s'étendent en avant de Boutancourt, entre Flize et Étrépigny. La nuit approchait : ils tirèrent alors sur nos colonnes en marche un coup de canon à toute volée; notre artillerie, placée sur le coteau qui domine les Ayvelles, y répondit par cinq ou six coups, et le bataillon put se replier facilement sur les troupes de soutien et rentrer avec elles en bon ordre dans le camp que le canon de la place de Mézières protégeait.

Ces deux petits engagements, qui avaient coûté

en tout une quarantaine de blessés et une dizaine de tués, nous donnèrent la certitude de la présence de l'ennemi en nombre assez considérable à Poix et à Flize, c'est-à-dire à douze kilomètres tout au plus de notre point de concentration. Cette situation obligeait le commandant du 13e corps à agir avec la plus grande prudence : encore séparés de l'armée de Châlons par une distance que nous ne devions jamais franchir, nous ne pouvions plus, à partir de ce moment, compter sur le secours de personne. Et cependant le ralliement des troupes dont nous attendions à toute heure l'arrivée n'avait lieu qu'avec une lenteur désespérante. Le général en chef dut donc décider que le 13e corps se bornerait à une attitude purement défensive tant qu'il ne disposerait que de forces aussi restreintes, et des ordres furent donnés en conséquence pour la journée du lendemain.

Le 31 août au soir, l'armée du maréchal de Mac-Mahon était rangée en bataille autour de Sedan, formant un grand cercle dont cette place occupait le centre. Le 7e corps occupait l'extrême gauche de Saint-Menges au Calvaire d'Illy : le 1er corps en retour, à sa droite, défendait la vallée de Givonne; le 12e corps campait à Balan et à Bazeilles, appuyant sa droite à la Meuse; enfin le 5e corps formait la réserve dans le camp retranché de Sedan. Tous ces détails ne nous ont été connus que plus tard [1] : nous savions seulement ce jour-là que l'armée française avait battu en retraite de Carignan sur Sedan, où elle s'était concentrée tout entière. Nous devions croire et même espérer alors qu'elle chercherait à atteindre Mézières. Ce point était donc d'autant plus important à défendre qu'il était déjà sérieusement menacé. En effet, le 11ᵉ corps prussien, qui occupait Donchery et Dom-le-Ménil, n'était qu'à 16 kilomètres de Mézières; les Wurtembergeois campaient à Boutancourt, c'est-à-dire à 10 kilomètres, et le 5ᵉ corps prussien, signalé à Chemery, se trouvait ainsi à 22 kilomètres. Tous ces corps de troupes ne menaçaient point directement Mézières, il est vrai, parce que leur intention était évidemment détournée par l'armée de Châlons, et entièrement concentrée sur la grande et décisive action qui devait s'engager le lendemain. Cependant, il devenait dès lors à peu près impossible de tenter, avec quelque chance de succès, en présence de ces forces qui ne devaient pas être inférieures à 80,000 hommes, une entreprise quelconque sur la rive gauche de la Meuse.

[1] On peut consulter utilement l'ouvrage du général de Wimpffen, *Sedan*, Paris, librairie Internationale, 1 vol. in-8°, 1871; et la brochure du général Ducrot, *la Journée de Sedan*, Paris, Dentu, éditeur, 1 vol. in-8°, 1871.

Dans la nuit du 31 août au 1ᵉʳ septembre, le chemin de fer amena enfin toute l'artillerie de réserve du 13ᵉ corps ainsi que celle de la division Maud'huy. On se hâta de la débarquer, mais l'exiguïté des quais de la gare de Mohon rendait cette opération fort lente. Au point du jour d'autres trains arrivèrent avec les bataillons de la brigade Susbielle, qui furent aussitôt dirigés sur les hauteurs par lesquelles la ville est dominée à l'est, au-dessus de la citadelle. En même temps deux compagnies de chasseurs à pied étaient placées en grand'garde sur le mont Olympe, au pied duquel est Charleville. Ces troupes faisaient partie des 13ᵉ et 14ᵉ régiments de marche, formés avec les hommes provenant des 4ᵉˢ bataillons. Beaucoup d'entre eux n'avaient jamais tiré à la cible. Le commandant en chef ordonna qu'on leur fît tirer chacun quatre balles; il avait déjà prescrit le même exercice pour les 6 à 700 hommes de dépôt du 6ᵉ de ligne qui composaient, avec les gardes mobiles, toute la garnison de la place de Mézières.

1ᵉʳ septembre.

Les instructions du ministre de la guerre prescrivaient au commandant en chef du 13ᵉ corps de « ne pas livrer un combat », mais d'inquiéter, « par la présence d'un corps de troupes », le flanc de l'armée du prince royal; il ne devait rejoindre l'armée du maréchal de Mac-Mahon que s'il était directement appelé par lui. Cette éventualité ne s'étant pas présentée, la première partie des instructions ministérielles gardait toute sa force, et les circonstances, d'ailleurs, n'obligeaient pas le commandant en chef à les modifier. Les mouvements de l'ennemi interceptaient pour nous la rive gauche de la Meuse, qu'il était toutefois indispensable de surveiller avec la plus grande vigilance, afin de rester maîtres de la gare de Mohon, jusqu'à ce que notre artillerie eût terminé son débarquement.

Cependant, les troupes avaient pris les armes . on s'attendait à tout moment à voir arriver les têtes de colonnes de l'armée du maréchal. La canonnade se faisait entendre du côté de Sedan, mais elle ne semblait pas très-violente, sans doute à cause de la direction contraire du vent des sinuosités de la vallée. Vers neuf heures, elle parut redoubler, puis diminuer et même s'éloigner. Du haut de la citadelle, un observateur crut distinguer sur un coteau, dans la direction de Sedan, le feu d'une batterie, mais la brume ne permettait pas de se rendre un compte bien exact des objets que l'on pouvait s'imaginer voir à une telle distance.

Les heures marchaient, et le commandant du

13ᵉ corps n'avait encore reçu aucune nouvelle : il se décida alors à s'avancer avec la plus grande circonspection, dans la pensée que l'armée du maréchal de Mac-Mahon aurait pu reprendre sa marche vers Montmédy, et que les forces prussiennes que le 13ᵉ corps avait devant lui se seraient peut-être éloignées, allant à sa poursuite.

Comme la veille, la brigade Guilhem se porta en avant, mais cette fois avec six batteries d'artillerie : appuyant sa droite au bois et sa gauche au village de Villers, où elle laissa dix-huit pièces en batterie, elle envoya au loin des cavaliers du 6ᵉ de hussards, pour éclairer sa marche. Le village des Ayvelles était occupé par des uhlans qui se replièrent à notre approche, laissant voir derrière eux une force assez considérable d'infanterie qui demeurait en observation et semblait toute préparée pour le combat. Le mouvement opéré alors par le 13ᵉ corps détermina immédiatement un mouvement offensif du côté de l'ennemi : il se prononça d'abord sur la rive droite de la Meuse. Quelques uhlans vinrent reconnaître le village de Villé-sur-Lumes, où l'on entendit bientôt quelques coups de fusil. Se retirant ensuite sur un peloton qui se trouvait un peu plus loin, ils le ramènent au galop dans le village, qui ne peut se défendre et qu'ils incendient sans nécessité. Plus haut, un escadron de hussards prussiens, débouchant par la route de Vrigne-aux-Bois, était reçu à coups de fusil par les francs-tireurs du bataillon Lafont-Mocquart, embusqués dans un bois. Quelques coups de canon tirés de Villers obligèrent également cette cavalerie à s'arrêter et même à disparaître. Mais sa retraite fut immédiatement suivie d'un mouvement offensif des Wurtembergeois, sur la rive gauche de la Meuse. Ils ouvrirent le feu de plusieurs batteries, et semblèrent vouloir attaquer la brigade Guilhem. Les forces de l'ennemi augmentant à chaque instant, le commandant en chef ne jugea pas prudent de pousser plus à fond cet engagement, qui ne pouvait nous être que désavantageux. Il prescrivit donc à la brigade menacée de se replier en bon ordre, et de se borner à défendre la gare de Mohon. Mais l'ennemi la poursuivit, la poussant devant lui jusqu'au bois désigné sous le nom de bois des Trois-Communes [1]. Dans cette retraite, le lieutenant-colonel du 35º de ligne fut blessé, ainsi qu'une quarantaine d'hommes environ. Quant à la brigade Susbielle, composée de cinq bataillons seulement, elle reçut l'ordre de rentrer dans les ouvrages avancés de la place.

Il était alors une heure et demie : les nouvelles

[1] Ce bois est en partie défriché aujourd'hui et n'a pas l'étendue indiquée sur la carte.

commençaient à arriver. Des agents de l'administration venus de Vrigne-aux-Bois annoncèrent que vers minuit une avant-garde de cavalerie prussienne s'était montrée dans ce village, où elle avait été bientôt suivie par un corps d'infanterie considérable. Ces troupes avaient traversé la Meuse sur le pont de Donchery, et plus bas, sur un pont de bateaux [1]. Là s'arrêtaient leurs informations : elles étaient à la fois exactes et précises. Ils évaluaient la force de l'ennemi à 40,000 hommes, et annonçaient qu'il occupait la hauteur qui se trouve entre Vrigne-aux-Bois et Mézières.

Vers la même heure, on put apercevoir du haut de la citadelle une colonne considérable d'artillerie qui se dirigeait vers Charleville, par la vallée de la Meuse. Il résulta des renseignements rapportés par des officiers envoyés pour reconnaître cette troupe, que cette colonne se composait du parc d'artillerie de réserve du 5ᵉ corps. Partie de Sedan à la pointe du jour, elle avait pu en traversant les bois atteindre le pont de Nouzon, sur lequel elle avait passé la Meuse : des uhlans l'avaient bien approchée à ce moment,

---

[1] Le rapport allemand fait connaître que ces forces étaient le 11ᵉ et le 5ᵉ corps prussiens et la moitié du corps wurtembergeois. Ils avaient passé sur trois ponts : deux avaient été jetés sur la Meuse, à Donchery, et le troisième à Dom-le-Mesnil.

dans le but d'inquiéter son passage, mais en trop petit nombre pour pouvoir l'entamer. Enfin, à environ deux heures, le colonel Tissier, sous-chef d'état-major du maréchal de Mac-Mahon, vint lui-même nous donner les renseignements que nous attendions. Ils étaient fort décourageants et fort tristes : le colonel avait quitté le champ de bataille à neuf heures du matin, au moment où le désastre semblait déjà inévitable !

Le maréchal avait été blessé au début même de cette funeste journée; l'armée était cernée de toutes parts, et lorsque le colonel était parti, son issue n'était, hélas! déjà plus douteuse, malgré les efforts désespérés de nos troupes, qui se battaient héroïquement. En s'éloignant du maréchal, le colonel Tissier avait pu sauver et emporter tous les papiers. Bientôt nous vîmes arriver des corps de troupes et des troupes isolées dans le plus grand désordre. De la cavalerie composée d'hommes de toutes les armes accourait, sous les ordres du général Michel : elle était suivie par des masses de fuyards appartenant à l'infanterie, des zouaves, des turcos, des artilleurs, dont beaucoup dans leur frayeur avaient jeté leurs fusils sur tous les chemins, et se présentaient tout à fait désarmés. Ces troupes complétement démoralisées répandaient partout le trouble et la terreur par leur attitude et leurs discours. Leur nombre, qui d'heure en heure devenait plus considérable, peut être évalué pour ce seul jour à environ 10,000 hommes.

Les renseignements apportés par ces nouveaux arrivants s'accordaient pour affirmer qu'une grande bataille avait été livrée le matin, et que dès neuf heures elle semblait déjà perdue. Comme le 13e corps était coupé de Sedan par des forces considérables, tant sur la rive droite que sur la rive gauche de la Meuse, il ne fallait pas compter sur d'autres nouvelles. D'ailleurs celles qu'on possédait étaient suffisamment lamentables et significatives : en effet, même en faisant la part la plus grande à l'exagération que tous ces fuyards effrayés avaient dû mettre dans leurs récits, le seul espoir qui pût évidemment rester était que l'armée eût réussi à se faire jour et à forcer le passage du côté de Montmédy; mais c'était là une espérance bien faible, qu'un succès, qui semblait devenu dès lors improbable, pouvait seul réaliser.

En tout cas, la prudence faisait un devoir au général en chef de prendre, sans perdre un seul instant, ses mesures tout comme s'il avait eu la certitude la plus absolue du désastre immense que l'on prévoyait. Il s'empressa de faire connaître sa position au ministre de la guerre, l'informant en outre qu'en présence de la gravité de la situation de l'armée de Châlons, il avait l'intention de battre en retraite. Le ministre, qui avait sans doute reçu d'autre part les mêmes informations, répondit aussitôt au général :

« Dans les circonstances actuelles, je vous laisse
» maître de vos mouvements en ce qui concerne
» le 13ᵉ corps d'armée. Faites évacuer les fuyards
» sur Laon : je compte que Mézières saura tenir. »

Dès qu'il eut reçu cette dépêche, le général en chef donna ses ordres en vue du mouvement immédiat qui devait ramener son corps d'armée sous Paris. La situation, qui empirait d'heure en heure, ne lui permettait pas de songer à prendre un autre parti; et ce parti, certes, toujours cruel pour un chef d'armée, il dut se résigner à l'adopter immédiatement comme une nécessité extrême, mais impérieuse. La marche en avant n'était plus possible : se jeter sur l'ennemi avec les dix mille hommes seulement que le chef du 13ᵉ corps avait alors sous la main eût été un sacrifice aussi sanglant qu'inutile, car un tel coup de désespoir n'aurait eu aucune influence sur l'issue de la terrible lutte engagée, et il eût, au contraire, privé la défense de Paris du secours efficace que lui apportèrent bientôt les troupes du 13ᵉ corps. Le général en chef ne pouvait pas non plus songer à se servir, pour les mener au combat, des huit à dix mille fuyards qui étaient venus le rejoindre dans la même journée et qui n'étaient plus que des troupes démoralisées et encombrantes et par conséquent inutiles. La division Maud'huy n'était pas encore arrivée : le général en chef avait bien reçu de cet officier général une dépêche par laquelle il lui annonçait son départ de Paris pour le matin même, à onze heures; mais la perte du temps qu'il faudrait passer à l'attendre enlevait encore le peu de chances que pouvait offrir une action quelconque dont la première condition de succès était la hardiesse et surtout la rapidité. En outre, la nuit était venue, et l'obligation où l'on était de livrer combat à l'instant même, si l'on se décidait à ce parti désespéré, nous conduisait à attaquer bien défavorablement, à une heure déjà avancée, deux cent cinquante mille hommes victorieux avec les dix mille que nous possédions, et dont une bonne moitié n'avait pas encore vu le feu. On ne saurait donc trop insister sur la véritable folie qu'il y aurait eu à vouloir, par un sentiment certainement héroïque mais plus qu'inconsidéré, tenter d'entreprendre alors avec dix mille hommes de troupes en partie médiocres, ce que le matin même cent mille n'avaient pu faire!

D'autre part, il était également difficile et dangereux de se maintenir à Mézières jusqu'à ce que l'on eût reçu des nouvelles plus explicites et plus sûres. Mézières est une place petite et resserrée, et dont les moyens de défense ne sont plus en rapport avec les progrès de la guerre actuelle. A la ville est venu s'accoler en quelque sorte le grand faubourg de Charleville, qui n'est défendu d'aucun côté et qui, dans le cas où la place aurait à soutenir un siége, devait offrir à l'ennemi de nombreux abris pour se couvrir et s'en approcher. Les hauteurs qui dominent la ville, surtout le mont Olympe qui se trouve au nord, permettaient à l'artillerie ennemie d'écraser facilement avec ses pièces à longue portée l'enceinte fortifiée et au besoin la ville tout entière. Avec une garnison peu nombreuse, cette petite place aurait peut-être pu tenter une défense de quelque durée; mais si, comme dans la situation actuelle, elle était encombrée par le séjour d'un corps d'armée ou d'une troupe de certaine importance, le feu de l'ennemi devait y produire des ravages assez effrayants pour y rendre aussitôt la défense impossible. Enfin, la place ne possédait ni approvisionnements ni munitions. Le 13° corps n'avait pas une seule cartouche de réserve, puisqu'il attendait encore l'arrivée de son parc d'artillerie, et les arsenaux de la ville en contenaient tout au plus un million, mais dont cent mille seulement pour le fusil Chassepot : c'était une quantité à peine suffisante même pour la faible garnison de la place[1]. Demeurer dans Mézières, c'était donc

---

[1] Elle se composait du dépôt du 6° de ligne.

risquer presque à coup sûr d'être obligé de capituler, faute de vivres et de munitions, après quelques jours d'une défense qui ne pouvait être que meurtrière et sans gloire.

Ne pouvant ni se porter en avant ni rester sur place, le commandant du 13ᵉ corps n'avait donc plus qu'un seul parti à prendre : celui de la retraite immédiate, et elle était déjà devenue d'une exécution difficile. A six heures du soir, le général en chef avait définitivement pris cette grave et extrême résolution : les premiers ordres de départ furent aussitôt donnés; les troupes qui se trouvaient au dehors furent rappelées dans la place, dont on ferma rigoureusement les portes pour empêcher toute communication avec l'extérieur.

CHAPITRE QUATRIEME.

RETRAITE DE MÉZIÈRES SUR LAON.

Quand un général est obligé de battre en retraite, il doit se préoccuper avant tout de tromper l'ennemi par le choix de deux routes différentes, et autant que possible divergentes, afin d'empêcher ou au moins de contrarier la poursuite dont il peut être l'objet. La colonne la plus menacée pendant la retraite du 13ᵉ corps était celle qui avait été composée de tous les fuyards de l'armée défaite à Sedan. Leur désorganisation était si complète qu'ils ne pouvaient même, en cas d'attaque, songer à se défendre. On dirigea cette colonne sur Avesnes, par où elle devait gagner Laon sous la protection de l'autre colonne, que la route que celle-ci allait prendre exposerait davantage aux poursuites de l'ennemi.

La division Blanchard forma cette dernière colonne; elle devait suivre la route directe de Paris, en passant par Rethel et Neufchâtel pour atteindre Laon. Dans ce but, on lui donna quatre jours de vivres, et on lui prescrivit de partir à minuit, car il lui fallait opérer un mouvement de flanc assez dangereux et défiler d'abord devant le corps wurtembergeois, puis devant le détachement qu'on avait rencontré à Poix le 31 août.

En même temps, le général en chef réglait avec l'intendant et le chef du génie les importantes questions de leurs différents services. Ils reçurent l'ordre de se préparer à partir sur-le-champ pour Laon par la voie ferrée, l'un avec sa comptabilité, les malades et les blessés, l'autre avec sa compagnie du génie et son matériel. Ils devaient, aussitôt arrivés, pourvoir, chacun selon ses fonctions, aux moyens de défense les plus urgents et aux approvisionnements en vivres du corps d'armée dont la concentration allait se faire sur ce point. Le chef de gare reçut, de son côté, l'ordre de faire rétrograder sur Laon tous les trains qui pouvaient se trouver en marche de cette ville sur Mézières, avec la faculté de prendre ensuite les dispositions qu'il jugerait les meilleures pour sauver son matériel, soit en l'évacuant à notre suite, soit en le dirigeant sur la Belgique. D'après ces dernières dispositions, la division Maud'huy, qui n'avait pu arriver à temps, ne devait plus quitter le chemin de fer, et elle retournerait à Laon et s'y arrêterait pour y attendre la division Blanchard.

Cependant le jour a tout à fait disparu : les fuyards qui encombrent la ville y jettent une véritable panique, leur départ est la cause de nombreux désordres; des hommes effrayés tirent des coups de feu sur les remparts : ce n'est qu'à neuf heures du soir que cette troupe débandée peut être enfin mise en marche dans la direction de Rocroy, avec les voitures d'artillerie dont le roulement sourd et continu s'entend longtemps dans le lointain, ce qui prouve que le mouvement entrepris a commencé régulièrement.

Le général en chef réunit alors autour de lui les diverses autorités civiles et militaires de la ville pour leur faire connaître ses résolutions. Il était déjà onze heures, et deux heures après, à une heure du matin, il voulait se mettre lui-même en marche. Il déclara qu'il avait dû garder sur les dispositions qu'il avait prises le secret le plus absolu, qu'il regrettait de laisser la place dans la faible position de défense où elle allait se trouver, mais que les circonstances lui imposaient impérieusement l'obligation de partir

Nous avons déjà dit que la ville n'avait qu'un approvisionnement de guerre incomplet, et que la seule garnison qu'elle possédât consistait en troupes de dépôt du 6ᵉ de ligne, sous les ordres du général Mazel, commandant la subdivision.

Vendredi 2 septembre.

Mézières est sombre et paraît endormie : tout le bruit et le mouvement se sont reportés à Char-

leville, que traversent les troupes se dirigeant vers
l'ouest. La tête de colonne, un peu retardée par
les distributions de vivres et par des erreurs de
direction, ne quitta la ville qu'à une heure et
demie du matin par la porte de Paris, pour suivre
l'ancienne route qui conduit à Rethel. Cette route
avait été préférée aux deux autres, peut-être en
meilleur état, mais moins directes, à cause des
facilités que son tracé pouvait offrir aux troupes
pour se défendre en cas d'une attaque. L'ordre de
marche avait été réglé de la manière suivante :

42e de ligne, avant-garde.
   2 batteries.
   1 bataillon.
   4 batteries.
   2 bataillons.
   4 batteries.
   1 bataillon.
   2 batteries.
35e de ligne, arrière-garde.

6e de hussards, extrême arrière-garde, avec
éclaireurs en avant et sur les flancs de la colonne.

L'avant-garde était commandée par le général
Guilhem, et l'arrière-garde par le général Susbielle. Elles comprenaient chacune un régiment
ancien et un régiment nouveau; dans ce nombre
figuraient les 13e et 14e régiments de marche en
entier, moins le 4e bataillon du 100e de ligne, qui,

n'ayant pu rejoindre à temps, était resté détaché à la division Maud'huy.

L'ordre de marche, qui intercalait l'artillerie dans les divers corps d'infanterie composant la colonne, pouvait avoir l'inconvénient de l'étendre beaucoup et parfois d'en isoler les diverses parties : mais comme il n'était possible de prendre qu'une seule route pour masquer le mouvement de retraite, que cette route était boisée dans presque tout son parcours, coupée de ravins et très-encaissée, il fallait nécessairement, si l'on était attaqué sur un point quelconque, être en état de se défendre et de faire face à l'ennemi dans tous les sens. La réunion des deux armes pouvant se prêter un mutuel appui avait, d'ailleurs, l'avantage de donner plus d'assurance aux troupes, qui, n'ayant pas été initiées au mouvement qui s'opérait, n'en pouvaient juger l'importance que par le secret des mesures prises et la promptitude inattendue du départ. D'ailleurs, un motif plus grave, que le général commandant et son chef d'état-major étaient seuls à connaître, avait rendu cet ordre de marche indispensable ; en effet, les troupes avaient usé, dans les quelques escarmouches qui avaient eu lieu sous Mézières, presque tout leur approvisionnement en cartouches, et il n'était pas possible de le leur renouveler, le parc de réserve qui se trouvait à la gauche du convoi étant encore engagé sur la voie du chemin de fer. Si une attaque avait lieu pendant la marche, on ne pouvait donc songer à se défendre qu'à coups de canon, car l'artillerie avait heureusement encore presque toutes ses munitions de combat.

Le général en chef avait réglé de la manière la plus rigoureuse la marche de la colonne, que l'ennemi pouvait inquiéter d'un moment à l'autre. Des officiers d'état-major parcouraient sans cesse les six kilomètres sur lesquels elle s'étendait, afin de veiller à ce que les ordres donnés fussent partout strictement exécutés. Ainsi, même en cas d'attaque, les troupes devaient combattre sans que leur marche fût pour cela un seul moment suspendue, le signal d'un temps d'arrêt quelconque devant seulement être donné par le général en chef. La nécessité et la prudence de ces mesures ne tardèrent pas, ainsi qu'on va le voir, à être surabondamment justifiées et démontrées.

Cependant, un peu après l'heure fixée, le général en chef quittait Mézières : la nuit était belle et claire, bien que la lune ne se fût pas montrée; la tête de colonne s'engagea sans rencontrer d'obstacle sur la vieille route de Rethel; le calme et le silence étaient complets : évidemment l'ennemi ne nous avait pas attendus, ou bien il n'avait pas jugé à propos de chercher à nous rejeter dans la place.

Au lever du jour nous avions déjà gagné du

terrain, mais l'étroite sortie de la ville par la porte de Mézières avait beaucoup retardé le départ successif des troupes de l'arrière-garde, qui se trouvèrent ainsi très-éloignées de la tête de la colonne. Vers six heures, au moment où nous approchions de Poix, un coup de feu se fit entendre sur la droite : c'était une petite escouade de uhlans qui, s'étant avancés à l'abri d'un bois pour nous reconnaître, donnaient ainsi le signal de notre présence.

La troupe française ne répondit pas : toutefois, dès ce moment nous devions être en butte presque constamment aux inspections rapides des éclaireurs ennemis. On les voyait galoper à portée de canon sur le flanc droit de la colonne, cherchant à apprécier son importance et surtout à devancer sa tête pour aller porter plus loin le résultat de leurs informations. Mais la longue étendue de terrain que nos troupes en marche remplissaient, et surtout le nombre relativement considérable de pièces d'artillerie que nous traînions avec nous, devaient faire illusion à ces hardis coureurs sur la force réelle de notre effectif.

Nous arrivons à Launois, qui est un des points importants sur la ligne que suit le 13ᵉ corps : c'est le lieu de jonction de l'ancienne et de la nouvelle route qui va de Rethel à Mézières; le chemin de fer s'y croise également; une hauteur placée en arrière du côté de Rethel permet de s'y arrêter et de s'y défendre : enfin ce village est à trois kilomètres seulement à l'ouest de Poix, où une reconnaissance du 42° de ligne avait rencontré l'ennemi le 31 août. Ce petit village n'était pas occupé par l'ennemi : des uhlans qui y avaient fait des réquisitions la veille en étaient aussitôt partis. Poix était également délivré des troupes prussiennes que les nôtres y avaient trouvées l'avant-veille, et qui s'étaient sans doute dirigées vers le nord, pour rejoindre l'armée qui avait combattu le 1er septembre à Sedan. C'est du moins ce qu'il fallut conclure des divers récits que nous firent les principaux habitants de Poix.

Arrivés à Launois, nous avions désormais la certitude d'avoir échappé à la surveillance et aux poursuites du corps wurtembergeois, qui avait été chargé d'observer et de harceler nos colonnes à notre sortie de Mézières. L'ennemi pouvait tout au plus maintenant se mettre en marche pour nous rejoindre; mais notre flanc gauche était dès lors à l'abri de ses attaques, et il ne lui était plus possible de tenter de le couper. En approchant de Launois, le 6° de hussards avait surpris quelques uhlans qui, trompés par l'uniforme de nos cavaliers, absolument semblable à celui d'un régiment de hussards prussiens, avaient cru pouvoir venir à eux, les prenant pour des camarades et non pour des ennemis. L'un de ces uhlans fut tué, deux faits prisonniers, et le reste prit la fuite. Nous cherchâmes à obtenir des prisonniers le plus d'informations possible : ils appartenaient au 5ᵉ escadron du 15ᵉ régiment de uhlans ; ils se défendirent très-vivement d'avoir pris une part quelconque à l'incendie de Ville-sur-Lumes, dont la veille nous avions été les témoins, déclarant que ces actes sauvages devaient être surtout attribués au 12ᵉ de uhlans et aux hussards bleus. Les autres renseignements que l'on put recueillir de leur bouche, rapprochés de ceux que fournirent les habitants du pays, nous donnèrent la persuasion que leur régiment se trouvait avec du canon au village de Puiseux, situé à peu de distance sur le flanc gauche de la colonne.

Après une heure et demie de halte, l'armée reprit sa marche, traversa le village de Faissault et s'arrêta une seconde fois au milieu de celui de Saulces-aux-Bois. Là, des gens du pays qui arrivaient de Rethel firent connaître que le bataillon envoyé dans cette ville par le général d'Exéa l'avait quittée la veille, et qu'il avait été remplacé aussitôt par des troupes prussiennes en nombre assez considérable. Il y avait, disaient-ils, environ quarante pièces de canon, ce qui supposait une force d'au moins 12,000 hommes, c'est-à-dire une division. Cette division était l'avant-garde du 6ᵉ corps prussien, qui avait passé la journée du 1ᵉʳ septembre à Attigny et à Semuy, prêt à se porter dans l'ouest pour menacer les flancs et les derrières de l'armée française si elle avait échappé au mouvement tournant prononcé contre elle par les 5ᵉ et 11ᵉ corps, et les Wurtembergeois. C'était donc un corps de 35,000 hommes que nous avions devant nous, établi depuis quatre heures du matin en travers de la ligne de retraite que nous allions suivre, puisque le 13ᵉ corps devait coucher le 2 septembre à Rethel, le 3 à Neufchâtel, et arriver le 4 à Laon.

A dix kilomètres environ de Rethel on rencontre le village de Saulces-aux-Bois, bâti sur une petite hauteur : le terrain s'abaisse ensuite et la route traverse des bois et des prés marécageux qui se trouvent en contre-bas. Plus loin le terrain se relève, les pentes en sont dénudées et couronnées pour ainsi dire par des moulins que nous apercevons déjà : ce sont les hauteurs de Bertoncourt, situées à trois kilomètres seulement de Rethel, et que l'artillerie prussienne occupe, prête à nous intercepter le passage. Il était alors dix heures du matin : les troupes étaient harassées, surtout l'infanterie, qui était sur pied depuis minuit; elles n'avaient pris aucun repos et se trouvaient encore à jeun. Nous avons déjà dit qu'il n'avait pas été possible de renouveler l'approvisionnement à peu près épuisé des cartouches, et que le moindre combat allait épuiser tout à fait. La situation était donc d'autant plus grave que l'ennemi qui nous attendait nous était très-supérieur en nombre comme troupes d'infanterie; notre artillerie était peut-être plus forte que la sienne, mais ses éclaireurs avaient déjà certainement dû lui faire connaître l'état de nos moyens de défense, et il ne fallait pas douter qu'un ennemi aussi prévoyant n'eût remédié aussitôt à cette infériorité relative. Les corps prussiens restés à Sedan avaient dû, presque à coup sûr, être prévenus de l'ordre de notre marche, et nous risquions en ne la modifiant pas immédiatement, d'être pris en queue par un détachement venu de Sedan même, pendant que nous tenterions de percer la ligne ennemie qui était devant nous.

La situation était donc pleine de périls et de gravité : elle exigeait surtout de la part du général en chef une détermination subite et précise; opérant une retraite, il devait avant tout chercher à éviter l'ennemi, à le tromper, à le tourner, en un mot à lui échapper par tous les moyens possibles. Il ne s'agissait pas de songer en pareille circonstance à la gloire d'un succès militaire à remporter : au contraire, il était du devoir du général en chef de n'accepter le combat que s'il ne pouvait absolument pas faire autrement.

A environ un kilomètre de Saulces-aux-Bois se

trouve, sur la droite, un chemin de grande communication qui conduit au bourg de Novion-Porcien. La colonne changea subitement la direction de sa marche en s'engageant dans ce chemin ; mais au moment où sa tête arrivait au village, le canon se fit entendre à son arrière-garde. Deux pièces d'artillerie, soutenues par trois ou quatre escadrons de uhlans, avaient ouvert leur feu. Aux premiers obus lancés sur le village, une grange située sur le bord de la route prit feu et le communiqua aussitôt aux premières maisons : la flamme se répandit partout. Le général commandant en chef fit aussitôt sortir du village les caissons d'artillerie tout remplis qui s'y trouvaient déjà ; ordre fut donné à l'arrière-garde de se déployer et de prendre ses dispositions pour le combat, qui semblait devoir être inévitable. Le village fut occupé dans ses parties non atteintes par des bataillons d'infanterie, et à sa droite une petite hauteur fut garnie de mitrailleuses appuyées par un autre bataillon. Une batterie fut placée sur la gauche et à l'extrémité du village, pour soutenir l'arrière-garde. Toutefois, le général en chef, avant d'engager la lutte, dont la durée devait d'autant retarder sa marche, voulut se rendre compte par lui-même de l'importance de l'attaque. Il se convainquit bien vite qu'elle n'était point sérieuse, qu'elle était tout au plus une démonstration offensive faite dans le seul but d'arrêter son mouvement, et de lui faire perdre en de vaines escarmouches le temps si précieux qu'il était de son premier devoir d'utiliser pour devancer à tout prix l'ennemi. Il prescrivit donc aussitôt au général Susbielle, commandant de l'arrière-garde, de battre en retraite en bon ordre et de reprendre sa marche sans s'arrêter davantage. C'est en échelons par la gauche que s'opéra cette retraite sans difficultés nouvelles, de telle sorte que vers une heure de l'après-midi toutes les troupes se trouvèrent réunies au bivouac de Novion-Porcien, ramenant environ une quarantaine d'hommes hors de combat.

Ce pauvre village offrait l'aspect le plus lugubre et le plus sinistre : sa population effarée était loin d'être rassurée par la présence de nos troupes; la crainte des uhlans dominait en elle tout autre sentiment, elle les voyait partout, et l'appréhension de leur arrivée lui causait une terreur inexprimable. Dans la journée, quelques uhlans eurent l'audace de venir charger nos grand'gardes, qui les repoussèrent à coups de fusil et de mitrailleuses. Nos régiments de marche, formés, ainsi qu'on l'a vu, de jeunes soldats, s'émurent eux-mêmes de ces attaques hardies; on les entendit, à diverses reprises, tirer des coups de feu sur un ennemi invisible, mais que leur imagination troublée leur faisait voir dans l'obscurité.

Le 6ᵉ corps prussien, renseigné sans doute sur nos forces réelles par ces démonstrations en même temps que par la direction nouvelle que la colonne avait prise, étonné peut-être aussi de ne pas être attaqué, continua son mouvement pour nous couper toute ligne de retraite vers le sud. Il partit donc de Rethel vers trois heures du soir, et, à la faveur des bois, parut se diriger sur notre camp jusqu'à hauteur de Corny-la-Ville, comme s'il eût été dans son intention de nous surprendre de ce côté. Mais le véritable but de cette démonstration de l'ennemi était de masquer son mouvement réel; en effet, il vint bientôt prendre position sur les hauteurs qui s'étendent d'Écly à Inaumont, pour nous intercepter le passage de l'Aisne à Château-Porcien. C'était de sa part une opération habilement combinée : en effet, il existe un chemin de grande communication qui de Novion-Porcien se dirige sur la petite ville de Château-Porcien, où se trouve un pont de pierre jeté sur l'Aisne. On y arrive en remontant jusqu'à Écly. C'était la route tout naturellement indiquée pour la marche du 13ᵉ corps, et c'est auprès de ce pont, que nous étions forcés de traverser, que l'ennemi était allé nous attendre. Notre situation était donc aussi grave et non moins compromise que la veille; les Prussiens nous avaient suivis et même devancés, notre ligne de retraite se trouvait de nouveau interceptée : il fallait donc prendre d'autres mesures et manœuvrer de façon à tromper et à éviter encore une fois l'ennemi.

Le général en chef prit aussitôt la détermination de faire une marche de nuit, afin de reprendre, s'il se pouvait, à l'ennemi l'avance qu'il avait gagnée sur lui.

Samedi 3 septembre.

Cette marche de nuit ne s'accomplit pas sans de grandes difficultés : les régiments de marche, peu faits aux alertes continuelles au milieu desquelles notre route s'effectuait, excités d'ailleurs par le combat de la veille et par la présence constante des éclaireurs de la cavalerie ennemie, tiraient à tout moment des coups de feu, sans qu'il fût possible d'arrêter la consommation inutile et bien regrettable qu'ils faisaient du peu de cartouches qu'ils avaient encore et qu'on ne pouvait remplacer.

La tête de colonne se mit en marche à deux heures du matin pour gagner Chaumont-Porcien, gros bourg situé à quatre ou cinq lieues à l'est, et de là reprendre la route de Laon par Rozoy. Elle laissa ses feux allumés pour masquer son mouvement.

La nuit était noire et sans lune, le ciel couvert

d'épais nuages : il en résulta une légère confusion pour l'organisation du départ et la mise en marche des bataillons au travers des rues obscures du village. A deux heures et demie du matin, la pluie se mit à tomber avec une grande violence, mais elle nous était favorable; le bruit des roues de nos canons se trouvait amorti par l'humidité des chemins que nous traversions, et nous pouvions ainsi mieux dissimuler notre marche. La nature même du pays, coupé de bois et de profonds ravins, nous favorisait également : nous passâmes ainsi au milieu des villages de Mesmont et de Wasigny, véritables défilés où l'ennemi ne pouvait guère venir nous surprendre, mais qui offrirent, d'autre part, de grandes difficultés pour être franchis.

Au delà de Wasigny se trouve une route venant de Château-Porcien; l'ennemi ne se présenta pas de ce côté, la route était donc libre : le temps s'améliorait, et enfin la pluie cessa de tomber. A Wasigny, nous avions trouvé un officier de lanciers laissé, lors du passage de l'armée de Châlons à Rethel, avec des chevaux et des malades, et à qui le général en chef donna l'ordre de se joindre au convoi du 13e corps.

Les villages que nous traversons alors, Mesmont, Begny, Givron, Chaumont-Porcien, etc., sont riches et prospères. Les habitants nous font également très-bon accueil; ils se pressent autour des soldats, leur apportant des vivres, leur offrant d'entrer chez eux, et se montrant aussi plus rassurés. Mais leur accueil même est pour nous un danger : la troupe, qui depuis qu'elle est en marche a souffert de la fatigue et des privations, s'attarde au milieu de l'abondance passagère de réconfortants qui lui survient; les hommes sortent du rang, les répartitions de vivres se font inégalement, les têtes de colonnes reçoivent plus qu'il ne leur faut, et les arrière-gardes, qui souffrent davantage, trouvent à leur arrivée toutes les provisions épuisées. Il devient donc nécessaire de s'arrêter à Chaumont-Porcien plus longtemps qu'on n'aurait voulu, afin de reformer les rangs, de rétablir l'ordre de marche et de permettre aux hommes de l'arrière-garde de manger.

La pluie avait repris et tombait même à torrents quand la tête de la colonne traversa Chaumont-Porcien. Le guide qui accompagnait le général Blanchard pour le renseigner sur les détours de la route, soit par ignorance ou inintelligence, soit peut-être aussi par trahison, conduisit de telle sorte la tête de colonne qu'il la fit revenir sur ses pas, la ramenant ainsi sur la route d'Écly qui l'entraînait directement sur Château-Porcien, occupé par l'ennemi. Le général en chef s'aperçut aussitôt de l'erreur de direction que la colonne venait de prendre et lui fit rebrousser chemin. Les troupes vinrent se concentrer dans une vaste prairie située un peu au-dessous du bourg, où l'on fit une halte de deux heures.

On ne pouvait toutefois songer à rester longtemps à Chaumont-Porcien, que sa situation au fond d'une vallée profondément encaissée et dominée de tous côtés par des hauteurs ne permet pas de défendre. On utilisa momentanément ces hauteurs en y plaçant des grand'gardes sur la partie qui regarde Écly, afin d'être, au besoin, averti de l'approche possible de l'ennemi.

Il paraissait dès lors difficile de gagner Rozoy, ainsi que le projet en avait d'abord été conçu, le chemin qui conduit à cette petite ville ayant été défoncé par les pluies et étant ainsi devenu impraticable. Cependant, comme il était dangereux de changer de la sorte à tout moment l'itinéraire indiqué, quand une nécessité absolue n'y obligeait pas, le général en chef fit annoncer qu'il persistait dans sa résolution première, et qu'on allait chercher le moyen de se rendre à Rozoy par un autre chemin. Il en existait, en effet, un meilleur au point de vue du sol plus résistant qu'il allait offrir à l'artillerie : il suivait le fond d'une petite vallée jusqu'au village de Seraincourt, où il rejoignait une route excellente qui conduisait de Château-Porcien à Rozoy. On prendrait donc cette route jusqu'à Fraillicourt, et de ce dernier village on se dirigerait sur Montcornet, au milieu d'un pays riche et par un chemin de beaucoup préférable.

Mais les troupes étaient fatiguées, on devait redouter de laisser derrière soi une foule de traînards toujours compromettants pour le bon ordre et le succès d'une retraite. Pour remédier à cet inconvénient qu'il était facile de prévoir, le général en chef fit partir en avant, avec quelques gendarmes, un officier de son état-major qui fut chargé de se rendre dans chaque village que nous allions traverser, et d'y réquisitionner toutes les voitures et tous les attelages qu'il pourrait trouver pour servir au transport des bagages et des hommes que leur excès de fatigue empêcherait de suivre la colonne.

Toutefois la position choisie pour la grande halte n'était pas exempte de dangers : le déploiement des troupes qui s'y trouvaient massées serait certainement, en cas d'attaque, très-difficile, très-long et par conséquent très-meurtrier, surtout si l'ennemi se montrait avec du canon sur les hauteurs voisines. Bientôt des coups de feu se firent entendre, le canon leur succéda assez vite ; les Prussiens nous avaient rejoints, il n'était plus possible d'en douter ; et à ce moment même, ils attaquaient Chaumont-Porcien. Il devenait vraisemblable que le 6⁰ corps prussien, campé à Écly et à Inaumont, avait appris, heureusement trop tard, le mouvement de retraite opéré pendant la nuit par le 13⁰ corps; il s'était pourtant décidé à continuer sa marche vers l'ouest, espérant encore devancer les troupes françaises à Chaumont-Porcien, où il n'était cependant arrivé qu'après notre départ. En même temps que le 6⁰ corps attaquait le village d'un côté, une division de cavalerie, détachée de l'armée de Sedan, lui venait en aide par l'autre côté. Cette division, qui avait pris par Signy-l'Abbaye, arrivait de l'est. Ce commun effort de deux troupes considérables pour s'emparer d'un village sans défense, et où quelques-uns de nos traînards avaient fait supposer à l'ennemi qu'il était occupé sérieusement, l'empêcha de surveiller notre retraite. En effet, pendant qu'il canonnait et incendiait bien inutilement ses premières maisons, la colonne française suivait, aussi silencieusement que possible, le chemin qui de Chaumont-Porcien se dirige sur Seraincourt; son mouvement était masqué par les hauteurs qui dérobaient à l'ennemi la vallée où il s'opérait, et si celui-ci, qui avait pris une direction parallèle à la nôtre, en marchant droit devant lui, mais toutefois en sens inverse, avait pu se douter du mal qu'il nous aurait fait en attaquant à ce moment même notre flanc gauche, la retraite du 13⁰ corps se serait peut-être trouvée une fois encore bien gravement compromise.

Mais nous eûmes la chance de pouvoir arriver à Seraincourt sans autre encombre. La défense devenait ici plus facile : de grandes plaines permettaient à notre artillerie, toujours nombreuse et bien approvisionnée, de se mouvoir à l'aise et de concourir à une action efficace. De plus, nous avions regagné notre ligne de retraite; l'ennemi ne pouvait plus désormais l'intercepter, nous avions échappé à son étreinte et su éviter les piéges que son habileté nous avait tendus. Nous pouvions juger alors, en récapitulant les chances diverses de notre marche difficile, combien nous avions sagement et prudemment agi en quittant Mézières dans la nuit du 1er au 2 septembre. Nous comprenions, après tous les dangers qui nous avaient menacés et auxquels nous venions de nous soustraire, à quel point les heures gagnées sur notre sommeil et sur notre repos avaient été précieuses pour notre salut. En effet, un plus long retard à Chaumont-Porcien eût suffi pour exposer la division Blanchard à un véritable désastre et pour compromettre dans une lutte, sur le succès de laquelle nous ne pouvions ni ne devions compter, l'artillerie du 13e corps tout entière.

A Fraillicourt, la colonne put enfin faire une halte devenue bien nécessaire : en effet, les hommes, qui marchaient depuis deux heures du matin, étaient épuisés de fatigue, et il était alors trois heures de l'après-midi. Mais il restait encore quinze kilomètres à parcourir pour gagner Montcornet, et un dernier effort dut être demandé à la troupe. Un officier fut expédié sur cette ville en avance sur la colonne, pour y faire préparer un approvisionnement de viande que l'on pût distribuer à la troupe aussitôt après son arrivée.

La colonne se remit donc en marche : elle traversa les villages de Renneville, Berlise, Coloru, Noircourt, Montloué, Lislets, et parvint enfin à Montcornet à six heures et demie du soir. Elle établit aussitôt ses campements, par un temps magnifique qui avait succédé subitement aux violentes averses de la matinée. Quant à l'ennemi, il ne nous avait pas poursuivis depuis Chaumont-Porcien, où il s'était sans doute arrêté, car nous ne le vîmes plus reparaître.

Nous continuions à trouver chez les habitants des villages la même hospitalité, désastreuse pour la discipline, en ce qui concernait les soldats : brisés par la fatigue, ils se jetaient littéralement sur les voitures préparées pour eux. Il fallait bien s'attendre, pour les régiments composés de jeunes soldats qui venaient de se trouver pour la première fois en présence de l'ennemi, à certains découragements causés par la fatigue, à quelques désordres partiels, à peu près inévitables : mais en compensation les deux vieux régiments, les 35° et 42° de ligne, qui avaient été placés l'un en tête et l'autre en queue de la colonne pour encadrer en quelque sorte la totalité et soutenir les premières attaques, furent par la sévérité de leur discipline et la régularité de leur marche un puissant exemple et un heureux stimulant qui ne tardèrent pas à exercer, grâce au zèle et à l'énergie du corps d'officiers, une très-salutaire influence sur tous les autres régiments.

Il faut louer également la tenue et la vigueur dont firent preuve, pendant cette retraite pénible, les compagnies de marche des 18° et 19° bataillons de chasseurs à pied ; les jeunes soldats qui composaient ces compagnies tinrent à honneur de ne pas rester en arrière et même de ne pas monter dans les voitures ; il n'en manqua pas un seul dans les rangs à l'arrivée.

Montcornet est une petite ville située au fond d'une vallée, au milieu de plaines vastes et fertiles. Nous y étions suffisamment éloignés de l'ennemi pour n'avoir pas à redouter de sa part une attaque imprévue, et nous avions regagné nos communications. Ce fait nous fut encore prouvé par la présence d'un capitaine de la garde nationale mobile de l'Aisne, que le préfet de ce département avait envoyé sous un déguisement à la découverte du 13ᵉ corps, sur la marche duquel on n'avait pu avoir aucun renseignement depuis le 1ᵉʳ septembre. Cet officier put en outre repartir le soir même sans escorte pour regagner Laon.

Les nouvelles qui nous parvinrent dans la soirée, à Montcornet, étaient contradictoires et vraisemblablement erronées. Les unes nous signalèrent la colonne ennemie comme cherchant à nous atteindre; elle aurait gagné déjà Rozoy et devait continuer sa marche le lendemain. D'autres assuraient qu'une forte troupe prussienne était parvenue à Guignicourt et à Neufchâtel. Mais toutes ces assertions étaient encore prématurées, car l'ennemi était resté à Chaumont-Porcien. Toutefois, comme il était fort probable qu'il chercherait à nous poursuivre, la prudence nous imposait la nécessité et le devoir de reprendre notre marche dès le lendemain matin.

Dimanche 4 septembre.

Trois routes conduisent de Montcornet à Laon : la plus directe passe par Notre-Dame de Liesse; une voie de communication qui lui est parallèle la rejoint aux marais de Liesse. L'étendue de ces marais est considérable, et ces deux routes les traversent par un étroit défilé.

Dans les circonstances où l'avaient placé les

événements, décidé à n'accepter le combat qu'après avoir tout fait pour l'éviter, le commandant en chef redoutait un mouvement de la colonne ennemie qui lui avait été signalée à Guignicourt : la route que cette colonne ennemie devait prendre pour atteindre Liesse était plus courte que celle de Montcornet ; elle pouvait donc nous y devancer. D'ailleurs l'étape est longue entre Montcornet et Laon, et les troupes étaient trop fatiguées pour qu'on pût leur demander immédiatement un tel effort. Le général en chef préféra donc continuer son mouvement dans l'Ouest et atteindre Marle, qui n'est éloigné de Montcornet que d'une distance de dix-huit kilomètres. D'ailleurs Marle est une petite ville riche qui a un chemin de fer et un télégraphe, et offre des ressources importantes pour une armée. Enfin on pouvait encore de ce point, et selon les circonstances, diriger la retraite sur la Fère, si un obstacle quelconque venait à s'opposer à ce qu'elle eût lieu sur Laon.

Ce n'est pas impunément qu'une troupe, et surtout une jeune troupe, subit les épreuves par lesquelles venait de passer la division Blanchard. L'excès de fatigue des soldats augmentait encore les difficultés du départ, qui avait été indiqué pour quatre heures du matin ; il fallut le retarder, à cause de la peine que les hommes éprouvaient à quitter leur bivouac. Enfin, grâce aux efforts des officiers, la colonne put se remettre en route. La marche fut d'abord difficile; il fallait redescendre dans la ville, la traverser par des rues étroites, puis remonter une côte très-roide. On parvint à éviter ces inconvénients en dirigeant les troupes et l'artillerie à travers champs, de façon à leur faire rejoindre la route à sa sortie même de Montcornet. Mais au moment où les voitures du train passaient dans la ville, il se produisit un instant de légère panique. Les soldats apercevant une maison enveloppée dans une épaisse fumée, s'imaginent qu'elle vient d'être incendiée par les obus; ils croient déjà que l'ennemi attaque le village. Le général en chef, revenant sur ses pas, reconnaît aussitôt que cette alerte n'a aucune cause sérieuse, et que la fumée, qui en effet sort d'une des maisons de la ville, provient tout simplement d'un feu de cheminée, d'ailleurs sans importance. La présence du général rassure la troupe, rétablit l'ordre, et la marche continue régulièrement.

La route de Montcornet à Marlé fut parcourue sans encombre : nous traversions des plateaux bien cultivés, la route était fort belle et le temps était devenu magnifique: aussi les troupes reprirent bientôt une partie de leur vigueur, et elles achevèrent leur étape avec plus d'entrain que les retards de la mise en marche ne nous avaient permis de l'espérer.

A Marle, le camp fut installé non loin de la ville, et les éclaireurs envoyés en avant ne nous signalèrent aucun obstacle.

C'est à Marle que nous retrouvâmes la ligne qui de Laon conduit à Hirson, et que six jours auparavant nous avions suivie pour nous diriger sur Mézières. Nous étions tous alors pleins de confiance et d'espoir; mais, hélas! au milieu de quelles perplexités sans nombre s'était accompli notre retour, et quelles nouvelles terribles il nous restait encore à apprendre! En effet, le télégraphe de Marle nous ayant mis de nouveau en communication avec la France par Laon et Paris, nous apporta tout d'abord une dépêche [1] donnant des nouvelles de la division d'Exéa : elle venait d'évacuer Reims le même jour et d'effectuer sa retraite sur Soissons par les voies ferrées. Cette dépêche avait été envoyée à 9 heures 35 minutes du matin.

La seconde dépêche était du ministre de la guerre et datée de Paris, 9 heures 40 minutes du matin [2]. Il demandait des nouvelles du corps d'armée, et ajoutait comme instructions : « Ne vous serait-il pas possible de faire front et de bousculer la tête des colonnes de l'ennemi? »

[1] Voir pièce VII.
[2] Voir pièce VIII.

A 10 heures 55 minutes, une dépêche du général de Maud'huy[1] confirmait nos propres renseignements sur le désastre de Sedan : « Proclamation des ministres dit : Armée de Mac-Mahon a capitulé à Sedan, l'Empereur est prisonnier. On concentre des forces à Paris et sur la Loire. » Ainsi, la ruine de l'armée de Châlons était consommée, et les suites les plus terribles, que nous aurions pu concevoir et redouter, étaient encore au-dessous de la réalité. Nos armes n'avaient pas, depuis plusieurs siècles, subi d'affront aussi considérable et aussi sanglant! Une armée de quatre-vingt mille hommes venait de disparaître engloutie dans une catastrophe qui n'avait pas de précédents dans notre histoire! La consternation régnait sur tous les visages, le deuil était dans tous les cœurs. Les officiers, plus capables que les soldats d'apprécier l'importance et l'étendue de ce grand désastre, comprenaient qu'il était irréparable. En effet, l'armée de Châlons avait capitulé; les 1er, 5e, 7e et 12e corps d'armée étaient prisonniers; les 2e, 3e, 4e, 6e et la garde impériale étaient bloqués sous Metz : de toute l'armée française il ne restait plus que le 13e corps à peine formé, le 14e en voie de formation, et quelques dépôts épuisés. Tel était le triste et lugubre bilan d'une campagne qui avait duré à peine un mois!

[1] Voir pièce X.

Certes, au milieu de la stupeur dont nous fûmes frappés en apprenant ces déplorables et décourageantes nouvelles, nous étions bien loin de prévoir que les agitations populaires viendraient encore aggraver les malheurs de la patrie. Il n'est point de cause plus dissolvante pour la défense d'un pays que les divisions et l'émeute, et déjà son triomphe était un fait accompli. De vagues rumeurs commençaient à se répandre dans la petite ville de Marle; elles avaient pris leur source, disait-on, au bureau même du télégraphe, et cependant personne n'y voulait croire. Enfin, il fallut se rendre à l'évidence, car la dépêche suivante, datée de Paris à 5 heures 20 minutes du soir, fut remise au général en chef :

« La révolution vient de s'accomplir dans Paris.
» Revenez, avec votre corps d'armée, vous mettre
» à la disposition du gouvernement qui s'établit. »

Le devoir du commandant en chef était tout tracé : il devait se rendre à l'appel qui lui était adressé. Dans un pareil moment, toute préoccupation politique n'aurait pu être qu'une cause de trouble ajoutée, hélas! à tant d'autres : l'armée, d'ailleurs, doit toujours y demeurer étrangère. Le général en chef ne pouvait donc qu'obéir au gouvernement de fait qui venait de s'établir.

Il voulut cependant obtenir de plus amples informations et avoir, s'il se pouvait, avec quelques détails, des renseignements plus certains. Le commandant en chef supposa qu'il les trouverait plus facilement à Laon, en raison de l'importance de cette ville comme chef lieu de département. La division Blanchard était maintenant en sûreté à Marle, et l'ennemi assez éloigné pour qu'une attaque immédiate cessât d'être à redouter. Il restait donc à s'occuper de la retraite sur Paris des divisions de Maud'huy et d'Exéa, conformément à l'ordre télégraphique qui venait de nous parvenir. Le général en chef prescrivit à la division Blanchard de le rejoindre le lendemain à Laon, et prit le parti de s'y rendre lui-même de sa personne.

Le chemin de fer entre Marle et Laon n'avait pas encore été évacué : il amena de Laon, pendant la journée, un convoi de vivres destiné à la troupe : un train du soir devait transporter les hommes malades ou écloppés. Ce convoi devait être le dernier, car la compagnie du chemin de fer avait prescrit l'évacuation du matériel de la gare de Marle, et le personnel avait reçu l'ordre de la quitter en même temps. Le général en chef y prit place, et vers neuf heures et demie du soir la locomotive se mit en marche. Le trajet se fit sans difficulté, et à onze heures du soir environ le train entrait en gare de Laon.

Lundi 5 septembre.

Le quartier général du général de Maud'huy était établi à Laon; les bivouacs de ses troupes s'étendaient autour de la ville.

Laon est une position défensive admirable. La ville s'élève sur un mamelon absolument isolé et qui domine d'environ quatre-vingt-dix mètres, et par des pentes fort roides, la plaine environnante. Au sud, les approches en sont encore défendues par des marais, et de tous les côtés la position est des plus fortes. Une enceinte de vieilles murailles fait le tour de la crête dont elle suit les sinuosités, et s'appuie d'un côté sur la citadelle, qui est petite mais bien située, et de l'autre sur un grand ouvrage de campagne, encore inachevé, qui garnit l'extrémité de l'éperon sud-ouest.

Laon offre donc, en cas d'événements, une position facile à défendre, et en outre un point excellent de retraite pour réunir une armée à l'abri de ses murs. On peut d'ailleurs juger, d'après le croquis ci-après, où nous avons indiqué la position autour de Laon des bivouacs de la division de Maud'huy, combien étaient simples les mesures défensives adoptées : on s'était borné à garnir de troupes les crêtes supérieures, et un fort détachement de plusieurs bataillons avait reçu l'ordre de garder la gare du chemin de fer, située au-dessous de la ville et à portée de canon. Le colonel du génie Dupouet avait étudié divers plans et projets de travaux destinés à faciliter encore la défense, et les bras ne manquaient pas pour en commencer aussitôt la rapide exécution.

Mais la question des approvisionnements était plus grave : Laon n'avait ni vivres ni munitions en quantité un peu considérable ; la place serait donc, en cas d'investissement, hors d'état d'opposer une bien longue résistance. Le matériel d'artillerie n'était même pas au complet. Ces questions de défense n'étaient d'ailleurs pas à examiner en ce moment ; nous les signalons toutefois dans ce récit, au jour même où elles ont frappé notre attention et seulement à titre de renseignement utile. Quant à nous, une seule préoccupation devait à ce moment réclamer tous nos soins : l'organisation de la retraite du 13° corps sous Paris.

Le préfet de l'Aisne était alors M. Ferrand, celui-là même qui devait être quelques jours plus tard rendu responsable par l'ennemi de l'explosion de la citadelle, et qui subit même pour ce fait une très-longue captivité. Il avait fait de grands efforts pour être renseigné sur tous les événements dont son département était le théâtre ; il avait voulu connaître la marche de l'ennemi qui s'avançait toujours, et le sort de l'armée française qui cherchait à lui échapper. Prenant courageusement l'initiative aux lieu et place de l'autorité militaire départementale demeurée absolument inerte, il avait envoyé dans différentes directions des reconnaissances de gardes mobiles, tantôt déguisés, tantôt en armes, et il put ainsi le premier entrer en communication avec le 13ᵉ corps à Montcornet. C'est par ce fonctionnaire, d'une si énergique activité, que le général en chef apprit que l'ennemi avait arrêté son mouvement de poursuite à Château-Porcien, et que de là il avait regagné la vallée de l'Aisne. Il était ensuite descendu dans la plaine, sur plusieurs colonnes : les unes avaient marché sur Reims pendant que d'autres étaient, le soir même, parvenues à Guignicourt, où se trouve le pont du chemin de fer de la ligne de Laon à Reims. Là, un petit engagement avait eu lieu avec un détachement de gardes mobiles qui n'avait pu faire grande résistance. L'ennemi était resté maître du pont, puis il s'était arrêté sans chercher à pousser plus loin son avantage.

La veille, 4 septembre, le général d'Exéa avait gagné Soissons par le chemin de fer, et il y était arrivé sans avoir été inquiété; mais la tête de colonne de l'ennemi s'était montrée à Reims deux heures à peine après le départ de son arrière-garde.

D'après les ordres du ministre, nous ne devions

pas chercher à nous opposer à la marche de l'ennemi : d'ailleurs, ainsi que nous l'avons déjà démontré, il nous eût été impossible de retarder son mouvement sur Paris; nous pouvions tout au plus nous borner à l'observer.

La nuit du 4 au 5 fut tranquille : un parti de cavalerie ennemie d'une force d'environ trente chevaux poussa, vers une heure du matin, une pointe en avant du bourg de Sissonne, traversa cette ville une heure plus tard et se replia, plus loin en arrière, sur le corps auquel il appartenait. A Guignicourt, l'ennemi était resté stationnaire : il ne lui était donc pas possible, en tout état de choses, d'arriver à Laon dans la journée du lendemain.

Cependant, la nouvelle du passage du détachement de la cavalerie ennemie à Sissonne s'était promptement répandue du côté de Marle, et avait mis pendant la nuit la division Blanchard en alerte. Mais l'incident n'ayant pas eu de suites, cette division partit le matin à quatre heures, et pour mieux tromper l'ennemi sur sa direction, elle fit route d'abord du côté de Crécy, comme si elle se rendait à la Fère. Arrivée à Crécy, elle put gagner Laon sans encombre : elle vint camper au bas de la ville, où elle releva près de la gare les troupes de la division de Maud'huy.

Le 5 septembre, le 13º corps était donc concentré : les divisions de Maud'huy et Blanchard se trouvaient à Laon avec l'artillerie et les services administratifs; la division d'Exéa était à Soissons. Le 13° corps avait échappé, non sans courir de graves périls, à la pressante poursuite de l'ennemi : il pouvait apporter à la défense de Paris, à laquelle l'appelait le nouveau gouvernement, le concours de toutes ses forces, si heureusement demeurées intactes.

CHAPITRE CINQUIÈME.

CONCENTRATION DU 13ᵉ CORPS D'ARMÉE A PARIS.

La concentration du 13ᵉ corps d'armée à Paris ne présentait aucune difficulté : il s'agissait toutefois d'opérer le mouvement avec assez de rapidité pour éviter que les arrière-gardes fussent bousculées par l'ennemi.

La division de Maud'huy reçut l'ordre de quitter Laon dans la nuit du 4 au 5 septembre : dans la matinée du 5, le chemin de fer dut fournir le matériel nécessaire pour la transporter. Les services administratifs, le génie, le parc d'artillerie de réserve partaient avec cette division, le parc laissant seulement en arrière quelques caissons de cartouches pour le service de la division Blanchard. Cette journée du 5 suffit pour compléter le départ de la division de Maud'huy, dont les dernières troupes furent mises en marche dans la nuit du 5 au 6.

La gare de Laon, dont la construction n'était pas terminée, est petite; les quais d'embarquement y sont peu étendus. Il devenait dès lors difficile d'y opérer le chargement et le départ de toutes les batteries d'artillerie. Le commandant en chef prescrivit donc au général commandant l'artillerie de doubler l'étape le 5, puis après une grande halte qui ne serait pas de moins de deux heures, de repartir pour la Fère. Le 6ᵉ régiment de hussards lui fut adjoint comme escorte, sur une route où d'ailleurs il n'y avait rien à craindre des éclaireurs ennemis.

La marche de cette colonne était ainsi tracée :
Elle serait à Noyon le 6 septembre,
— Pont-Sainte-Maxence le 7 (en doublant l'étape),
— Luzarches le 8, —
Elle arriverait à Paris le 9.

Le mouvement ainsi prescrit s'effectua sans aucune difficulté, sauf une légère alerte motivée par un coup de feu tiré à Noyon.

La division Blanchard, restée seule à Laon, y bivouaqua pendant la nuit du 5 au 6 septembre. Le 6, elle ne put prendre la voie ferrée : la ligne du Nord n'envoyait plus de matériel à Laon, et de plus elle faisait évacuer dans cette même journée la ligne de Laon à Soissons et la gare de Laon elle-même. En conséquence, le commandant en chef décida que la division Blanchard continuerait sa marche sur Tergnier, point de jonction de plusieurs lignes et gare d'une grande importance, munie de quais et d'emplacements relativement considérables.

Le général en chef passa encore la journée du 5

à Laon : il chercha pendant les quelques heures qui précédèrent son départ, à exciter le courage des habitants et à leur inspirer la volonté de se défendre; mais ses efforts échouèrent, non moins que ceux du préfet, devant la terreur et l'inertie générales : c'est à peine si cette population effrayée consentit à ne pas ouvrir ses portes au premier uhlan qui se présenterait devant elles! On put cependant lui faire comprendre qu'elle ne devait se rendre qu'à un ennemi assez considérable pour que sa capitulation ne fût pas déshonorante. L'explosion de la citadelle, qui survint quelques jours après, n'est donc qu'un événement imprévu, et s'il n'est pas dû à l'imprudence, il ne doit être attribué qu'à un acte isolé de désespoir. L'attitude des habitants, que nous venons de dépeindre en quelques mots, démontre suffisamment qu'ils restèrent tout à fait étrangers à cet acte de résolution extrême, dont la plupart d'entre eux déplorèrent et même subirent les conséquences.

Le 6 septembre au matin, le général en chef partit par le dernier train évacuant définitivement la gare de Laon; il avait fait préalablement enlever par le génie quelques centaines de rails qui furent chargés et emmenés sur les wagons. Il s'arrêta à Tergnier pour y préparer l'embarquement de la division Blanchard. Cette opération fut réglée de la manière suivante :

7

Les trains nécessaires pour le départ de la division devaient être rangés sur la ligne de la Fère à Tergnier, dont la gare allait être évacuée, et que dès lors on ne devait plus craindre d'encombrer outre mesure. Ces trains se suivant sur une seule ligne occupaient ainsi une longueur d'environ quatre à cinq kilomètres. La troupe en arrivant se forma en bataille parallèlement à la voie : elle dirigea son artillerie divisionnaire et ses bagages sur la gare de Tergnier, où leur embarquement devait avoir lieu, puis après l'accomplissement de cette opération, elle monta elle-même en wagon. Cette combinaison adoptée pour la marche des trains empêchait d'abord les derniers d'être exposés à être ou surpris ou coupés; elle permettait en outre de disposer au besoin et jusqu'au dernier moment d'une force assez considérable.

Tous les trains partirent ensemble et à la même heure, mais avec une grande lenteur, afin d'éviter les accidents, allongeant progressivement l'allure et l'un après l'autre, en commençant par la tête de colonne, prenant ainsi sur la voie un ordre de marche régulier. Grâce à ces dispositions, l'embarquement de la division Blanchard fut effectué en trois ou quatre heures tout au plus, tandis que son départ de Paris en avait duré plus de douze, et elle arriva tout entière dans la capitale avant la fin de la nuit du 6 au 7 septembre.

Le général en chef l'y avait précédée : il y établit son quartier général, le 6 septembre, à cinq heures du soir, et il se mit aussitôt à la disposition du ministre de la guerre et du gouverneur de Paris, devenu le président du gouvernement de la défense nationale.

La division d'Exéa arriva à son tour à Paris, dans l'ordre de marche suivant :

6 septembre : artillerie de division : Villers-Cotterets ;

— troupe : Dammartin ;

7 septembre, Livry ;

8 septembre, Paris.

L'ensemble de la marche du 13ᵉ corps d'armée pour opérer sa concentration sur Paris est contenu dans le tableau ci-dessous et indiqué dans le croquis qui l'accompagne :

TABLEAU DE LA MARCHE DU 13ᵉ CORPS D'ARMÉE
DE LAON SUR PARIS.

	DIVISION D'EXÉA.	DIVISION DE MAUD'HUY.	DIVISION BLANCHARD.	ARTILLERIE ET 6ᵉ DE HUSSARDS.
5 septembre	Soissons.	Laon à Paris par la voie ferrée.	Marle à Laon.	Marle à Laon. Laon à la Fère.
6 septembre.	Cavalerie et artillerie à Villers-Cotterets. Troupe : Dammartin.	Paris : avenue de la Grande-Armée.	Laon à la Fère. Embarquement en chemin de fer à Terguier : Terguier à Paris.	La Fère à Noyon.
7 septembre.	Livry.		Paris : avenue de la Grande-Armée.	Noyon à Compiègne. Pont-Sainte-Maxence.
8 septembre.	Paris : Avenue de la Grande-Armée.			Luzarches.
9 septembre.				Paris : avenue de la Grande-Armée.

L'avenue de la Grande-Armée, à Paris, avait été désignée pour l'installation des bivouacs du 13ᵉ corps. Ce corps ne fut pas dirigé sur la Loire, ainsi que le commandant en chef en avait manifesté le désir. Il reçut l'ordre de demeurer à Paris pour prendre part à la défense de la capitale, sur laquelle l'ennemi s'avançait à marche forcée.

Il nous reste à faire connaître la part que le 13ᵉ corps a prise à la défense de Paris jusqu'à son licenciement, les combats qu'il y a soutenus, et l'œuvre de la nouvelle organisation qui lui a succédé et dont il a fourni l'un des éléments les plus importants et les plus solides.

DEUXIÈME PARTIE.

SIÉGE DE PARIS.

OPÉRATIONS DU 13ᵉ CORPS.

SIÉGE DE PARIS.

OPÉRATIONS DU 13ᵉ CORPS D'ARMÉE

CHAPITRE PREMIER.

LE 13ᵉ CORPS D'ARMÉE AVANT L'INVESTISSEMENT.

Le 13ᵉ corps d'armée, concentré à Paris le 9 septembre, occupait l'avenue de la Grande-Armée, depuis l'Arc de triomphe jusqu'au pont de Neuilly. L'ennemi s'avançait rapidement sur Paris; mais il devait cependant nous laisser encore huit jours de répit, que nous allions mettre à profit pour faire reposer les hommes de leurs fatigues et achever l'organisation du corps d'armée. Les troupes avaient perdu peu de monde par le feu de l'ennemi dans les diverses affaires où, depuis leur formation, elles avaient été engagées : 350 hommes environ avaient été tués ou blessés, ou bien avaient disparu. Ces derniers étaient surtout des traînards restés en arrière des colonnes en marche, et avaient pu être ramassés par la cavalerie prussienne.

Cependant il y avait beaucoup à faire pour rétablir d'une manière absolue l'ordre et la discipline dans le 13ᵉ corps : les diverses parties de l'équipement et de l'armement réclamaient particulièrement tous nos efforts; il fallait encore augmenter les cadres incomplets et exiger du soldat qu'il eût, aussi bien pour lui-même que pour ses effets d'habillement, les premiers soins de propreté et de tenue. Tout le monde se montra d'ailleurs à la hauteur des circonstances, par le zèle et l'activité dont chacun, les officiers comme les soldats, fit preuve en ce moment critique.

En effet, les douze régiments qui composaient le 13ᵉ corps étaient la seule force régulièrement et solidement constituée qui se trouvât alors à Paris. Les marins, les troupes d'infanterie de marine, le 14ᵉ corps d'armée, qui avait d'ailleurs à achever sa formation, n'étaient pas encore entièrement concentrés, malgré l'activité déployée par les lignes de chemin de fer pour amener les troupes, et par les chefs de corps pour les organiser. Le 13ᵉ corps devait donc avoir à soutenir à peu près seul les premiers efforts de l'ennemi à son arrivée devant Paris.

Le siége de Paris est un événement militaire demeuré jusqu'alors sans précédent dans l'histoire : une immense population, encore accrue par l'arrivée de nombreux réfugiés des départements environnants, était enfermée dans les murs de cette forteresse gigantesque : le nombre d'hommes armés devant garnir ses murailles et en défendre les approches atteignait un chiffre considérable ; d'autre part, l'armée assiégeante avait pour elle non moins le prestige du nombre de ses soldats que celui des victoires qu'ils avaient remportées. En présence des graves considérations que toutes ces circonstances avaient fait naître, chacun sentait et comprenait la difficulté et l'importance du rôle qu'il devait jouer et des devoirs qu'il aurait à remplir. Personne ne pouvait prévoir de quelle durée devaient être les sacrifices imposés dès lors à chacun : personne ne connaissait même le chiffre exact des approvisionnements accumulés, dont tout le monde croyait alors la quantité inférieure à ce qu'elle fut réellement. Quant au système d'investissement que devait adopter l'ennemi, qui aurait pu déjà le prévoir? Qui eût dit alors qu'après de longues et froides semaines passées devant nos murs, dans une lente mais perfide temporisation, il aurait tenté, à la fin de l'investissement de la grande cité, une attaque de vive force, dont le seul résultat fut un bombardement aussi cruel qu'inutile?

Le sentiment général de l'armée était plutôt celui de la défiance dans ses propres forces : dans son appréhension, elle exagérait évidemment encore celles que l'ennemi allait lui opposer, et par conséquent elle faisait plus que douter du résultat favorable de la défense. Chacun raisonnait et supputait les chances diverses du succès : était-il admissible qu'une ville de deux millions d'âmes pût jamais réunir assez d'approvisionnements pour suffire à sa subsistance pendant la durée d'un long siége? Comment concentrerait-on jamais dans la place le matériel nécessaire pour armer quatre-vingt-quatorze bastions, six forts sur la rive gauche, huit sur la rive droite et en outre les trois forts de Saint-Denis? Comment, sur une aussi vaste échelle, garnir tous les points? L'armée pensait aussi que les Prussiens se présenteraient en grandes forces, qu'ils brusqueraient l'attaque, enlèveraient un ou deux forts, et arriveraient ainsi jusqu'à l'enceinte. Après avoir assisté, par le navrant spectacle des fuyards de Sedan, aux défaillances subites qui s'étaient emparées d'une armée composée d'éléments solides, comment ne pas redouter celles d'une population aussi impressionnable que la population parisienne, qu'on venait d'armer tout entière, et dont la majeure partie paraissait beaucoup plus disposée à faire des manifestations politiques et à chanter des refrains plus ou moins patriotiques, qu'à combattre?

Ce sentiment de défiance de l'armée dans ses

propres forces ne devait céder que plus tard à des sentiments tout contraires pour lui permettre de jouer un rôle que certes elle n'avait point rêvé. Mais, hélas! ce ne seraient plus les Prussiens qu'elle aurait alors devant elle!...

D'ailleurs toutes ces prévisions décourageantes se trouvèrent quelque peu en désaccord avec la réalité des faits, surtout en ce qui regarde l'importance de l'attaque ennemie, dont les débuts parurent empreints de beaucoup d'indécision et même de faiblesse, à ce point que les premiers succès de la résistance, bien qu'incomplets et chèrement achetés, allèrent certainement au delà des espérances de ceux-là même qui voulaient fermement espérer encore. Quant à la population de Paris, le sentiment de grande et vague anxiété qui la dominait pouvait être d'un effet funeste sur le moral du soldat, et nous dûmes faire de très-sérieux efforts pour en prémunir avant tout les troupes qui composaient le 13ᵉ corps.

Dispositions prises avant l'investissement. — La première mesure que dut prendre la défense fut de tenter de contrarier, autant que possible avec le faible effectif de troupes un peu solides dont nous disposions, la marche des Prussiens sur Paris. A cet effet, huit régiments de cavalerie furent dirigés sur Meaux avec ordre de harceler l'ennemi. Ces régiments étaient commandés par les généraux de Champeron et Reyau.

Quant aux travaux nécessaires pour compléter la défense de la capitale, ils marchaient avec lenteur, confiés qu'ils étaient à des entrepreneurs civils et exécutés par des ouvriers parisiens, qui, se laissant trop absorber par les chimères que des politiques de bas étage faisaient à tout moment apparaître à leurs yeux, ne paraissaient pas comprendre l'importance de la mission qu'ils avaient à remplir.

Voici quels étaient ces travaux :

1° Une grande redoute avec escarpes en maçonnerie à Gennevilliers, et destinée à couvrir le grand espace qui s'étend du Mont-Valérien à Saint-Denis;

2° Une autre redoute à Montretout, avec escarpes en maçonnerie;

3° Une troisième redoute en terre, au-dessus de Ville-d'Avray, dans le parc de Saint-Cloud;

4° D'autres redoutes aux points de Brimborion, des hauteurs des bruyères de Sèvres, du château de Meudon, du plateau de Châtillon, celle-ci flanquée de deux petits ouvrages, l'un au Moulin-de-Pierre, l'autre au sud de Bagneux; d'autres encore aux Hautes-Bruyères, au Moulin-Saquet, au Port-à-l'Anglais, et enfin une enceinte de parapets couvrant Saint-Denis et reliant la Double-

Couronne au fort de la Briche d'un côté et au fort de l'Est de l'autre.

L'achèvement de ces ouvrages extérieurs était poussé avec beaucoup trop de mollesse : ils étaient cependant de première nécessité. Sur la rive droite de la Seine, du côté de l'est et du nord, le tracé des forts est excellent : ils sont suffisamment éloignés de l'enceinte pour que les projectiles ennemis ne puissent jamais l'atteindre, et cependant assez rapprochés les uns des autres pour qu'on ne puisse passer entre eux; enfin ils occupent une ligne de hauteurs qui domine la plaine située au-dessous d'elles : depuis la redoute de la Faisanderie jusqu'au fort de Romainville, il n'y a aucune solution de continuité. Mais il n'en est pas de même du côté du sud et de l'ouest : il existe une première lacune entre Saint-Denis et le Mont-Valérien, que sépare une distance de 12 kilomètres. C'est cette lacune que devait combler la forte redoute de Gennevilliers. Une autre se trouve entre le Mont-Valérien et Issy : elle est de 7 kilomètres et devait être remplie par les redoutes de Montretout, de Ville-d'Avray, de Brimborion, de Sèvres et de Meudon.

D'autre part, les ouvrages qui doivent défendre Châtillon ont surtout pour but de protéger les hauteurs qui dominent à petite portée les forts d'Issy, de Vanves et même de Montrouge. Enfin les trois redoutes de Port-à-l'Anglais, de Moulin-Saquet et des Hautes-Bruyères servent tout naturellement d'avancées aux forts de Bicêtre et d'Ivry, et permettent d'utiliser la magnifique et naturelle position défensive du plateau de Villejuif.

Le 11 septembre, sa concentration étant à peine opérée, le 13ᵉ corps dut quitter les bivouacs de l'avenue de la Grande-Armée pour s'étendre davantage et garnir l'espace compris entre le pont de Sèvres et le village de Saint-Ouen, faisant ainsi face à la Seine. Il prit position dans l'ordre suivant :

La division d'Exéa, 1ʳᵉ du 13ᵉ corps, plaça sa première brigade au château et au parc de Saint-Ouen, dont on étudiait alors les positions défensives. Un régiment de la brigade Daudel campa à sa gauche, s'appuyant au pont d'Asnières; un régiment de réserve fut installé près du glacis.

La division Blanchard, 3ᵉ du 13ᵉ corps, occupa le centre; la brigade Susbielle appuyant sa droite au pont d'Asnières, sa gauche au pont de Neuilly, et la brigade Guilhem s'étendant de ce point aux grilles du bois de Boulogne.

La division de Maud'huy occupa avec sa première brigade le terrain du champ de courses du bois de Boulogne, pendant que sa deuxième brigade s'établissait à Sèvres.

Cette position n'était d'ailleurs pas définitive,

mais elle permit d'envoyer des travailleurs militaires pour renforcer les ouvriers civils et activer l'achèvement des travaux entrepris. La division d'Exéa dirigea les siens sur les ouvrages de Gennevilliers, et ceux de la division de Maud'huy allèrent travailler aux redoutes de Montretout, de Brimborion et de Châtillon.

Les cantonnements du 13ᵉ corps étaient donc très-étendus : la 1ʳᵉ division occupait 4,000 mètres de front, de Clichy à Saint-Denis ; la 3ᵉ, au centre, 4,200 mètres ; la 2ᵉ, 6,000 mètres. La ligne avait donc un développement de 14 kilomètres. Aussi, bien qu'elle fût couverte par la Seine et que le Mont-Valérien lui servît de garde avancée, la position militaire était évidemment mauvaise : en effet, la rive opposée est dominante, et si l'ennemi parvenait à s'y établir, son feu pourrait singulièrement gêner le 13ᵉ corps dans ses divers campements. Pour remédier à ce grave inconvénient, le général en chef fit tracer par le commandant du génie et exécuter par les soldats de la division Blanchard une grande redoute de forme circulaire au rond-point de Courbevoie, et il demanda que les travaux de Gennevilliers, Montretout, Brimborion, Meudon et Châtillon fussent poussés avec une activité plus grande. La redoute de Ville-d'Avray était à peine ébauchée : celle de Gennevilliers était de beaucoup la plus avancée : les travaux défensifs de Montretout et de Brimborion étaient ensuite ceux qui paraissaient en meilleure voie d'achèvement.

Quant aux travaux en cours d'exécution dans les forts, ils furent faits en dehors de la participation du 13° corps, et réservés spécialement à leurs garnisons. Ces travaux consistaient dans l'établissement des traverses et des magasins à poudre, et dans la destruction de tout ce qui pouvait gêner le tir dans la zone de défense. Quelques ouvriers civils y furent également employés.

Les travaux de l'enceinte furent aussi confiés à ces derniers en même temps qu'aux troupes de garde nationale. Ils étaient alors très-avancés. Toutes les portes étaient faites; d'étroits ponts-levis remplaçaient déjà les larges ouvertures coupées par des fossés et couvertes en avant par un redan; une ligne d'abatis garnissait le pied des glacis. Des magasins à poudre, des traverses, des abris blindés étaient construits sur les bastions, qui recevaient en outre les pièces d'artillerie destinées à leur sûreté. Les pièces à âme lisse furent surtout employées à cet effet. Les embrasures étaient partout percées, les plates-formes construites, et de tous côtés les pièces prenaient aussitôt leur place de combat.

Organisation de la défense. — La défense militaire de Paris fut organisée dès le premier jour par un ensemble de mesures aussi sérieuses que régulières. L'enceinte fut divisée en neuf secteurs, placés chacun sous le commandement d'un officier général de la marine ou de l'armée. La constitution primitive de ces commandements, qui reçurent par la suite quelques modifications, fut la suivante :

RIVE DROITE DE LA SEINE.

1er *secteur.* Bercy : Du bastion I au bastion XI. Général Faron [1].

2e *secteur.* Belleville : Du bastion XII au bastion XXIV. Général Callier.

3e *secteur.* La Villette : Du bastion XXV au bastion XXXIII. Général de Montfort [2].

4e *secteur.* Montmartre : Du bastion XXXIV au bastion XLV. L'amiral Cosnier.

5e *secteur.* Les Ternes : Du bastion XLVI au bastion LIV. Le général baron Ambert [3].

---

[1] Plus tard remplacé par le général Barolet.

[2] Depuis remplacé par le général Clément Thomas, remplacé ensuite lui-même par l'amiral Bosse.

[3] Remplacé bientôt par le contre-amiral du Quilio.

6° *secteur*. Passy : Du bastion LIV à la courtine LXVII-LXVIII (basse Seine). L'amiral Fleuriot de Langle.

RIVE GAUCHE DE LA SEINE.

7° *secteur*. Vaugirard : De la courtine LXVII-LXVIII au bastion LXXV. L'amiral de Montagnac.

8° *secteur*. Mont-Parnasse : Du bastion LXXVI au bastion LXXXVI (entrée de la Bièvre). L'amiral Méquet.

9° *secteur*. Les Gobelins : Du bastion LXXXVII (Bièvre à la Seine) à la courtine XCIV. L'amiral de Challié.

Les forts avaient des commandements distincts distribués d'après leur position.

Le Mont-Valérien formait un détachement, sous les ordres du général Noël; il en était de même de Vincennes, sous le commandement du général Ribourt. Saint-Denis, avec les forts de la Briche, de l'Est et d'Aubervilliers, formait un troisième détachement, sous les ordres du général de Bellemare, que devait plus tard remplacer l'amiral La Roncière Le Noury.

Six forts avaient été confiés aux troupes de la marine.

A l'est, les forts de Romainville, Noisy et Rosny étaient commandés par l'amiral Saisset, qui avait son quartier général à Noisy.

Au sud, les trois forts de Montrouge, Bicêtre et Ivry avaient été réunis sous le commandement de l'amiral Pothuau.

Les forts d'Issy et de Vanves sur la rive gauche, ceux de Charenton et de Nogent sur la rive droite, restaient isolés.

Les forts ainsi protégés et défendus, chacun par sa garnison respective, la garde nationale fut plus spécialement chargée de la défense de l'enceinte. Pour faire face à l'ennemi en dehors de la ligne des forts, il n'existait alors à Paris que deux seuls corps d'armée capables d'une sérieuse résistance : le 13°, sous les ordres du général de division Vinoy, et le 14°, sous les ordres du général de division Renault.

Mais un puissant renfort allait venir se joindre à ces deux groupes de défenseurs : nous voulons parler de la garde mobile des départements, appelée en grand nombre, et dont la concentration sous Paris se fit avec autant de célérité que de bonheur. Elle fut entièrement terminée le 13 septembre.

Revue de la garde mobile et de la garde nationale. — Pour rassurer la population autant que pour encourager l'armée, en lui montrant la masse vraiment formidable des hommes que la défense pouvait mettre sur pied, le gouverneur de Paris, accompagné du ministre de la guerre, passa, le 13 septembre, une grande revue de la garde nationale mobile et de la garde nationale sédentaire. Toutes ces troupes, bien que rangées en ligne sur un emplacement considérable, étaient serrées les unes contre les autres au point de ne pouvoir faire aucun mouvement. Elles s'étendaient depuis la place de la Bastille, sur toute la ligne des boulevards, jusqu'au rond-point des Champs-Élysées, et dans la rue de Rivoli jusqu'à l'hôtel de ville. Un temps magnifique favorisa cette grande cérémonie militaire, et les troupes parurent remplies d'ardeur, d'enthousiasme et d'entrain. Malheureusement elles étaient encore un élément bien médiocre de défense, au point de vue de l'instruction première du soldat et surtout du sang-froid. L'équipement de la garde mobile laissait plus qu'à désirer : beaucoup des jeunes gens qui la composaient n'avaient encore que des blouses de toile, et des vêtements de laine allaient leur devenir absolument nécessaires. Quant à ses cadres, ils étaient aussi d'une grande insuffisance : beaucoup de ses officiers avaient à peine reçu un commencement d'éducation militaire, et les sous-officiers étaient tout à fait ignorants. Toutefois, même en tenant compte des vices d'organisation que nous venons de signaler, on pouvait dès lors reconnaître que la réunion de cette grande masse d'hommes armés offrait pour l'avenir des espérances sérieuses, et que c'était là une force réellement respectable, surtout en ce qui concernait la garde mobile, déjà organisée militairement, et dont on allait, aussi promptement que possible, parfaire l'éducation et la discipline.

La garde mobile concentrée à Paris pendant le siége forma quatre-vingt-dix bataillons empruntés aux départements suivants :

Ain : 1er, 2e, 3e bataillons.
Aisne : 1er bataillon.
Aube : 1er, 2e, 3e bataillons.
Côte-d'Or : 1er, 2e, 3e bataillons.
Côtes-du-Nord : 1er, 2e, 3e, 4e bataillons.
Drôme : 1er bataillon.
Finistère : 1er, 2e, 3e, 4e, 5e bataillons.
Hérault : 1er, 2e, 3e bataillons.
Ille-et-Vilaine : 1er, 2e, 3e, 4e, 5e bataillons.
Indre : 1er bataillon.
Loire-Inférieure : 3e, 4e, 5e bataillons.
Loiret : 2e, 3e, 4e, 5e bataillons.
Marne : 1er bataillon.
Morbihan : 1er, 2e, 3e bataillons.

Puy-de-Dôme : 1er bataillon.

Saône-et-Loire : 1er, 2e, 3e bataillons.

Seine : Les bataillons de la Seine sont restés groupés de la manière suivante :

    1er, 2e, 3e bataillons réunis.
    4e, 5e, 6e   —   —
    7e et 8e   —   —
    9e   —   isolé.
    10e et 11e   —   réunis.
    12e   —   isolé.
    13e, 14e, 15e   —   réunis.
    16e, 17e, 18e   —   réunis.

Seine-et-Marne : 1er, 2e, 3e, 4e bataillons.

Seine-et-Oise : 1er, 2e, 3e, 4e, 5e, 6e bataillons.

Seine-Inférieure : 1er, 3e, 4e, 5e bataillons.

Somme : 1er, 2e, 3e, 5e, 6e bataillons.

Tarn : 1er, 2e, 3e bataillons.

Vendée : 1er, 2e, 3e, 4e bataillons.

Vienne : 1er bataillon.

Yonne : 1er bataillon.

Avec ces quatre-vingt-dix bataillons on forma quatre divisions, sous les ordres des généraux de Beaufort, de Liniers, Corréard et Berthaut. L'instruction de ces jeunes troupes dut être leur première préoccupation, et d'ailleurs leur commandement prit fin au 6 novembre, alors que l'organisation militaire de la défense venant à être modifiée, les soldats de la mobile furent reversés et encadrés dans les troupes d'infanterie de ligne. La force de chacune de ces divisions de la mobile variait alors entre 25 et 30,000 hommes, et pendant ce long siége ses pertes furent relativement peu considérables; puisqu'au moment de l'armistice il en restait encore 102,000 sous les armes.

Tous ces bataillons de mobile provenaient de vingt-cinq départements différents. Naturellement la Seine formait le plus gros contingent et comptait dix-huit bataillons. Venaient ensuite :

Seine-et-Oise : 6 bataillons.

Somme, Ille-et-Vilaine, Finistère, chacun 5 bataillons : soit 15 bataillons.

Côtes-du-Nord, Loiret, Seine-et-Marne, Seine-Inférieure, Vendée, chacun 4 bataillons : soit 20 bataillons.

Ain, Aube, Côte-d'Or, Hérault, Loire-Inférieure, Morbihan, Saône-et-Loire, Tarn, chacun 3 bataillons : soit 24 bataillons.

Aisne, Drôme, Indre, Marne, Puy-de-Dôme, Vienne, Yonne, chacun 1 bataillon : soit 7 bataillons.

En défalquant du chiffre total Paris et les deux départements limitrophes, formant vingt-huit bataillons, on voit qu'une grande partie des troupes de la mobile appartenait aux contingents de l'Ouest :

Ille-et-Vilaine,	5 bataillons.	
Côtes-du-Nord,	4 bataillons.	Bretagne.
Finistère,	5 bataillons.	Normandie.
Loire-Inférieure,	3 bataillons.	Vendée.
Morbihan,	3 bataillons.	28 bataillons.
Vendée,	4 bataillons.	
Seine-Inférieure,	4 bataillons.	

Les soldats de la garde mobile étaient un sérieux et solide élément de défense. Forts et vigoureux, ils pouvaient supporter facilement une dure et sévère instruction militaire ; mais il était indispensable qu'ils fussent soumis à un commandement plein de fermeté, pour être promptement pliés à la discipline et prendre la cohésion nécessaire. Jusqu'alors la garde mobile de la Seine avait seule donné de déplorables exemples de turbulence et d'indiscipline, en se mutinant au camp de Châlons, à la veille même de nos plus grands revers ; et jusqu'au dernier jour elle devait, à quelques exceptions près, montrer ce même esprit de coupable insubordination.

Le gouvernement de la défense nationale vint malheureusement ajouter aux difficultés nombreuses que rencontraient l'organisation et l'instruction de la garde mobile, en cassant par son décret du 17 septembre, et d'un seul coup, tous les officiers de mobiles nommés par de précédents décrets, et qui comme tels avaient concouru à sa formation.

Ce malencontreux décret était ainsi conçu :

Article 1ᵉʳ. — Les bataillons de la garde mobile actuellement armés et réunis à Paris sont appelés à élire leurs officiers.

Art. 2ᵉ. — Les élections auront lieu le lundi 19 septembre.

Ce décret porta le coup le plus fatal à la garde mobile réunie sous Paris, et alors seulement en commencement d'organisation. Le général commandant en chef le 13ᵉ corps fut toujours opposé à cette mesure déplorable : il était trop bien convaincu que l'élection ne peut donner à un chef militaire une autorité suffisante pour lui faire obtenir des troupes placées sous ses ordres le respect, l'obéissance et la discipline. La garde mobile de Paris, déjà si turbulente par elle-même, devait plus que toute autre troupe subir l'influence de ce funeste décret : de ce jour et pendant toute la durée du siége, l'autorité des officiers n'y fut jamais sérieusement et efficacement rétablie. La mobile des départements fit preuve de plus de sagesse : elle se borna à renommer ses officiers. Mais le trouble le plus grave n'en était pas moins jeté au milieu de cette jeune troupe ignorante et inexpérimentée; bon nombre d'officiers, et des meilleurs, refusèrent de se soumettre à la réélection et d'accepter le jugement de leurs inférieurs. Ils disaient avec raison que le grade doit appartenir au plus digne et non au plus populaire. Ils voulaient pouvoir punir ceux de leurs hommes qui auraient mérité de l'être, sans avoir à se préoccuper de l'influence qu'ils exerçaient peut-être sur leurs camarades, et risquer au besoin leur popularité tout en gardant leur grade. En un mot, ils voulaient être chefs sans contestation possible et commander à leurs inférieurs sans être, par les chances capricieuses de l'élection, exposés quelque jour à leur obéir.

Approche de l'ennemi. — Cependant toutes les nouvelles venues de l'extérieur annonçaient partout l'approche de l'ennemi. Laon était tombé en son pouvoir après un simulacre de résistance : Soissons était investi ; les vallées de la Marne et de la Seine offraient à l'invasion deux larges voies où il était facile de suivre ses progrès : l'ennemi avançait de plus en plus sur Paris.

Attitude de la population. — Une réelle inquiétude s'empara à ce dernier moment, où les communications avec le dehors existaient encore, de la population civile de la capitale. Elle obéissait à un double sentiment de crainte : beaucoup fuyaient Paris saisis d'une véritable panique et redoutant non moins les suites de la révolution populaire qui venait de s'accomplir que les effets du bombardement que chacun croyait imminent. Ces premiers fuyards cherchaient à gagner soit le midi de la France comme plus éloigné du danger, soit encore la Belgique ou l'Angleterre. Les chemins de fer, qui déjà n'acceptaient plus que les voyageurs sans bagages, étaient littéralement assiégés par la foule de ces émigrés volontaires. On ne peut que regretter que ce mouvement de départ n'ait pas été plus général et ne se soit pas étendu davantage aux bouches inutiles. Les femmes, les enfants, les vieillards étaient cependant invités, par des affiches placardées dans toute la ville, à s'en éloigner sans retard. Les énergumènes de certains clubs devaient dans la suite leur reprocher amèrement cette désertion. Plût à Dieu, nous ne saurions trop le redire, qu'elle eût été plus générale! La défense eût certainement alors été prolongée, et la mortalité qui a sévi si cruellement sur les enfants, les femmes et les vieillards, eût été moins grande.

D'ailleurs, pendant qu'une faible partie de la population civile quittait Paris en toute hâte, un mouvement en sens inverse se produisait par toutes les voies qui conduisaient à la capitale. Une foule considérable d'habitants des campagnes et même des départements environnants accourait pour abriter derrière les murailles de la forteresse leurs personnes et leurs biens contre les violences et les spoliations de l'armée prussienne. Ils amenaient avec eux tout ou partie de leur ménage, des bestiaux, des grains, etc., et les longues files de leurs charrettes s'entassaient et attendaient pendant des heures entières aux portes de la ville. Il eût été facile au moment de cette accumulation nouvelle de personnes à nourrir, de leur refuser impitoyablement l'entrée de Paris, en se bornant à admettre dans l'enceinte les hommes suffisamment valides pour rendre quelque service. On aurait dû renvoyer sans exception dans leurs campagnes et dans leurs villages, où ils eussent certes couru moins de dangers qu'à Paris, toutes ces femmes, ces enfants, ces vieillards qui venaient bien inutilement grossir le chiffre d'une population déjà excessive, et dont la présence diminuait d'autant les chances de durée de la défense.

Mouvement du 13ᵉ corps sur Vincennes. — Le 15 septembre, la position occupée par le 13ᵉ corps fut une première fois modifiée. Le gouverneur de Paris avait reçu la dépêche suivante du chef de la gare de Joinville, située, comme on sait, à l'est de Paris.

« Jeudi 15 septembre, 9 heures 50 minutes matin.

« Ennemis au nombre de 10,000 environ se

» dirigent sur Joinville. La troupe se concentre
» dans les forts. Dans une heure l'ennemi sera
» ici. »

Le gouverneur envoya immédiatement alors au général commandant le 13ᵉ corps l'ordre suivant :

« L'ennemi se montre, assure-t-on, en force à
» Joinville-le-Pont.

« Faites vos dispositions pour vous porter, par
» les voies les plus courtes, entre Vincennes et
» l'enceinte, en appuyant votre droite à Charen-
» ton et votre gauche vers Vincennes. »

Cet ordre formel obligeait le 13ᵉ corps à se diriger aussitôt sur une position nouvelle, qui se trouvait située à l'extrémité même du diamètre qu'il avait alors mission de garder. L'ordre du gouverneur nous parvint à trois heures de l'après-midi : il fut transmis sur-le-champ aux divisions du corps d'armée, qui durent à l'instant même préparer leur mouvement. La division d'Exéa suivrait les boulevards extérieurs ; la division Blanchard prendrait l'avenue de la Grande-Armée, les Champs Élysées et les rues de Rivoli, Saint-Antoine et du Faubourg Saint-Antoine. Enfin la division de Maud'huy, passant par les portes de la Muette et du Point-du-Jour, suivrait les quais et prendrait la gauche de la division Blanchard.

Ce mouvement fut toutefois exécuté avec une

certaine lenteur, chaque division devant d'abord rappeler à elle les nombreux travailleurs qu'elle avait, ainsi que nous l'avons déjà dit, détachés aux divers ouvrages en cours d'achèvement. Ceux qui appartenaient à la division de Maud'huy et qui se trouvaient les plus éloignés furent ralliés assez difficilement. Ils durent abandonner, au moment même où l'on s'efforçait d'en activer le plus possible les travaux, les redoutes inachevées de Montretout, de Brimborion et de Meudon.

Aussi, malgré toute la diligence qui fut apportée à l'exécution de l'ordre reçu, c'est à peine si la tête de colonne de la division Blanchard put atteindre l'Arc de triomphe vers cinq heures du soir. Le général en chef en prit le commandement et la direction, et il entra en ville avec elle. Mais aucun ordre n'avait été donné par la place pour interrompre la circulation des voitures sur le passage d'un corps de troupe aussi considérable. Les embarras de toutes sortes gênèrent et ralentirent à tout moment sa marche à travers les rues de la grande cité. En passant devant l'hôtel de ville, des groupes d'ouvriers débraillés et excités par la boisson vinrent au-devant de la troupe, sous prétexte de manifestation, en criant : « Vive la République ! » et en paraissant vouloir inviter les soldats à répéter leurs cris. Mais tous demeurèrent silencieux sous les armes, se comportant ainsi en troupes bien disciplinées, et l'incident n'eut pas de suite.

La nuit commençait à tomber au moment même où nous entrions dans le faubourg Saint-Antoine, et elle était complète quand nous arrivâmes à la place du Trône. Une halte d'un quart d'heure permit à la colonne de gauche de reprendre sa distance, l'obscurité était profonde quand nous nous présentâmes pour sortir de l'enceinte, à la porte de Vincennes, qui n'était même pas éclairée. Cette porte, qui avait été fermée à la chute du jour, était encombrée d'une quantité de voitures de la campagne, arrivées trop tard pour entrer le même jour, et qui étaient entassées les unes sur les autres, fermant toutes les issues et interceptant le passage même du pont-levis. Le désordre était si grand et tous ces véhicules de tous les genres si bien enchevêtrés les uns dans les autres, qu'au milieu d'une nuit aussi noire il parut presque impossible de tenter de sortir. Enfin, pour comble de difficultés, l'officier de garde nationale qui était chef de poste faisait des objections et refusait presque de faire baisser le pont-levis pour nous livrer passage, prétextant qu'il n'avait pas reçu d'avis officiel lui faisant connaître le mouvement opéré par le 13ᵉ corps. Les pourparlers qu'il fallut engager à ce sujet et la nécessité où les troupes se trouvaient de passer au milieu des embarras nombreux que nous avons signalés occasionnèrent un si grand retard, que ce ne fut qu'à dix heures du soir que la tête de colonne put arriver à Vincennes.

Des officiers d'état-major nous y avaient précédés pour préparer l'emplacement que devaient occuper les troupes : la division d'Exéa établit ses bivouacs depuis le pont de Charenton jusqu'aux tribunes des courses; la division de Maud'huy s'étendit depuis les tribunes jusqu'à la pyramide; enfin la division Blanchard campa en avant du fort, et en partie dans le bois de Vincennes. Le quartier général alla s'installer au n° 102 de la grande rue de Saint-Mandé.

Ce village avait été presque entièrement évacué par ses habitants, qui n'avaient point jugé sans doute que les forts, en arrière desquels ils se trouvaient, fussent pour eux une protection suffisante. Toutes les jolies villas qui l'embellissent aux abords du bois étaient désertes, leurs propriétaires avaient fui en emportant la plus grande grande partie de leurs effets mobiliers et en abandonnant à la merci du premier occupant tout ce qu'ils avaient été obligés d'y laisser. Seuls, le maire, le curé et son clergé étaient restés à leur poste. Le commandant en chef s'empressa de les rassurer et de les encourager : il les engagea vivement à déterminer les habitants à rentrer dans leurs maisons, où ils seraient en sûreté tant que les forts qui couvrent le village demeureraient en notre possession, et surtout tant que le village lui-même serait occupé par les troupes. Un certain nombre d'entre eux suivit ce conseil, et dès le lendemain, grâce au retour de quelques marchands d'objets et de denrées de première nécessité, on put trouver à Saint-Mandé les ressources les plus utiles à la troupe.

Pendant cette même nuit, le défilé des troupes et de toute l'artillerie du 13° corps continua à la porte qui nous avait livré passage : il fut également lent et difficile, et ce ne fut que vers deux heures du matin que la queue de la colonne put parvenir à ses bivouacs.

16 septembre.

La journée du 16 fut occupée tout entière par l'installation plus régulière des bivouacs du corps d'armée, qui avaient été établis trop précipitamment et un peu en désordre pendant la nuit. On dut également songer à prendre quelques dispositions défensives.

La situation de Vincennes est assurément l'une des plus fortes de tous les abords de Paris. A partir de son confluent avec la Seine, la Marne en forme l'enceinte, et ce profond fossé est dominé par des pentes très-roides s'élevant jusqu'au plateau de Vincennes. La crête est défendue par les redoutes de Gravelle et de la Faisanderie et par le fort de Nogent. Enfin, dans le cas où une troupe ennemie serait assez audacieuse pour tenter le passage, le château de Vincennes, avec tout le développement de l'enceinte du fort vieux et du fort neuf, peut servir comme forte réserve.et appuyer sérieusement un échelon de retraite. La partie du plateau qui s'étend du fort de Charenton aux redoutes de Gravelles et au fort de Nogent, c'est-à-dire l'espace même que le 13ᵉ corps est chargé de couvrir, est notamment l'endroit le plus fort de cet ensemble de positions que la nature et l'art ont successivement, et comme d'un commun accord, rendues plus solides et plus redoutables. A gauche, les intervalles sont plus grands, plus faciles à franchir, les pentes moins roides et la différence de niveau moins considérable entre les forts de Nogent et de Romainville.

Cependant, à peine installés dans nos cantonnements nouveaux, nous devons nous convaincre que le chef de gare de Joinville-le-Pont a été l'objet de terreurs véritablement fantastiques. Le gouverneur s'est laissé tromper par un renseignement plus qu'erroné : le Joinville que menace l'ennemi n'est évidemment pas celui aux portes duquel nous nous trouvons : c'est un Joinville-sur-

Seine situé à plus de dix lieues en arrière. En tout cas, il est certain qu'en ce qui concerne Vincennes, l'alerte qui a motivé notre déplacement est absolument chimérique. Il n'y a pas, il n'y a jamais eu la moindre crainte à éprouver sur une attaque quelconque venant de ce côté. La marche de nuit, que nos troupes ont si précipitamment exécutée, n'a donc été qu'une fatigue inutile, et, circonstance infiniment plus regrettable, notre changement de position a enlevé aux importants ouvrages avancés du sud les bras de leurs plus utiles travailleurs, en les abandonnant à la négligence des ouvriers civils, auxquels la présence seule de l'élément militaire avait communiqué quelque entrain et quelque vigueur.

Arrivée de l'ennemi. — Les nouvelles que recevait plusieurs fois par jour le gouvernement de la défense annonçaient l'approche de plus en plus rapide de l'ennemi. Les lignes de chemin de fer étaient interceptées, puis supprimées les unes après les autres : les différentes lignes de l'Est furent arrêtées les premières; celles du réseau du Nord interrompues à Creil et à Soissons, et celle de Lyon coupée à Montereau, durent également cesser leur service. Il ne resta plus que les lignes d'Orléans et de l'Ouest, mais qui, de plus en plus menacées, furent bientôt occupées à leur tour.

Les divisions de cavalerie qu'on avait envoyées à la rencontre de l'ennemi s'étaient déjà repliées devant lui : l'une, la division Champeron, était rentrée dans Paris, et ses troupes allèrent bivouaquer, les unes à Vincennes, et les autres au Champ de Mars. Quant à la deuxième division de cavalerie du général Reyau, elle avait regagné Versailles, puis elle s'était dirigée sur les armées en formation au delà de la Loire.

Mais déjà, à Paris, les mesures les plus graves avaient été prises ; le siége allait sérieusement commencer. Le gouvernement de la défense avait envoyé à Tours une délégation composée de trois de ses membres pour organiser la défense en province, et une partie du personnel des divers ministères l'y avait accompagnée.

Dans la ville, les premières mesures furent prescrites pour le rationnement de la viande : la consommation journalière fut fixée, comme chiffre maximum, à cinq cents bœufs par jour ; il y eut une taxe régulière pour la vente de la viande, et tous les animaux sur pied dans Paris furent sans exception réquisitionnés.

Toutefois, la journée du 16 se passa dans un calme absolu, et aucun incident nouveau ne vint dénoncer l'arrivée de l'ennemi. Les bivouacs de nos soldats s'étendirent davantage, et quelques postes furent même détachés en observation et plus en avant, surtout du côté de Charenton. Les renseignements donnés par les voyageurs qui avaient pu encore rentrer dans Paris signalaient aussi l'arrivée de l'ennemi, qui cependant ne nous avait encore donné aucun signe de son approche. Il préparait alors sans doute son mouvement d'investissement définitif, et il attendait, avant de se montrer, que ses têtes de colonnes eussent été rejointes par les réserves, de manière à nous apparaître avec une force suffisamment considérable pour pouvoir au besoin frapper un grand coup et agir, par la soudaineté d'une attaque que rien ne nous empêchait de supposer, sur l'imagination toujours si vivement impressionnable d'une grande population en proie aux anxieuses appréhensions d'un long siége.

CHAPITRE DEUXIÈME.

COMBAT DE CRÉTEIL.

17 septembre.

Les renseignements arrivés le 17 septembre donnèrent à penser que les têtes de colonnes de l'ennemi allaient se montrer; ces mêmes renseignements signalèrent en avant du 13° corps, et notamment au château de Pipple, appartenant à M. Hottinguer, des approvisionnements considérables de diverses denrées. Il importait ou de les détruire, ou d'assurer leur rentrée dans Paris. Le général en chef se décida donc à faire une reconnaissance, mais avec assez de monde pour pouvoir aisément refouler les escouades de uhlans et les avant-postes ennemis, afin de pouvoir juger quelles forces masquait derrière lui ce rideau de troupes légères.

La division d'Exéa fut désignée pour opérer ce mouvement : elle n'avait pas encore été aux prises avec l'ennemi, et elle allait être ainsi amenée à recevoir le baptême du feu dans des conditions réellement favorables, attendu que le commandant en chef n'avait nullement le projet de livrer un combat sérieux; son intention était seulement de s'assurer de la présence de l'ennemi, de ses forces et de sa marche, qu'on lui signalait de toutes parts.

Le général en chef voulut prendre lui-même la direction de la colonne. Il emmena avec lui le 1ᵉʳ de chasseurs, de la brigade du général Cousin, pour éclairer sa marche, et se fit suivre de quatre batteries d'artillerie, dont une de mitrailleuses. Le mouvement indiqué aux troupes consistait à gagner le village de Créteil, puis celui de Boissy Saint-Léger, qu'on devait simplement visiter avant de venir reprendre les bivouacs de Vincennes. Le commandant du fort de Charenton avait été prévenu et devait, au besoin, seconder l'opération qui allait s'effectuer devant lui.

La colonne atteignit Créteil sans difficultés, n'ayant rencontré sur son chemin qu'une bande de nos maraudeurs armés qui cherchaient à s'emparer d'une ferme, et que la cavalerie dispersa à coups de plat de sabre. Le gros village de Créteil était absolument abandonné et désert. De ses deux mille cinq cents habitants, tous avaient disparu, à l'exception d'un seul qui errait comme une âme en peine au milieu des maisons fermées et abandonnées du pauvre village. Cette solitude absolue fit sur nous une impression d'autant plus saisissante, qu'elle contrastait avec le charme d'une splendide journée d'automne éclairée par les rayons d'un soleil dont nous ressentions tous la douce et salutaire chaleur. Nous apprîmes bientôt que le matin même des uhlans avaient traversé Créteil, mais sans s'y arrêter. En effet, un peu en avant du village, nos éclaireurs signalèrent bientôt la présence de postes de cavalerie ennemie qui se retiraient devant eux. Notre colonne d'infanterie dépassa cependant Créteil, longeant la Marne et les murs du parc de Bonneuil, et arriva ainsi à un carrefour d'où partent vers l'est la route de Bonneuil et vers le sud celle du carrefour Pompadour. Mais dans les bois que nous avons devant nous se dissimulent des cavaliers ennemis, pendant qu'une colonne d'infanterie d'environ six mille hommes semble se diriger vers Choisy-le-Roi et menacer notre flanc droit. Les maisons qui se trouvent au carrefour de Bonneuil venaient d'être abandonnées par un avant-poste de cavalerie ennemie, et portaient encore les traces de dégradations récentes.

Le commandant en chef fit de suite avancer une batterie d'artillerie, sous les ordres du chef d'escadron de Cossigny, et lui prescrivit de prendre position à droite du carrefour et d'ouvrir le feu. L'avant-garde, composée de deux compagnies de chasseurs à pied, vint se placer auprès de la batterie pour la soutenir, et la brigade Daudel, qui formait la tête de colonne, reçut l'ordre de faire un mouvement par son flanc droit, de quitter la route et de garnir la crête de Montmesly. Deux mitrailleuses furent envoyées à la tête de colonne, et une batterie d'artillerie fut placée en arrière de Mesly et en avant de Créteil, pour garantir les flancs de la position. Il était alors environ deux heures et demie. Notre artillerie ouvrit son feu, auquel les pièces prussiennes répondirent aussitôt : l'infanterie ennemie parut alors vouloir se porter sur Montmesly, au milieu d'une fusillade très-vive qu'elle avait engagée avec nos tirailleurs. Son attaque fut repoussée par notre infanterie, appuyée par les mitrailleuses, dont le tir sembla produire un effet considérable.

Cependant il devenait de plus en plus évident qu'il ne fallait pas continuer le mouvement projeté jusqu'à Boissy Saint-Léger. Les bois qui se trouvent en avant pouvaient nous cacher une troupe nombreuse, et les renforts que l'ennemi avait en arrière ne manqueraient pas, si nous leur en laissions le temps, de venir à son aide et de nous menacer plus sérieusement. D'ailleurs le but militaire que le commandant en chef s'était proposé était suffisamment atteint : nous avions maintenant la certitude que les têtes de colonnes de l'ennemi étaient arrivées sous Paris, et qu'elles prononçaient leur mouvement d'investissement en se dirigeant sur le pont de Choisy-le-Roi, par le carrefour Pompadour. Le général en chef donna donc l'ordre de battre en retraite sur la brigade Mattat, qui était restée en défense dans le village de Créteil. Elle s'opéra en bon ordre : nos tirailleurs quittèrent les hauteurs de Montmesly, où les Prussiens installèrent aussitôt un avant-poste. L'artillerie reprit également la route de Créteil. A part une légère panique bien vite calmée par le général en chef et par les officiers, nous regagnâmes tranquillement nos bivouacs : la division d'Exéa rentra dans les siens au-dessus du pont de Charenton, le même jour, vers cinq heures et demie du soir.

Le combat de Créteil n'eut que peu d'importance : la durée de la lutte fut très-courte, et le nombre des troupes engagées de part et d'autre ne dépassa pas l'effectif d'une brigade. De notre côté les pertes furent minimes : nous eûmes seulement huit tués et trente-sept blessés. Mais elles furent plus fortes du côté de l'ennemi, et le soir même le médecin en chef d'une ambulance qui relevait nos blessés entendit les infirmiers allemands qui venaient de ramasser le cadavre d'un de leurs soldats, s'exclamer avec un juron bien significatif que c'était le cinquante-huitième qu'ils retrouvaient ainsi, ce qui laisse supposer pour eux, dans ce petit engagement, une perte d'hommes relativement assez forte.

C'est à Créteil que l'artillerie de la garnison de Paris tira contre l'ennemi ses premiers coups de canon : c'est aussi le premier combat dont les habitants de la grande place ont pu entendre le bruit et même apercevoir la fumée. Du fort d'Ivry, la garnison put distinctement du haut de ses bastions en observer toutes les phases, et c'est par elle que le gouverneur de Paris en apprit la première nouvelle. Il envoya aussitôt au général en chef l'un de ses officiers pour en connaître le résultat.

Au point de vue général, la situation militaire se trouvait désormais éclaircie : le premier acte du siége de Paris venait de commencer, l'investissement allait devenir un fait accompli.

Dans cette même journée, le général en chef avait utilisé pour la première fois les services d'une ambulance internationale organisée sous les auspices du marquis de Hertford, et placée sous la direction du docteur Anger. On ne saurait trop louer le zèle et le dévouement du personnel de cette ambulance, qui a rendu pendant toute la durée du siége de Paris, et au milieu des plus grands dangers, les services les plus délicats et les plus constants. A l'issue du combat de Créteil, cette ambulance étant restée dans la ligne des avant-postes prussiens, fut retenue prisonnière, et ne recouvra sa liberté qu'après que son personnel eut pris l'engagement formel de garder le silence le plus absolu sur ce qu'il avait pu voir et conjecturer relativement aux forces et aux positions de l'ennemi [1].

De retour à Saint-Mandé, le commandant en chef fit disposer aussitôt une maison du village pour servir de dépôt de blessés. En même temps, il conserva provisoirement auprès de lui les 1er et 9e de chasseurs, et un détachement de spahis qui se trouvaient à Vincennes. D'ailleurs Saint-Mandé avait repris assez vite, depuis notre arrivée, un aspect plus rassuré et plus vivant : les boutiques s'étaient rouvertes, et un certain nombre d'habitants étaient rentrés dans leurs maisons. La nouvelle du combat de la journée causa parmi eux une agitation très-vive qui se propagea avec rapidité, et se répandit le soir même jusque dans Paris. Les troupes de garde nationale qui surveillaient les remparts du côté de Vincennes furent plus particulièrement troublées par la nouvelle de l'arrivée si proche de l'ennemi : on les entendit tirer pendant une partie de la nuit du haut des fortifications sur un ennemi bien peu dangereux en vérité, puisqu'il était alors à plus de deux lieues des remparts. Mais cette panique eut plus d'un

[1] Le compte rendu de la petite affaire de Créteil figure au *Journal officiel* du 19 septembre, et y sert de préface au Rapport sommaire sur le combat de Châtillon.

inconvénient : le 13ᵉ corps était campé en avant de l'enceinte, et les balles tirées si inconsidérément par les gardes nationaux vinrent tomber jusque dans nos cantonnements; un soldat du 42ᵉ fut tué et deux autres blessés. Il fallut même le lendemain éloigner de la portée du feu nos bivouacs, trop exposés au tir aussi dangereux qu'inutile des trop zélés gardes nationaux. La précaution ne fut pas superflue : en effet, pendant la nuit suivante, la garde nationale, dont l'intempestive ardeur ne s'était point calmée, recommença de plus belle dans le vide sa folle fusillade de la veille. Il fallut, pour mettre un terme à ce ridicule gaspillage de munitions, enlever par mesure générale aux hommes de faction les cartouches dont ils faisaient un si mauvais usage. Ce début de la garde nationale dans le concours si énergique et si efficace qu'elle devait, disait-on, donner à l'armée, n'était pas des plus favorables, ni surtout des plus rassurants.

CHAPITRE TROISIÈME.

MOUVEMENT SUR VILLEJUIF.

18 septembre.

La garde nationale, qui a montré la veille au 1er secteur une vigilance si excessive, se signale encore par un cruel abus de son zèle et de sa défiance. Elle arrête sur les remparts, où ses fonctions de membre du comité de défense lui donnaient le droit de circuler, le maréchal Vaillant, qu'elle traite de conspirateur; elle laisse la populace le maltraiter, et le conduit enfin au gouverneur de Paris, qui a beaucoup de peine à soustraire le vieux maréchal à la rage furieuse de ces forcenés.

Le même jour, le gouverneur prend une résolution qu'il fait d'abord pressentir par la lettre suivante, adressée au commandant du 13e corps:

« Cher Général,

» Le gouvernement vient de faire une nomina-
» tion que je vous prie de ne pas juger avant de
» m'avoir entendu. Il s'agit d'un grand intérêt
» public qui doit être sauvegardé, toute préoccu-
» pation de personnes cessant... »

Une autre lettre que le général reçut ensuite lui fit savoir en ces termes de quelle nomination il s'agissait :

« J'ai l'honneur de vous informer que j'ai
» nommé au commandement des 13ᵉ et 14ᵉ corps
» M. le général de division Ducrot. Je fais appel
» à tous les sentiments de patriotisme que vous
» inspire la situation, pour vous inviter à faciliter
» à cet officier général l'accomplissement de la
» tâche que je lui ai confiée. »

Mais après les observations présentées au gouverneur de Paris par le général commandant le 13ᵉ corps, il ne fut pas donné suite à l'organisation indiquée, ou du moins elle ne reçut jamais sa complète exécution. Les deux corps d'armée que la lettre de service du général Ducrot plaçait sous ses ordres se trouvaient alors aux deux extrémités de Paris, l'un au sud vers Châtillon, et l'autre à Vincennes. Il fut convenu que le 13ᵉ corps resterait détaché du commandement du général Ducrot, et que celui-ci n'exercerait réellement le commandement en chef des deux corps d'armée que dans le cas où, par la suite des opérations, ils se trouveraient réunis, circonstance qui ne se présenta jamais.

Dans la même journée, le général Ducrot se prépara à inaugurer son commandement par un mouvement offensif sur le flanc droit des Bava-

10

rois, qui défilaient devant lui par la vallée de la Bièvre, de Villeneuve Saint-Georges et Choisy-le-Roi sur Versailles.

Pour faciliter ce mouvement, la division de Maud'huy reçut l'ordre d'aller occuper le plateau de Villejuif. Elle quitta son campement de Vincennes dans la journée du 18 pour se diriger sur la position indiquée. Sa droite était appuyée à l'ouvrage inachevé des Hautes-Bruyères, et se reliait à la 3ᵉ division du 14ᵉ corps, qui se trouvait à Bagneux. Sa gauche s'étendait depuis la redoute du Moulin-Saquet jusqu'en vue de Vitry. Elle était soutenue en arrière par les forts de Bicêtre et d'Ivry, où tous les travaux de défense étaient terminés et qui venaient de recevoir leur armement définitif. C'était, en somme, une position très-forte, bien que les ouvrages avancés des Hautes-Bruyères et du Moulin-Saquet ne fussent pas encore complétement achevés.

Le matin de ce même jour, la division d'Exéa avait envoyé une reconnaissance sur Créteil, où l'ennemi avait placé un avant-poste de cavalerie. Cette reconnaissance revint avec trois dragons du 4ᵉ régiment de Silésie qu'elle avait faits prisonniers, mais qui, conduits à Paris, ne surent ou ne voulurent donner aucun renseignement d'une utilité quelconque.

19 septembre.

La journée du 19 septembre fut des plus malheureuses : elle eut sur l'avenir de la défense une influence fatale. L'opération entreprise par le général Ducrot échoua, et les trois divisions du 14ᵉ corps, commandées par les généraux de Caussade, d'Hugues et de Maussion, furent rejetées dans Paris après un combat très-vif, suivi d'une retraite précipitée. Nos troupes durent abandonner la redoute de Châtillon avec huit pièces de canon, ainsi que celles de Bagneux et du Moulin-de-Pierre. Ces ouvrages, il est vrai, n'étaient pas terminés, ils étaient même en fort mauvais état de défense; mais cependant leur conservation et leur occupation par nos soldats eussent été d'un bien précieux concours pour la durée de la résistance, car leur possession eût rendu le bombardement impossible.

Retenu à Vincennes, et loin de la lutte, avec les divisions Blanchard et d'Exéa, le commandant en chef du 13ᵉ corps n'a point à discuter les causes de ce grave échec, ni à apprécier les diverses phases du combat, pas plus qu'à parler des moyens qui auraient pu être employés pour en prévenir la funeste issue; mais il eut plus que tout autre à en supporter les résultats, puisque c'est lui et son corps d'armée qui furent appelés, pendant tout le reste du siége, à garder des positions que l'insuccès du 14ᵉ corps avait rendues aussi périlleuses que difficiles.

C'est le 19 septembre, à midi, que le commandant du 13ᵉ corps apprit, par une dépêche que le gouverneur lui adressait pour le prier de se rendre auprès de lui, la gravité de l'affaire engagée à Châtillon. Le gouverneur donnait en même temps l'ordre écrit de diriger immédiatement la division Blanchard sur Paris pour assurer l'enceinte de la Bièvre à la Seine. Le quartier général du 13ᵉ corps fut en même temps transféré à la gare du Mont-Parnasse.

Ceux qui ont pris part à la défense de Paris, aussi bien que ceux qui étaient restés dans Paris même comme simples spectateurs du siége de la grande ville, auront toujours présente à la mémoire la désastreuse journée du 19 septembre. Certes, nos troupes se sont depuis relevées des douloureuses défaillances qu'elles avaient éprouvées pendant ce fatal combat; elles sont revenues de la folle panique qui a causé ce jour-là un si grand désordre dans leurs rangs et jeté l'alarme dans la cité; elles ont en quelque sorte racheté par l'héroïsme dont elles firent preuve en d'autres combats, les erreurs de cette triste journée; mais toutefois ses effets matériels sont demeurés irréparables, et ils ont lourdement pesé sur la situation jusqu'à son dernier jour.

La redoute de Châtillon étant en possession de l'ennemi, celles de Meudon, de Montretout, de Brimborion, de Gennevilliers, furent évacuées sans combat; celles de la capsulerie et de Ville-d'Avray ne se trouvant même pas gardées, furent également abandonnées sans défense. Le même jour, on détruisit les ponts de Sèvres, de Billancourt, de Saint-Cloud, le pont Bineau dans le parc de Neuilly, et ceux d'Asnières, de Clichy et de Saint-Ouen. Le Mont-Valérien restait seul, comme une sentinelle avancée, en dehors de la ligne de défense naturelle formée par la Seine, et le pont de Neuilly était la dernière communication intacte qui existât encore entre les deux rives.

Dans cette même journée du 19, le général commandant en chef se rendit, vers deux heures de l'après-midi, à son nouveau quartier général de la gare du Mont-Parnasse. Il put assister, non sans une vive indignation, à la rentrée effarée dans Paris de nombreux fuyards, qui pour la plupart avaient quitté le champ de bataille sans avoir combattu. Ces misérables, que les premiers obus avaient mis en une si folle déroute, se répandirent dans la ville, s'arrêtant à tous les cabarets et semant partout, dans leur demi-ivresse, la lâche terreur et le découragement dont ils étaient eux-mêmes remplis.

Le général attendait avec impatience l'arrivée

de la tête de colonne de la division Blanchard, afin d'opposer une résistance sérieuse à l'ennemi, dans le cas où il tenterait de poursuivre son avantage jusqu'à attaquer peut-être Paris de vive force. A quatre heures du soir, cette division parut enfin, et fut immédiatement répartie pour garnir les remparts depuis la Seine jusqu'à la Bièvre. Elle occupait ainsi les dix-huit bastions de l'enceinte appartenant aux 7° et 8° secteurs. Les gardes nationaux de service aux remparts firent bien quelques difficultés pour se laisser relever par la troupe de ligne, surtout du côté de la Bièvre, où l'on rencontrait la population moins que bienveillante du quartier des Gobelins; mais il leur fallut néanmoins céder partout les postes qu'ils occupaient, et la division Blanchard bivouaqua le soir même dans la rue du Rempart.

D'autre part, la division de Maud'huy était demeurée toute la journée sur ses positions, ayant devant elle de fortes colonnes prussiennes qui, s'étant mises hors de la portée de son artillerie, se bornaient à l'observer, mais sans faire mine de l'attaquer. Vers huit heures du soir, le général de Maud'huy s'aperçut que la division qu'il avait à sa droite se retirait, et redoutant un mouvement tournant entre sa droite et Bicêtre, il fit aussitôt connaître par le télégraphe sa position au gouverneur de Paris. Celui-ci enjoignit immédiatement au général de faire rentrer sa division dans la capitale.

Ainsi la date du 19 septembre est la première date doublement fatale du siége de Paris : en effet, c'est ce jour-là même que l'investissement fut absolument complété par l'ennemi, en même temps que nos troupes de défense étaient rejetées, après le plus malheureux combat, jusque dans l'intérieur de la place, dont elles auraient toujours dû protéger les approches.

Si nous écrivions un ouvrage de discussion, nous pourrions examiner si l'ennemi a réellement fait, dans cette journée du 19, tous les efforts que sa situation, aussi bien que la nôtre, lui permettaient de tenter. N'aurait-il pas dû profiter de la désorganisation et du trouble que la déplorable affaire de Châtillon avait jetés dans notre armée, dans la garde nationale et dans la population elle-même, pour chercher à tourner par une attaque vigoureuse le fort de Montrouge, ou bien, forçant le passage entre les forts de Vanves et d'Issy, ne pouvait-il se jeter brusquement sur le rempart, pénétrer dans la place même à la suite des groupes débandés de nos fuyards? On pourrait, certes, soulever sur ce point une controverse pour le moins aussi détaillée et intéressante que celle que les débuts du siége de Sébastopol firent naître dans une circonstance à peu près identique. Tout ce que nous voulons dire dans ce récit, qui n'est qu'un simple rapport, c'est que l'ennemi, s'il eût tenté cette entreprise hardie, avait de fortes chances pour la conduire à bonne fin.

D'autre part, il est vrai, il pouvait encore se faire illusion sur l'effectif réel et la valeur des forces dont nous disposions, et par-dessus tout, comme il était un ennemi rempli de prudence et de circonspection, il est plus que probable qu'il ne voulut pas risquer d'éprouver, au début même du siége, un échec dont le retentissement, non moins que l'influence sur les opérations ultérieures, eussent été considérables. C'est sans doute cette dernière considération qui l'empêcha de pousser jusqu'au bout les conséquences de son premier succès, dans la pensée bien arrêtée chez lui de ne tenter une attaque aussi décisive qu'avec la certitude absolue d'y réussir.

20 septembre.

Situation de la défense sur la rive gauche. — Chargé de la défense de la rive gauche de la Seine depuis le bastion 68 jusqu'au bastion 94, et du commandement général des troupes et des cinq forts du sud, le général commandant le 13ᵉ corps s'occupa tout d'abord de reconnaître l'état des forces placées sous ses ordres et des diverses positions qu'elles occupaient. Leur situation se résumait ainsi à la date du 20 septembre :

1° *Fort d'Issy.* — Ce fort est commandé par le colonel Guichard. L'effectif de sa garnison est de 75 officiers et 2,611 sous-officiers et soldats. Ayant la forme d'un pentagone, bien tracé d'ailleurs, ce fort est dominé à petite portée par les hauteurs du Moulin-de-Pierre, de Châtillon et de Meudon. La garnison s'attend tous les jours à une attaque. Malheureusement le trop grand éloignement du Mont-Valérien ne lui permet pas de secourir à l'aide de ses feux le fort d'Issy, que le fort de Vanves, qui en est très-rapproché, peut seul efficacement défendre.

2° *Fort de Vanves.* — Le fort de Vanves est commandé par le colonel Cretin. Sa garnison compte 57 officiers et 2,234 hommes. Plus petit que le fort d'Issy, il a la forme d'un quadrilatère ; à la gorge, il est fermé par une escarpe en maçonnerie qui n'est pas appuyée par des terrassements. Il est dominé de très-près par les hauteurs de Châtillon, circonstance qui rend sa position très-compromise.

Les garnisons des forts de Vanves et d'Issy sont formées, par moitié à peu près, de troupes de ligne prises dans les dépôts et de gardes mobiles. Les trois forts qui suivent, ceux de Montrouge, de Bicêtre et d'Ivry, sont entre les mains de la marine et gardés par des troupes de marine.

3° *Fort de Montrouge.* — Montrouge est un petit fort de forme rectangulaire, dominé par les hauteurs de Bagneux; mais situé dans une très-belle position, vis-à-vis de la vallée de la Bièvre. Il est appuyé très-efficacement par l'enceinte qui n'en est pas très-éloignée, et flanqué par les forts de Vanves et de Bicêtre. Sa garnison, excellente, est composée de 49 officiers et de 1,680 hommes. Ses travaux intérieurs ont été achevés avec un soin extrême.

4° *Fort de Bicêtre.* — Le fort de Bicêtre est le quartier général de l'amiral Pothuau. Il a la forme d'un pentagone, et il est admirablement situé sur une hauteur très-dominante et qui commande tout le pays même aux portées de canon extrêmes. Il est parfaitement disposé à l'intérieur. Sa garnison est d'environ 1,900 hommes.

5° *Fort d'Ivry.* Le fort d'Ivry occupe une belle situation défensive, au sommet d'un mamelon dominant toute la vallée de la Seine. Il est dominé lui-même par le coteau plus élevé du Moulin-Saquet. Ses aménagements intérieurs ne laissent rien à désirer, et sa mise en état de défense est complète. Sa garnison est de 49 officiers et de 1,871 hommes.

Dans Paris, le commandement en chef du génie est confié au général de Chabaud-Latour et celui de l'artillerie au général Guiod : mais, sur la rive gauche, ces mêmes commandements sont exercés, en-sous ordre : pour l'artillerie, par le général de Bentzmann, secondé par le général Pélissier, et pour le génie, par le général Javain.

L'enceinte comprend vingt-sept bastions, divisés en trois secteurs, commandés, ainsi que nous l'avons dit, par les amiraux de Montagnac, Méquet et de Challié. La garde nationale est placée sous leurs ordres. Ils correspondent directement, pour ce qui regarde ses différents services, avec l'état-major général de cette garde et son commandant M. Tamisier, et pour l'action militaire avec les chefs des bataillons de leurs secteurs.

Les troupes actives placées sous le commandement du général Vinoy sont :

1° La division de Maud'huy, composée des brigades Blaise et Dumoulin ; elle est forte de 184 officiers et de 10,942 hommes ;

2° La division Blanchard, composée des brigades Susbielle et Guilhem : elle est forte de 214 officiers et de 9,054 hommes.

Quant à la division d'Exéa, forte de 176 officiers et de 10,500 hommes, elle reste détachée en surveillance au plateau de Vincennes. Mais à l'intérieur de la ville se trouve encore une division de gardes mobiles, placée sous les ordres du général Corréard, et que le commandant en chef peut au besoin faire marcher comme réserve. La force de cette division est de 284 officiers et de 12,256 hommes [1].

Le total des troupes employées à la défense de la rive gauche, sous les ordres du général Vinoy, est donc, en y comprenant la garnison des forts, de 42,548 hommes et de 868 chevaux.

Les troupes des forts y occupent encore une partie des casernes; mais les casemates sont préparées et pourront offrir leur abri à la garnison à la première menace de bombardement.

Les mobiles sont logés en partie chez les habitants et en partie dans les baraquements en planches, encore inachevés, sur les boulevards extérieurs.

Les deux divisions de Maud'huy et Blanchard, rentrées dans l'enceinte, en vertu des ordres du gouverneur, sont campées de la manière suivante:

La division de Maud'huy occupe le boulevard de la Gare et le boulevard extérieur jusqu'à la porte d'Enfer;

La division Blanchard, qui a reçu du gouverneur l'ordre de rendre les divers postes du rempart à la garde nationale, s'est retirée plus en arrière et s'est installée comme elle a pu dans les terrains vagues qui avoisinent les fortifications.

[1] Voir aux Appendices l'état de situation complet de ces troupes.

Le 21 septembre, cette même division doit s'éloigner encore, et on l'envoie camper au Champ de Mars.

Les boulevards extérieurs, depuis la barrière d'Enfer jusqu'à la barrière de Grenelle, sont occupés par de grands parcs remplis de bœufs. L'esplanade des Invalides est couverte de baraques, habitées par des mobiles, et au Champ de Mars un baraquement considérable est également commencé.

L'artillerie de réserve du 13ᵉ corps bivouaque sur les diverses avenues qui aboutissent à la place Breteuil.

Le 13ᵉ corps a donc relevé, sur la rive gauche de la Seine, le 14ᵉ corps d'armée, qui va lui-même garnir la position qui s'étend de Saint-Ouen au pont de Sèvres, et que le 13ᵉ corps a dû quitter d'urgence le 15 septembre pour se diriger sur Vincennes.

La série des mouvements du 13ᵉ corps, du 9 au 19, peut se résumer de la manière suivante :

9 septembre. Avenue de la Grande-Armée.

11 septembre.
- Division d'Exéa : Saint-Ouen, Clichy.
- Division Blanchard : Neuilly.
- Division de Maud'huy : Boulogne.

15 septembre. 13ᵉ corps d'armée : Vincennes.

18 septembre.
- Division de Maud'huy : Villejuif.
- Division de Maud'huy : Paris, faub. d'Ivry.

19 septembre. Division Blanchard : enceinte de Paris, de la Bièvre à la Seine.
20 septembre. Division Blanchard : en arrière du chemin de fer de ceinture.
21 septembre. Division Blanchard : Champ de Mars.

Paris apprit en même temps que la nouvelle de l'échec de Châtillon le résultat négatif de la tentative faite par M. Jules Favre à Ferrières, en vue d'un armistice pouvant amener la paix. Les conditions proposées par le chancelier de la Confédération du Nord ayant été déclarées inacceptables par le gouvernement de la défense nationale, il fut décidé que la résistance de Paris et de la France serait poursuivie jusqu'à outrance.

Le même jour, un décret du gouvernement institua une cour martiale pour juger des crimes militaires de la nature de ceux qui s'étaient produits à l'affaire de Châtillon, et qui avaient si douloureusement impressionné la population parisienne.

Depuis l'avant-veille, les chemins de fer étaient coupés, et à partir du 20 les services de la poste et du télégraphe durent cesser complétement avec l'extérieur. Paris était dès lors, et pour de longs mois, livré à ses seules ressources et dans l'isolement du reste du monde et de la France elle-même le plus absolu et le plus complet. Quant à l'ennemi, il ne parut pas s'être douté du mal qu'il nous avait fait et de la désorganisation que son succès de la veille avait partout répandue, car il ne fit point de mouvement en avant, et il nous permit ainsi de rétablir un peu d'ordre et de discipline parmi les troupes qui avaient si mal tenu au combat du 19.

22 septembre.

La journée du 22 se passa dans le plus grand calme : nous n'aperçûmes sur les hauteurs de Châtillon, que nous avions à surveiller, aucun mouvement de l'ennemi pouvant nous faire supposer qu'il se préparât à exécuter quelques travaux d'approche, tels que tranchées, dispositions de batteries, etc. D'autre part, les reconnaissances et les observateurs des forts firent connaître que les grand'gardes ennemies étaient peu considérables sur le plateau de Villejuif; et que du côté de celui de Châtillon elles ne dépassaient pas une zone encore assez éloignée des forts.

Ces informations modifièrent sans doute les intentions et les plans du gouverneur, car de nouveaux ordres furent donnés. Les deux divisions de Maud'huy et Blanchard durent quitter Paris et aller camper à l'extérieur. Le mouvement offensif allait donc commencer, et c'est au 13ᵉ corps que devait appartenir l'honneur de la première attaque.

CHAPITRE QUATRIÈME.

REPRISE DE LA REDOUTE DES HAUTES-BRUYÈRES ET DE CELLE DU MOULIN-SAQUET.

Le nouveau mouvement prescrit à la division de Maud'huy dut se prononcer dans la direction de Villejuif. Ce mouvement fut commencé dans la soirée même du 22 septembre : la division quitta Paris avec son artillerie et alla prendre position à côté du fort de Bicêtre, puis elle s'avança avec précaution de chaque côté du plateau.

Les renseignements que l'on put recueillir aux environs de Villejuif et du Moulin-Saquet firent connaître que les postes étaient occupés par les Prussiens, mais seulement pendant la journée : à l'arrivée de la nuit ils se retiraient plus en arrière, dans la crainte sans doute d'une attaque de notre part, et ils laissaient alors le plateau absolument libre. Le soir même, dès que le jour eut disparu et que la grand'garde prussienne se fut retirée, nos troupes reçurent l'ordre d'occuper aussitôt Villejuif et le Moulin-Saquet.

Deux bataillons de la brigade Dumoulin prirent sans bruit position à Villejuif pour y attendre le retour des postes ennemis. Mais l'opération sur la redoute des Hautes-Bruyères présentait plus de difficultés : en effet, l'ouvrage était occupé par des forces assez considérables, et le général de Maud'huy ne jugea pas à propos de s'engager à fond à une heure aussi tardive : les troupes durent donc se retirer et attendre le jour pour prononcer leur mouvement offensif.

Un peu avant le jour, vers trois heures du matin, le bataillon prussien de garde se présentait sans défiance à l'entrée de Villejuif, par la grande route de Fontainebleau. Il s'engagea tranquillement dans la principale rue du village et arriva jusqu'à une barricade qui en barrait le passage. A ce moment, nos troupes ouvrirent sur lui, et à bonne portée, un feu assez violent et le rejetèrent vigoureusement hors du village, d'où il ne sortit qu'après avoir laissé entre nos mains des casques et des fusils, ainsi qu'une vingtaine d'hommes tués ou blessés, dont un officier.

Le mouvement d'occupation sur Saquet étant suffisamment indiqué par cette échauffourée, les Prussiens se bornèrent à y envoyer une reconnaissance qui s'approcha de l'ouvrage avec précaution, et en évitant de s'engager.

A la redoute des Hautes-Bruyères, l'affaire fut plus chaude. A la pointe du jour, une de nos colonnes s'était élancée sur l'ouvrage et l'avait vivement enlevé. L'ennemi s'était aussitôt replié, se bornant à garder les villages de Chevilly et de l'Hay. Il nous abandonnait la redoute dans un état déplorable, et il avait eu d'autant plus de facilité à la détruire, qu'elle était encore bien loin d'être achevée au moment où nous avions dû la lui laisser occuper. Les parapets avaient été éventrés, les fossés dégradés de telle sorte qu'il devenait presque impossible de s'y maintenir, l'ouvrage étant dans un état de faiblesse qui l'empêchait aussi bien de s'opposer utilement aux approches de l'ennemi que de couvrir suffisamment les troupes qu'on pourrait vouloir y installer.

Dès que les Prussiens virent que nos troupes étaient maîtresses de la ligne des hauteurs, ils mirent en position une nombreuse artillerie du côté de l'Hay et de Chevilly, et ouvrirent un feu très-vif sur nos colonnes. Notre artillerie essaya bien de se mettre en batterie dans la redoute, mais le feu de l'ennemi en balayait la gorge avec une telle précision, que nous dûmes bientôt renoncer à l'y maintenir. Elle prit alors position entre le village de Villejuif et l'ouvrage des Hautes-Bruyères, et résista, cette fois sans désavantage et pendant toute la matinée, aux batteries prussiennes.

En même temps l'ennemi tenta à deux reprises différentes d'enlever la position en la faisant attaquer par des colonnes d'infanterie; mais accueillies par les décharges de nos mitrailleuses, elles durent définitivement se retirer sans avoir pu réussir dans leur entreprise. Enfin, vers dix heures et demie du matin, voyant que sa canonnade n'avait pas produit l'effet décisif qu'il en attendait, et que nos réserves, qu'il espérait écraser, s'étaient simplement défilées en prenant position un peu plus loin, mais sans se retirer, il modéra peu à peu la violence de son tir sur les Hautes-Bruyères et Villejuif, et vers une heure de l'après-midi son feu avait cessé complétement.

Nos troupes étaient donc restées maîtresses des positions qu'elles avaient conquises dans la matinée. Le général en chef prescrivit immédiatement de commencer les travaux nécessaires pour remettre les ouvrages en état de défense. La brigade Blaise fut chargée de la garde du Moulin-Saquet, et dut aussi terminer l'ouvrage qui s'y trouvait et qui demandait de sérieuses réparations. Cette redoute, très-grande, trop grande même, avait la forme d'un carré et était traversée par le grand chemin qui conduit de Villejuif à Vitry. Elle était assez mal défilée : des hauteurs du moulin d'Argent-Blanc notamment on en découvrait l'intérieur, et il était de toute nécessité d'y procéder tout de suite à l'établissement d'une grande traverse. Un terrassement fut en même temps commencé entre Villejuif et le Moulin-Saquet, pour permettre de passer à couvert de la redoute à l'ouvrage. On ordonna en outre la mise en état de défense du village de Villejuif : sa grande rue devait être barricadée en plusieurs endroits et les murs du cimetière et des jardins crénelés. Enfin la position entre Villejuif et la redoute des Hautes-Bruyères ayant été reconnue excellente pour l'artillerie, il fut décidé que des épaulements pour batteries y seraient immédiatement établis.

Mais le point le plus important était de mettre l'ouvrage principal en état de défense.

La redoute des Hautes-Bruyères a la forme d'une lunette : elle est défendue par un large fossé qui en fait le tour. Des casemates commencées sous ses parapets et blindées avec des rails de chemin de fer, étaient alors inachevées. Il fallait d'abord et avant tout se hâter de réparer les parapets, afin de mettre les troupes à l'abri. Le commandant Mangin, chef du génie de la division de Maud'huy, s'occupa de ces divers soins avec une grande activité. Dès une heure et demie, aussitôt après la cessation du feu de l'ennemi, le travail put être entrepris, et les soldats, armés de pioches et de pelles, commencèrent sur-le-champ les réparations nécessaires.

La position assignée à cette division demeura définitive : son front s'étendait de la redoute des Hautes-Bruyères à l'ouvrage de Saquet. Deux réserves furent établies, l'une en arrière de Villejuif, l'autre près d'une carrière à droite de la redoute. Cette dernière était spécialement chargée de surveiller tout mouvement tournant qui pourrait s'opérer par la Bièvre. D'ailleurs toute tentative de l'ennemi était encore mieux surveillée et interdite par le croisement à très-bonne portée des feux des forts de Bicêtre et de Montrouge. Le premier de ces forts avait pris une part très-vigoureuse à l'attaque, et puissamment contribué au succès de l'opération. Il faisait la preuve, tant de fois répétée depuis, de l'avantage irrésistible assuré par la supériorité du calibre et l'abri d'un parapet, au canon d'un fort sur celui d'une batterie de campagne inférieure en calibre et tirant à découvert. Peut-être l'emploi du projectile percutant, que l'artillerie prussienne n'était pas encore habituée à nous voir utiliser, et qui était employé contre elle plus fréquemment qu'il ne l'avait été jusqu'alors, avait-il aussi exercé une influence heureuse sur le résultat obtenu.

Quoi qu'il en soit, l'affaire n'avait pas en elle-même une grande importance : de part et d'autre peu de monde avait été engagé; nos pertes étaient légères, nous avions eu environ 70 hommes tués ou blessés; l'artillerie avait un peu plus souffert. ayant mal abrité ses chevaux d'attelage, elle en perdit un certain nombre. Mais l'affaire n'en était pas moins pour nous un succès incontestable et incontesté, et dont les preuves matérielles restaient entre nos mains. Cette redoutable artillerie prussienne, à laquelle on se plaisait à attribuer tous les avantages de la campagne, et qui trois jours auparavant avait tellement effrayé nos conscrits qui s'étaient débandés devant elle, venait d'entrer en lutte infructueusement contre la nôtre. Nos pertes étaient hors de toute proportion avec la vivacité de son tir, qui n'avait été heureux ni contre notre artillerie ni contre notre infanterie. Quant aux colonnes d'attaque qu'il avait lancées contre nous, elles avaient dû deux fois se disperser devant la terrible action de nos mitrailleuses. Enfin, au point de vue militaire, la position qu'il nous avait abandonnée était des plus importantes. La redoute des Hautes-Bruyères domine tellement la plaine du côté de Chevilly et de la Belle-Épine, que les communications de l'ennemi par la route de Choisy-le-Roi à Versailles finirent par être rendues impossibles : il fut dès lors obligé de faire un grand détour par Villeneuve-Saint-Georges, au moins pour tous les mouvements qu'il désirait accomplir en plein jour.

Enfin la possession de la hauteur sur laquelle est la redoute, et par conséquent de la redoute elle-même, aurait certainement permis à l'ennemi d'écraser Montrouge; elle eût rendu facile l'attaque sur Bicêtre, et redoutable celle sur Ivry. Grâce à la position que nous occupions dès lors devant ces forts, position qui avait obligé l'ennemi à reculer d'environ deux kilomètres sa ligne d'investissement, il a été mis dans l'impossibilité de les attaquer, et il n'a pu établir entre la Seine et la Bièvre aucune batterie pouvant bombarder Paris de ce côté. L'abandon sans combat, par ordre du gouverneur de Paris, des redoutes de Saquet et des Hautes-Bruyères avait été un événement malheureux : leur reprise fut un réel succès, et si son importance ne fut pas suffisamment appréciée au moment même où il se produisit, les faits ultérieurs démontrèrent surabondamment l'incontestable influence qu'il eut sur l'avenir de la défense.

A Gentilly, dans la vallée de la Bièvre, le succès obtenu sur la hauteur avait eu pour résultat de faire reculer les avant-postes prussiens placés le long de l'aqueduc d'Arcueil. Cette position fut aussitôt occupée par nos troupes après que l'ennemi se fut replié jusque sur le Moulin-Cachan.

De l'autre côté, la division Blanchard s'était avancée assez loin des remparts sans rencontrer d'obstacles. Elle avait pris position dans les villages d'Issy, de Vanves et de Montrouge, entre les forts qui les protègent. La brigade Susbielle (113ᵉ et 114ᵉ) fut placée à Issy et au bas de

Vanves. La brigade La Mariouse s'établit au Grand-Vanves et à Montrouge. Mais de ce côté il n'y eut pas d'engagement : nos avant-postes s'arrêtaient à l'extrémité du parc du château d'Issy, dans lequel l'ennemi envoyait ses patrouilles, mais sans y établir de poste régulier et solide, et que d'ailleurs il avait abandonné sans combat. Ainsi, sur toute la rive gauche, l'action offensive opérée par le 13° corps avait réussi.

La nouvelle de cet heureux résultat avait promptement circulé dans Paris, où le bruit très-vif de la canonnade avait déjà fait connaître qu'une affaire était engagée. La joie du public fut grande : les habitants de la rive gauche, qui avaient été les témoins attristés de la funeste débandade du 19 septembre, purent se convaincre par les rapports des premiers blessés qui rentraient en ville, que la troupe avait cette fois tenu sérieusement, et que même elle s'était battue avec succès. Puis bientôt les récits de l'affaire, reportés de quartier en quartier et grossissant, à mesure qu'ils se répandaient, l'importance de l'événement, on en vint jusqu'à répéter, avant la fin de la journée, que nous avions pris trente canons et fait 10,000 prisonniers. Il fallut le soir même rabattre de ces folles exagérations quand la vérité fut connue. Mais alors les proportions de l'affaire étant en réalité inférieures aux promesses merveilleuses colportées depuis l'après-midi, le public, par un revirement d'opinion qui ne s'est que trop souvent reproduit pendant tout le siége, éprouva une déception véritable et refusa même de donner à ce premier succès obtenu sous Paris l'importance qu'il avait réellement.

24 septembre.

Pendant les premiers jours du siége, l'aspect et la physionomie de Paris parurent peu changés. La circulation des voitures avait diminué, mais les services publics fonctionnaient comme d'habitude; les journaux continuaient à paraître régulièrement; les omnibus marchaient encore, et sans réduction dans leur matériel; la poste n'avait point cessé ses distributions dans Paris; la ville était éclairée plus que suffisamment; les magasins approvisionnés et fréquentés. Les théâtres, on le comprend, avaient fermé leurs portes; mais, hélas! les clubs, et quels clubs! étaient demeurés ouverts. Il est évident que cette situation, d'une apparence jusqu'à un certain point brillante, ne pouvait durer bien longtemps, et que la diminution des vivres et des divers approvisionnements allait bientôt la modifier; mais jusqu'alors, au point de vue du bien-être, la différence entre l'époque actuelle et l'époque précédente ne s'était pas encore très-sensiblement manifestée. Seule, l'interruption de toutes les communications avec le dehors imposait à tout le monde une vive et sérieuse contrariété.

Cependant le gouverneur de Paris, en voyant que les divisions de Maud'huy et Blanchard s'étaient solidement établies hors de l'enceinte, détacha auprès de chacune d'elles, afin de l'habituer plus vite au service en campagne, un des régiments de la mobile : celui de la Côte-d'Or fut envoyé à la division Blanchard, et celui de la Vendée à la division de Maud'huy. Ces jeunes troupes étaient alors bien peu instruites, et elles eurent à faire, au milieu des troupes anciennes où elles allaient se trouver placées, un apprentissage complet de la vie militaire. De semblables expériences furent souvent renouvelées, et elles eurent un si heureux résultat, que les corps d'infanterie de ligne qui avaient formé ces nouveaux soldats les voyaient toujours partir avec un véritable regret. L'instruction qu'il fallait recommencer pour les autres s'en ressentait bien quelquefois.

Dimanche 25 septembre.

Le 25 septembre, le commandant en chef passa l'inspection des bivouacs et des cantonnements d'Issy. Il fut douloureusement affecté en voyant tout le campement envahi par une quantité de curieux venus de la ville, et qui, selon l'usage immémorial des Parisiens, avaient voulu passer leur dimanche à la campagne et visitaient le village d'Issy. La garde nationale de service aux remparts avait laissé sortir tous ces promeneurs sans faire aucune objection, puisque les consignes générales n'interdisaient pas encore la sortie des personnes civiles, et n'étaient alors applicables qu'aux seuls militaires. Aussi les gardes nationaux, toujours soupçonneux et défiants, ne se firent-ils pas faute d'arrêter au passage tous les officiers de l'armée qui n'avaient pas de permis régulier. La présence de cette foule nombreuse et indiscrète qui se portait aux avant-postes et se mêlait même aux groupes des soldats, menaçait en outre de devenir une cause de conflits. En effet, elle voulait dépasser nos lignes et forcer la consigne des sentinelles pour pénétrer au delà, s'insurgeant contre la trop juste résistance que celles-ci lui opposaient, et allant même jusqu'à les injurier. Les discussions faillirent bientôt dégénérer en luttes véritables, à ce point que sur la place d'Issy un capitaine d'artillerie fut obligé de faire mettre en batterie, par intimidation, une mitrailleuse chargée et dirigée contre ces intempestifs visiteurs.

Plus loin, les mobiles du fort d'Issy voyant leurs amis et leurs parents arriver jusqu'à la porte même du fort, munis de permis de circulation obtenus sans difficulté, sortent avec eux, abandonnent leur poste, et le fort se trouve à peu près désert, pendant que sa garnison est attablée aux cabarets des environs. Là aussi des conflits éclatent entre les mobiles qui veulent reconduire leurs parents jusque dans Paris même et les factionnaires qui refusent de les laisser passer. Tout ce désordre pourrait avoir de déplorables conséquences si l'ennemi apparaissait tout à coup, et il devenait urgent d'y remédier. Le gouverneur de Paris, informé de ces faits, décida qu'à l'avenir la circulation serait libre entre les forts et l'enceinte; mais une ligne sévère de grand'gardes fut établie un peu en arrière des forts, avec défense expresse de laisser passer personne sans un permis de circulation du quartier général de chaque corps campé à l'extérieur. Le service concernant la délivrance de ces permis fut confié, pour le 13ᵉ corps, à son grand prévôt, le commandant de gendarmerie Guillemard.

En même temps, la garde nationale de service aux remparts reçut des consignes plus sévères. Elle dut exercer une surveillance toute spéciale aux portes de la ville sur les rentrées journalières des habitants. En effet, une quantité de gens sans aveu, comme Paris en contient tant, et qui étaient plus nombreux encore à ce moment où la police avait une action moins facile et par conséquent plus restreinte, osaient profiter de l'abandon dans lequel avaient été laissées beaucoup de maisons et de villas des environs de Paris pour en forcer l'entrée et y piller tout ce que leurs propriétaires y avaient laissé. Ces vols ignobles avaient souvent lieu publiquement, en plein jour, et les misérables qui les accomplissaient pouvaient rentrer avec leur butin par les portes de la ville sans être aucunement inquiétés. On enjoignit aux gardes de service d'inspecter désormais avec soin toute voiture cherchant à franchir les portes, et surtout on leur prescrivit d'exiger de leurs conducteurs la preuve que les objets qu'elles contenaient étaient bien leur légitime propriété.

Ces deux mesures, qui furent sérieusement observées, donnèrent des résultats satisfaisants et immédiats. Elles eurent bien l'inconvénient de faire affluer à notre quartier général une foule considérable de gens venant réclamer des permis de circulation; mais les pillages organisés furent, sinon tout à fait arrêtés, au moins rendus très-difficiles et chaque fois sévèrement réprimés. La mesure qui se rapportait à cette dernière question eût même assuré la suppression complète de toute déprédation, si les postes chargés d'en assurer l'exécution avaient toujours montré une même vigilance et une égale fermeté.

D'ailleurs la partie de la banlieue où campait le 13e corps fut moins que toute autre peut-être le théâtre de ces criminels attentats. Peu de réclamations furent adressées à l'état-major du 13ᵉ corps, et celles qui lui furent faites signalaient surtout les faits et gestes de deux corps de francs-tireurs établis l'un à Vitry et l'autre à Meudon. La réclamation la plus vive à laquelle nous eûmes à répondre fut transmise par M. Raspail, propriétaire d'un riche domaine à Cachan, et qui se déclara victime de dévastations commises chez lui par l'armée d'abord, puis par les troupes de mobiles. La plainte dénonçait tout particulièrement un officier de cette dernière troupe comme ayant surtout autorisé et même encouragé le pillage. Mais une enquête très-sérieuse démontra d'abord que les assertions de M. Raspail étaient singulièrement exagérées, et ensuite, qu'en ce qui regardait l'officier si vivement incriminé, la passion politique avait été pour la plus grande part dans l'animosité que le fils de l'ex-député avait montrée contre lui.

D'ailleurs les troupes du 13ᵉ corps, il faut leur rendre cette justice, ont partout respecté les propriétés occupées par elles sur la rive gauche de la Seine. Les dégâts inévitables qu'on a pu depuis y constater proviennent soit des travaux opérés en vue de la défense, soit des effets mêmes du bombardement.

Dans cette même journée du 25, le commandant en chef décida que des épaulements de batterie, ayant vue sur les coteaux de Meudon, seraient établis à l'extrémité du parc d'Issy. Les îles très-boisées de Billancourt permettant aux tirailleurs ennemis de s'approcher sans être vus, et d'inquiéter ainsi nos avant-postes, il fut également décidé qu'elles seraient déboisées immédiatement. Enfin le génie fit abattre les arbres les plus magnifiques du parc d'Issy, et dont le rapprochement gênait les vues du fort.

Ce même jour aussi, une reconnaissance du 13ᵉ de marche s'avança jusque dans Clamart, qui d'ailleurs n'était que faiblement gardé. On put, toutefois, reconnaître que de grands progrès s'étaient faits déjà dans cette troupe si neuve au point de vue de l'organisation et de la discipline. Les soldats s'aguerrissaient peu à peu et se montraient plus fermes. Il devenait plus évident de jour en jour qu'ils pourraient bientôt compter, eux aussi, comme un des bons et sérieux éléments de la défense.

26 septembre.

L'organisation et la centralisation à Paris des divers services militaires devaient, malgré toute la bonne volonté apportée par chacun, mais par suite de certaines susceptibilités de pouvoirs secondaires, créer parfois des difficultés et causer inévitablement de regrettables retards dans l'exécution des ordres prescrits. Ainsi, le commandant en chef du 13⁰ corps avait, comme on l'a dit ci-dessus, décidé le déboisement de l'île de Billancourt. Il donna avis de cette décision au commandant territorial du génie, le général Javain, qui, sans se refuser précisément à l'exécution du désir exprimé par le commandant en chef, ne s'y prêta qu'avec une extrême lenteur. Il insista sur la nécessité de déboiser auparavant le parc d'Issy. Le commandant du 13⁰ corps, qui avait fait déjà jeter bas un certain nombre des arbres qui gênaient les opérations du fort, désirait au contraire que le reste du parc fût conservé. En effet, il pouvait y dérober des troupes aux vues de l'ennemi et y faire établir, grâce à l'abri des arbres, les batteries défensives qu'il avait projetées. D'ailleurs, le déboisement de l'île de Billancourt allait de jour en jour offrir plus de difficultés.

Les questions relatives au service de l'artillerie firent naître également un autre conflit, mais d'une nature plus sérieuse. Le 19 septembre, au moment où le commandant du 13⁰ corps recevait l'ordre de protéger l'enceinte contre une incursion possible de l'ennemi, et arrivait rapidement de Vincennes dans cette intention, il s'aperçut que les batteries de 12 de son artillerie de réserve ne pourraient lui être utiles si l'ennemi tentait sur

Paris une attaque de vive force, attendu que les parapets des remparts n'étaient pas disposés pour recevoir ces pièces; ils étaient seulement armés de pièces de flanc, mais n'avaient pas une seule embrasure sur les faces. Le général donna donc aussitôt l'ordre de faire percer six embrasures au bastion 75, et prescrivit au général commandant l'artillerie du 13º corps de s'occuper de ce travail. C'est alors que la susceptibilité du général de Bentzman, chargé du service de l'artillerie territoriale, fut mise en éveil; il s'empressa de réclamer tout d'abord l'indépendance absolue du service de l'artillerie vis-à-vis de celui des troupes. Le gouverneur de Paris lui donna raison de la manière la plus complète dans une lettre confidentielle adressée au général en chef, et qu'on trouvera intégralement reproduite aux Appendices de ce volume.

Dans cette lettre, le gouverneur faisait connaître au général qu'il désapprouvait les travaux qui avaient été faits. «... L'idée que vous avez eue,
» écrivait-il, de renforcer par votre artillerie atte-
» lée les points faibles de notre enceinte ou de nos
» dehors était assurément juste, et je n'ai pu que
» l'approuver; mais je pensais que vous vous bor-
» neriez à prescrire le placement des pièces en uti-
» lisant la préparation existante, sans percer d'em-
» brasures et sans modifier la forme du rempart.
» En agissant autrement, vous avez blessé sans

» le vouloir et troublé dans ses responsabilités
» spéciales le général qui commande l'artillerie
» de cette partie de l'enceinte.

» ..... Je vous *demande instamment* de ménager
» avec soin des susceptibilités qui sont respecta-
» bles parce qu'elles ont pour origine des senti-
» ments de dévouement à la chose publique, su-
» périeures aux susceptibilités d'armes spéciales,
» *auxquelles d'ailleurs le règlement donnerait raison*
» *dans le cas présent.* »

Il résulta de ces dispositions que, pendant toute la suite du siége, les services de l'artillerie et du génie furent absolument distincts du commandement des troupes, et la confusion à laquelle cette mesure donna souvent lieu eut parfois de graves inconvénients. Ainsi, l'on put voir des batteries fixes établies sans que le chef des troupes placées de leur côté eût été averti, demeurer sur place, puis ouvrir leur feu sans qu'aucune garde préservatrice les appuyât, risquant ainsi de se faire enlever à la première démonstration de l'ennemi. Mais les conflits de cette nature ont surtout ce désavantage que, les jours d'action, l'entente entre les diverses armes n'existant plus, chacune ne songe qu'à son rôle spécial sans se préoccuper de celui des autres, et que bien souvent, par suite de ce défaut d'entente, les résultats obtenus sont inférieurs à ce qu'ils eussent été dans les conditions d'un ensemble préalablement concerté et établi. L'artillerie doit faire feu pour venir en aide à l'action de l'infanterie, mais elle peut parfois aussi la gêner : elle doit recevoir de l'infanterie la protection qu'elle est impuissante à s'assurer par elle-même. D'après les dispositions nouvellement adoptées, les deux armes ne pouvaient plus se donner ce mutuel et indispensable appui.

Cette question est, comme on peut le voir, des plus importantes et des plus graves. Les craintes d'un conflit survenant au milieu de circonstances difficiles sont tellement à redouter, qu'il est urgent de remédier, en ce qui concerne le rapport des diverses armes, aux vices d'organisation existant dans nos règlements militaires. Contrairement à la décision du gouverneur de Paris, à laquelle il se soumit sans objections, le commandant en chef du 13e corps pense qu'aucune action sérieuse n'est possible sans la subordination complète des services de l'artillerie et du génie au commandement, et il exprime le désir qu'elle soit établie d'une manière définitive dans nos règlements militaires.

27 septembre.

Le retard volontaire apporté par le service territorial du génie dans le déboisement de l'île de

Billancourt menaçant de rendre de jour en jour cette opération plus périlleuse, le général en chef donna l'ordre au commandant du génie de son corps d'armée de l'exécuter, avec une compagnie du génie et des troupes de la division Blanchard. Ce travail fut entrepris le 27 septembre au matin et terminé non sans difficulté, l'ennemi ayant constamment, pendant qu'il avait lieu, tiré sur nos travailleurs, dont une dizaine furent blessés. Toutefois la possession de l'île nous était dès lors assurée, et les canonnières pouvaient désormais aller jusqu'au pont de Billancourt sans avoir à craindre le feu des tirailleurs ennemis.

Quand il apprit le déboisement de l'île, le service du génie territorial se plaignit assez vivement qu'il eût été opéré sans sa participation, que d'ailleurs il nous avait d'abord refusée. Mais il était trop tard : l'opération était accomplie, l'île nous restait, et nous avions heureusement surmonté l'une des nombreuses difficultés que la mauvaise organisation du service en question devait encore nous susciter.

28 septembre.

Cependant les reconnaissances journalières de nos éclaireurs nous avaient fait connaître que le service des avant-postes prussiens, du côté de Choisy-le-Roi, était fait en partie par des hommes appartenant à la landwehr, et qui, pour la tenue, l'instruction et l'énergie, étaient inférieurs aux troupes prussiennes que nous avions jusqu'alors combattues.

Le commandant du 13ᵉ corps pensa que, dans ces conditions, il pouvait être bon de tenter un coup de main sur le point indiqué, et il se rendit aussitôt chez le gouverneur de Paris pour obtenir l'autorisation nécessaire. Celui-ci la donna tout d'abord. Le plan était d'ailleurs séduisant et ne paraissait pas devoir être d'une exécution très-difficile. Il s'agissait d'atteindre le pont de Choisy-le-Roi et de le détruire, pour couper absolument à l'ennemi une route qui semblait lui être d'une grande utilité. Cette opération avait en outre l'avantage, si elle réussissait, d'obliger les Prussiens à reculer de ce côté leur ligne d'investissement.

A une heure de l'après-midi, il était décidé que cette opération aurait lieu le lendemain et que les mouvements de troupes préparatoires seraient commencés le soir même. Mais, vers trois heures, le gouverneur changeait d'avis et prescrivait un ajournement de vingt-quatre heures : « Ne faites le mouvement que pour demain, télégraphiait le gouverneur, il faut ce temps pour prévenir tout le monde. »

Ce délai de vingt-quatre heures devait être funeste à plusieurs points de vue. En retardant une sortie projetée au moment même où se donnent les ordres relatifs à son exécution, on l'ébruite forcément; ensuite on détruit en partie l'élan vigoureux et la spontanéité, qui sont un grand élément de succès à la guerre. Enfin, en prolongeant même d'un jour les préparatifs de l'action, en convoquant des conseils de guerre dont la réunion connue, publiée et commentée par les journaux, devient l'événement du jour, dans ce Paris frivole et léger toujours en quête de nouvelles; par ces retards, par cette publicité, par l'appareil, forcément public, des dispositions prises, on donne malgré soi à l'ennemi, toujours bien informé par ses innombrables espions, le temps de se mettre sur la défensive, si bien qu'au lieu de le surprendre il advient que, par le fait, on est surpris par lui.

CHAPITRE CINQUIÈME.

COMBAT DE CHEVILLY.

Le 29 septembre, dans l'après-midi, le général en chef réunit chez lui, en conseil de guerre, d'après les ordres qu'il avait reçus le matin même du gouverneur de Paris, les principaux officiers généraux placés sous ses ordres. A l'heure indiquée, les généraux d'Exéa, de Maud'huy, Blanchard et d'Ubexi arrivent avec leurs escortes, et font une certaine sensation aux abords du quartier général. A une heure un quart, un aide de camp apporte solennellement un ordre détaillé du gouverneur [1]. Cet ordre détermine d'une manière très-complète le but de la reconnaissance offensive qu'on va entreprendre. L'objectif est Choisy-le-Roi; la base d'opération, le plateau de Villejuif; le nombre des colonnes est de quatre; leur force est déterminée, les chemins sont fixés, les mouvements préparatoires prescrits, les diversions combinées.

Cet ordre nécessita les dispositions de détail suivantes :

---

[1] Voyez ce document aux Appendices.

Les troupes qui devaient agir étaient :

1° *Colonne de droite* : La brigade Dumoulin, de la division de Maud'huy, devant attaquer l'Hay;

2° *Colonnes du centre* : La brigade Guilhem, de la division Blanchard, en deux colonnes chacune d'un régiment; l'une attaquerait Chevilly et l'autre la Belle-Épine;

3° *Colonne de gauche* : La brigade Blaise, de la division de Maud'huy, soutenue par la brigade Daudel, de la division d'Exéa, et le régiment des mobiles de la Vendée. Elle avait pour objectifs Thiais et Choisy-le-Roi.

La brigade de cavalerie du général Cousin serait en réserve en arrière de Villejuif. La brigade Mattat, de la division d'Exéa, et la brigade de Bernis, de la division Champeron, opéreraient à l'extrême gauche sur la rive droite de la Seine, contre la ferme des Mèches. Enfin une démonstration, mais qui devait être sans importance, serait faite à l'extrême droite par la brigade Susbielle.

L'heure du départ devait être réglée par l'artillerie des forts, qui ouvrirait son feu pendant une demi-heure. Le fort de Charenton battrait Choisy-le-Roi, le fort d'Ivry tirerait sur le pont du même Choisy, le fort de Montrouge et la redoute des Hautes-Bruyères canonneraient l'Hay et Chevilly.

« Après une demi-heure, montre en main, de

» ce feu d'artillerie, qui ne devra pas être préci-
» pité, l'infanterie commencera son mouvement...

» L'opération devra être rapidement conduite;
» la retraite devra se faire en bon ordre... Les
» troupes réoccuperont, en passant, le Moulin-
» Saquet, Villejuif et les Hautes-Bruyères, avec le
» canon qui garnit ces positions. »

Telles étaient les dispositions de l'ordre détaillé du gouverneur et les mesures prises pour y obéir.

En définitive, cette action, qui au début et dans la pensée du commandant en chef du 13ᵉ corps ne devait être qu'une affaire d'avant-postes, conduite vigoureusement et enlevée d'un coup de main par trois ou quatre bataillons, allait devenir, ainsi qu'on peut en juger par l'exposition qui précède, une affaire des plus importantes. La ligne de bataille devait s'étendre de la Bièvre à la Seine, sur un front de 6,000 mètres. 20,000 hommes seraient engagés sur ce front : ils en auraient 6,000 autres environ en réserve, pendant que, sur leur droite et sur leur gauche, 10,000 hommes opéreraient des diversions. Ainsi le nombre total des troupes qu'on allait mettre sur pied, dans la journée du lendemain, ne serait pas inférieur à 40,000 hommes. En d'autres temps, une action livrée avec un semblable effectif de combattants eût été certes une grande bataille!

La partie la plus faible dans l'ordre adopté était

l'artillerie, qui se composait uniquement, pour des forces aussi importantes, de celle du 13⁰ corps. Celle des forts ne pouvait suppléer à ce qui nous manquait que pour l'heure de la retraite, son tir n'ayant point d'efficacité sur des points aussi éloignés que Thiais et Choisy-le-Roi. Le fort de Montrouge seul pouvait utilement opérer par les vues plus rapprochées qu'il avait sur l'Hay.

Pendant que le conseil de guerre avait lieu chez le général en chef du 13⁰ corps, le gouverneur de Paris s'était, de son côté, rendu avec une escorte considérable au fort de Bicêtre, puis à celui d'Ivry, et il y avait donné publiquement des ordres pour le feu du lendemain. Dans la soirée, la nouvelle d'une sortie pour le jour suivant circulait dans tout Paris; elle était l'objet de toutes les conversations, non-seulement sur les places, dans les cafés et dans les rues, mais surtout dans les clubs, où certains orateurs en commentèrent par avance les dispositions, qu'ils ne pouvaient cependant connaître. Enfin, nos grand'gardes nous signalèrent, le soir même, que l'ennemi, averti sans doute aussi bien par toutes ces démarches rendues trop publiques, que par ses propres renseignements, avait renforcé ses avant-postes et ses travailleurs, et en même temps activé ses préparatifs.

Ainsi, on pouvait déjà le pressentir, la journée

du lendemain devait être un effort rendu plus considérable par le retard apporté dans l'attaque, qui avait évidemment permis à l'ennemi d'en être prévenu et de s'y préparer. Le commandant du 13ᵉ corps le comprit si bien qu'il se rendit aussitôt de sa personne chez le gouverneur de Paris, pour lui faire part des appréhensions qu'avaient fait naître en lui les renseignements qui venaient de lui arriver. Le but à atteindre avait-il une importance proportionnée aux pertes que nous serions obligés de faire pour y parvenir? Ne pouvait-on, sans abandonner l'idée d'une action vigoureuse, en différer l'exécution de quelques jours, de manière à laisser d'abord aux exagérations répandues dans le public le temps de se rapprocher un peu plus du bon sens et de la vérité, mais surtout de façon à tromper l'ennemi sur nos intentions, en lui donnant à croire qu'il avait été induit en erreur sur notre projet de sortie? Le gouverneur ne partagea point l'avis du général : il trouva ses craintes superflues et ne jugea pas à propos de retarder davantage l'affaire projetée. Le commandant en chef du 13ᵉ corps demanda alors que le feu des forts ne précédât point l'action, parce qu'il devait produire ou trop ou trop peu d'effet. Il en produirait trop pour une surprise déjà ébruitée, et trop peu pour obtenir un résultat efficace. On ne pourrait d'ailleurs limiter par avance, *à une demi-heure, montre en main*, la durée d'une attaque d'artillerie. C'était là une question qui ne pouvait se décider que sur le terrain, d'après le plus ou moins de justesse et de vivacité du tir.

Le gouverneur de Paris se refusa également à faire droit à ces représentations : il déclara maintenir telles quelles toutes les dispositions qu'il avait prescrites. Le général en chef avait cru de son devoir de faire les objections que nous venons de reproduire. Elles étaient rejetées : il n'avait donc plus qu'à obéir, et à tenter de remplir, par tous les moyens possibles et avec toute la vigueur dont ses troupes étaient capables, les instructions qui lui avaient été imposées.

Vendredi 30 septembre.

A deux heures et demie du matin, le général en chef quittait son quartier général pour se mettre en marche, à la tête de l'artillerie de réserve de son corps d'armée, qu'il emmenait tout entière. Le bruit sourd et continu des roues de nos canons résonnant sur le pavé de la route d'Italie se répétait dans le lointain. L'ennemi a prétendu depuis qu'il avait été prévenu de notre attaque par ce mouvement de notre artillerie, dont le roulement avait été entendu jusqu'à ses avant-postes. Le fait est possible, mais il est plus probable encore qu'il avait été informé de nos projets, dès la veille, au moyen de ses espions.

A quatre heures du matin, les généraux qui devaient commander les divers corps de troupes se trouvaient réunis en arrière de Villejuif pour y recevoir leurs dernières instructions. Le général Dumoulin emmena avec lui deux batteries sur l'Hay, et le général Guilhem une batterie de 4 sur Chevilly. Le commandant en chef, après avoir donné ses derniers ordres, se rendit à la redoute de Saquet pour y régler le départ de la colonne principale.

Le jour parut au milieu de ces préparatifs, et bientôt retentit une forte canonnade dirigée, par les forts de Charenton, d'Ivry, de Bicêtre et de Montrouge, sur Choisy-le-Roi, Thiais, Chevilly et l'Hay. Les troupes en attendaient la fin pour commencer l'attaque. Le temps était beau et un peu frais : le soleil se leva au milieu des brouillards du matin, qui s'étendaient surtout sur la vallée de la Seine ; c'était un des derniers beaux jours de l'automne. Les canons des forts ayant cessé de tirer, les colonnes se mirent en mouvement. Mais tout à coup une vive fusillade se fit entendre sur la droite : le commandant en chef se porta aussitôt aux Hautes-Bruyères pour en découvrir la cause, et il y arriva au moment même où la tête de colonne de la brigade Guilhem atteignait Chevilly. La fusillade continua pendant environ vingt minutes avec une grande intensité, puis elle cessa presque complétement. La brigade Guilhem, se précipitant à la suite de son brave général, avait entièrement disparu dans le village, dont elle était alors complètement maîtresse. L'avant-poste prussien de la ferme de la Saussaie s'était enfui sans avoir pu se défendre, et la brigade d'infanterie ennemie qui était de garde dans le village s'était également repliée pour aller se reformer plus loin, mais en abandonnant un de ses bataillons que nos troupes cernèrent et qui fit une très-bonne résistance. Cette brigade était composée des 23e et 63e régiments prussiens.

La circonstance était grave et critique : nous n'avions pas un instant à perdre : le commandant en chef sentait parfaitement que si la brigade Guilhem restait isolée en pointe dans Chevilly, elle serait évidemment écrasée, surtout par l'Hay, qui prend de flanc et de revers ce dernier village. Il enjoignit donc à la brigade Dumoulin de hâter son mouvement sur l'Hay; mais les troupes de ce général, composées de soldats jeunes et peu expérimentés, perdirent un temps précieux à tirailler devant un mur crénelé et bien défendu, et malgré les efforts de leurs officiers, dont un grand nombre furent blessés, elles persistèrent à ne pas avancer.

L'artillerie de 12, placée en batterie aux Hautes-Bruyères, ouvrit alors un feu assez violent sur ce mur qui arrêtait nos troupes, afin d'en chasser les tirailleurs ennemis. Mais ses obus ne parvinrent qu'à faire des ouvertures insignifiantes là où des brèches eussent été nécessaires. Notre mouvement devant l'Hay semblait donc ne pas devoir se prononcer d'une manière satisfaisante, et les troupes qui s'y trouvaient engagées montraient déjà une certaine faiblesse et surtout beaucoup d'indécision.

Cependant les nouvelles qui nous arrivaient de Choisy-le-Roi et de Thiais étaient meilleures. Les troupes y soutenaient une lutte très-vive, mais de tous côtés on entendait battre la charge, ce qui était signe qu'elles continuaient à se porter en avant. Vers huit heures, en effet, les têtes de nos colonnes pénétraient dans Choisy-le-Roi; mais elles ne pouvaient s'y avancer suffisamment, parce que Thiais, qui domine la vallée, résistait encore. Ce dernier village avait été attaqué avec beaucoup de vigueur par le 11e de marche : un de ses bataillons, le 4e du 75e, s'était jeté sur une batterie fortifiée et avait enlevé deux pièces avec le mur crénelé qu'elles défendaient. Mais arrêté par un troisième mur également crénelé, ce bataillon avait dû céder devant un retour offensif de l'ennemi et s'était replié en bon ordre. Ramené de nouveau, il avait repris la batterie et les murs placés en arrière, mais l'ennemi étant revenu en grand nombre, il avait été obligé de les abandonner encore. La route qui conduit de Choisy-le-Roi au carrefour Pompadour était couverte de fuyards prussiens dont le canon et les mitrailleuses de la division d'Exéa précipitèrent encore la déroute.

Partout le combat continuait avec une très-grande vivacité. Les Prussiens avaient concentré tous les efforts de leur artillerie sur Chevilly, dont les maisons commencèrent bientôt à brûler : le général Guilhem y était tombé glorieusement à la tête de ses troupes, mortellement frappé de dix balles dans la poitrine. Le bataillon ennemi que nous avions cerné dans un parc, où il était enfermé, avait réussi à rétablir ses communications avec son régiment, qui avait pu faire un retour offensif, de telle sorte que sa résistance devenait pour nous de plus en plus menaçante. En effet, de tous côtés l'infanterie ennemie apparaissait pour nous attaquer. Une colonne sortit même assez audacieusement de l'Hay par la route de Choisy-le-Roi et déboucha dans la plaine avec l'intention évidente d'opérer un mouvement tournant autour de Chevilly. Mais la batterie de 12 des Hautes-Bruyères intervint efficacement contre cette troupe hardie, et lança sur elle une véritable pluie d'obus qui, tombant au milieu de ses rangs serrés, y jeta un grand trouble et l'obligea à rentrer précipitamment jusque dans l'Hay. Néanmoins, nous ne pouvions plus douter que nous trouverions partout l'ennemi rassemblé et suffisamment en nombre pour nous résister : en effet, de nouveaux renforts qui lui arrivaient encore de Châtillon nous étaient à ce moment signalés par les observateurs des forts. La brigade Guilhem, privée de son général, allait se trouver d'autant plus compromise que les troupes qui la composaient commençaient à fléchir en voyant que l'opération tentée sur l'Hay n'avait pas réussi. Il n'y avait point à songer à lui venir en aide, car le commandant de la colonne de droite, comptant sur la protection des feux de la redoute, avait successivement engagé toutes ses troupes, et il ne restait en réserve que la brigade Daudel, placée en arrière du Moulin-Saquet, que le gouverneur avait prescrit de ne point engager. Il pouvait donc être dangereux de prolonger la lutte, qui allait devenir tout à fait sans objet. En effet, le général en chef dut reconnaître que la destruction du pont de Choisy exigerait un temps beaucoup plus considérable qu'on ne l'avait supposé, et surtout un effort plus sanglant, devant occasionner des pertes qui seraient tout à fait disproportionnées avec l'importance du résultat projeté, même si on parvenaît à l'obtenir. Il expédia donc à la brigade Guilhem l'ordre de se replier sur Villejuif, sous la protection de la brigade Dumoulin et de concert avec elle. Enfin, pour éviter tout retour offensif de l'infanterie prussienne, il fit déployer la brigade de cavalerie du général Cousin en avant des Bruyères, pour arrêter l'ennemi dans le cas où il tenterait d'inquiéter notre retraite. Les mêmes ordres furent envoyés à la brigade Blaise, qui dut se retirer sur l'ouvrage de Saquet.

Il était alors environ neuf heures : Villejuif était encombré de blessés, car la journée avait été meurtrière. La retraite s'opéra avec beaucoup d'ordre, les bataillons se dirigeant par échelons déployés sur leurs bivouacs respectifs, mais poursuivis par l'artillerie ennemie, qui les criblait d'obus, sans parvenir cependant à jeter le moindre désordre dans leurs rangs. A peine ce mouvement de retraite était-il commencé que l'ennemi réoccupait Chevilly et s'emparait des quelques soldats retardataires restés dans les rues ou dans les maisons du village, en même temps que son artillerie ouvrait un feu assez violent sur Villejuif, où il supposait que nos troupes allaient rentrer. Mais nos batteries des Hautes-Bruyères lui répondirent vigoureusement, et le fort de Montrouge, qui avait gardé le silence pendant l'action parce qu'il n'en voyait pas suffisamment les phases diverses, se mit à son tour de la partie et dirigea sur le village de l'Hay, rempli des réserves de l'ennemi, son tir efficace et puissant. Celles-ci arrêtèrent aussitôt leur mouvement et se replièrent dès qu'elles s'aperçurent que nous avions cessé notre attaque. Il en fut de même à Chevilly : le feu de l'ennemi avait porté exclusivement sur la partie ouest du village de Villejuif, tandis que les mobiles de la Vendée et la brigade Blaise étaient revenus passer en arrière de la partie est. Sur ce point, la retraite s'était opérée un peu plus tard que du côté de la droite, sous la protection de deux batteries de 12 placées en avant du moulin d'Argent-Blanc. Les troupes rentrèrent partout en bon ordre sous les yeux du commandant en chef. Quant aux Prussiens, ils ne sortirent de leurs lignes que pour enlever quelques mulets de cacolets restés en arrière et chargés de blessés, montrant ainsi, une fois de plus, le peu de cas qu'ils avaient toujours fait, depuis le commencement de cette guerre, des articles de la convention de Genève relatifs à l'enlèvement des blessés pendant le combat. Une demi-heure après, le feu avait complétement cessé de toutes parts, et le général en chef pouvait faire rentrer dans Paris, avant la fin du jour, la plus grande partie de sa réserve d'artillerie.

De son côté, le gouverneur de Paris s'était transporté le matin même, vers dix heures, au fort de Bicêtre. Il avait été témoin du calme et du sang-froid des troupes pendant leur retraite, et il adressa des éloges au général commandant le 13e corps sur la fermeté qu'avaient montrée ses soldats, qu'il félicita d'ailleurs par un ordre du jour inséré au *Journal officiel* du surlendemain.

Cependant les corps de troupes qui avaient pris part à l'action avaient regagné leurs cantonnements. Sur la gauche, le général d'Exéa, après avoir inquiété avec le feu de son artillerie et les décharges répétées de ses mitrailleuses les colonnes prussiennes sorties en désordre de Choisy-le-Roi, était rentré dans son camp de Vincennes. Sur la droite, la brigade Susbielle avait opéré une reconnaissance hardie et enlevé en entier un avant-poste de quinze hommes du 7e régiment de grenadiers de la garde royale prussienne, lorsqu'elle vint se heurter contre trois régiments qu'elle n'avait pu voir. Heureusement le feu nourri de la flottille permit à la reconnaissance de se dégager et d'effectuer sa retraite sans plus de danger.

En somme, le combat de Chevilly, s'il n'avait pas réussi quant au but qu'on s'était proposé, n'en était pas moins glorieux pour les troupes, qui l'avaient soutenu avec beaucoup de fermeté et de bravoure. Il avait surtout une réelle importance au point de vue de l'effet moral qu'il devait produire sur toute l'armée de la défense. En effet, il donnait cette fois une marque certaine de la solidité des régiments engagés : le rapprochement que chacun pouvait faire entre la réelle valeur de ces troupes et la défaillance de celles qui avaient combattu aux premiers jours du siége était d'un heureux présage, et l'honneur qui en rejaillissait sur l'armée tout entière augmentait son influence sur Paris même, où le parti du désordre allait commencer à la redouter et devait être bientôt contenu et même réprimé par elle. Il avait fait ressortir aussi l'importance des services que pouvaient rendre les régiments de la mobile encadrés solidement dans de bons corps d'infanterie : ceux de la Vendée et de la Côte-d'Or qui avaient donné ce jour-là pour la première fois, avaient fait preuve de plus de vigueur et d'énergie qu'on n'aurait été en droit d'en espérer d'une troupe aussi jeune et aussi récemment et si incomplétement exercée. Enfin, l'issue de ce combat démontrait d'une manière certaine qu'il était facile d'aborder et d'inquiéter assez sérieusement l'ennemi jusqu'au milieu de ses lignes de défense.

Les troupes qui avaient combattu contre nous se composaient des douze régiments du 6ᵉ corps prussien. C'est ce même corps que nous avions rencontré à Rethel, le 1ᵉʳ septembre dernier : il n'avait pas pris part aux batailles précédentes, et il apportait à l'armée d'investissement un contingent d'une très-incontestable valeur. Le 13ᵉ corps, qui l'a eu devant lui pendant tout le reste du siége, devait surtout apprécier sa force et sa solidité. A la fin de l'action engagée ce même jour, ce corps avait été renforcé par quelques troupes appartenant au 2ᵉ corps bavarois placé à sa gauche.

Cette journée, à cause de l'acharnement du combat, nous avait causé de sérieuses pertes : le 35ᵉ de ligne avait surtout souffert. Le général Guilhem, si universellement regretté, avait été frappé presque au début de l'action : nous avions perdu en outre environ 400 hommes tués ou disparus, et nous n'avions pas moins de 1,500 blessés [1].

L'affaire ne fut pas, à divers points de vue, moins grave pour l'ennemi. Elle eut une influence réelle sur ses dispositions d'attaque. Il avait jusqu'alors agi autour de Paris en pleine sécurité, sans trop se préoccuper de l'armée de défense, qu'il jugeait de peu d'importance. De ce jour, il comprit que la grande place avait dans ses murs et autour d'elle des troupes avec lesquelles il lui faudrait compter. Dès lors, il poussa avec une fiévreuse activité tous ses travaux d'investissement,

---

[1] Le chiffre exact de nos pertes, en tués, disparus ou blessés, a été de 1,988 hommes.

et, sans rien changer aux emplacements de ses lignes, il les améliora sans cesse et se tint toujours désormais sur ses gardes.

Pendant la journée du 30, les Prussiens nous firent offrir un armistice pour enterrer les morts et ramasser les blessés. A cet effet, le major von Schlichting, chirurgien-major du 63ᵉ régiment (du grade de chef de bataillon), s'aboucha avec le capitaine d'état-major de Malglaive, de la division de Maud'huy. Le gouverneur de Paris autorisa la suspension d'armes. Le même jour, vers cinq heures, l'ennemi nous fit remettre le corps du général Guilhem, enfermé dans un cercueil qui nous fut apporté recouvert de verdure et de fleurs, et auquel les Prussiens eux-mêmes rendirent les honneurs militaires. Le général avait été transporté au petit village de Rungis, où il n'avait survécu que pendant une heure à ses blessures.

L'ennemi avait fait transporter ses blessés et ses morts à Choisy-le-Roi et à l'Hay : comme il ne laissait pénétrer nos hommes d'ambulance que jusqu'à Chevilly, il n'était pas possible d'évaluer les pertes qu'il avait pu faire, mais que cependant, d'après la vivacité de l'action et les chances diverses du combat, nous avons eu lieu de supposer assez considérables.

L'ambulance internationale du marquis de

Hertford était attachée au 13e corps. L'ennemi l'avait enlevée à l'affaire du 19 septembre. Conduite d'abord, ce même jour, au Petit-Bicêtre, puis le lendemain à Bourg-la-Reine, elle avait ensuite été obligée de rétrograder sur Versailles, où elle avait passé les journées des 21 et 22, et elle ne nous avait rejoints que le 23. A l'affaire du 30, elle put donc nous rendre de nouveaux services en allant ramasser nos morts et nos blessés, et en pénétrant dans les lignes ennemies aussi loin que celui-ci voulut bien le lui permettre.

Samedi 1er octobre.

L'armistice pour l'enlèvement des morts et des blessés, qui devait expirer à huit heures du matin, fut, d'un commun accord, prolongé jusqu'à midi. Le gouverneur de Paris envoya son chef d'état-major, le général Schmitz, pour y assister. Mais en apercevant la nombreuse escorte qui accompagnait le général, les Prussiens refusèrent de le laisser approcher, en lui signifiant même très-catégoriquement qu'il eût à se retirer aussitôt.

Le matin, l'ennemi avait fait sauter la ferme de la Saussaie, qui permettait d'aborder Chevilly. Dès que l'armistice fut terminé, il entreprit de relier par une tranchée le village de Chevilly à celui de l'Hay, afin de pouvoir communiquer de l'un à l'autre sans danger.

Du côté de Villejuif, notre position commençait à se fortifier, sous la direction du chef de bataillon du génie Mangin, attaché à la division de Maud'huy. La redoute des Hautes-Bruyères était achevée : ses parapets avaient été réparés, ses fossés creusés, sa gorge abritée et protégée par des excavations; plus en arrière se trouvaient deux chemins encaissés et merveilleusement disposés pour servir d'abri aux troupes et de ligne de défense aux réserves. Une tranchée reliait les Hautes-Bruyères à Villejuif : elle était garnie d'une batterie armée de six mitrailleuses. Quant à Villejuif même, ses principales rues avaient été fortement barricadées et ses murs extérieurs crénelés; enfin les défenses du village se terminaient par une tranchée-abri qui le reliait au Moulin-Saquet. Ce dernier ouvrage était le point faible de la position. Imparfaitement flanqué par le fort d'Ivry, il n'était point vu par celui de Bicêtre : il était mal défilé. Le terrain placé en avant est couvert de pépinières et plus élevé, surtout du côté du moulin d'Argent-Blanc. Il y avait d'ailleurs encore beaucoup de travaux à faire aux traverses et au réduit, travaux qui étaient en pleine activité. L'armement des Hautes-Bruyères se composait d'une batterie de six pièces de 12, fournies par la réserve d'artillerie du 13e corps; l'ouvrage de Saquet n'était armé que de quatre pièces du même calibre.

Dimanche 2 octobre.

Les désordres qui s'étaient produits le dimanche précédent aux portes de la ville et sur les remparts se renouvelèrent encore. Cependant la foule des promeneurs était moins nombreuse et observa un peu mieux les consignes. Toutefois, il parut dès lors bien difficile d'empêcher complétement cet envahissement habituel des curieux de chaque dimanche.

Du 3 au 13 octobre.

Le 3 octobre, à neuf heures du matin, les funérailles du général Guilhem furent célébrées à l'hôtel des Invalides et aux frais de l'État. Une délégation des membres du gouvernement, ayant à sa tête le gouverneur de Paris, assista à la cérémonie, pour rendre un public hommage à la mémoire de ce valeureux soldat.

L'investissement de Paris durait depuis quinze jours; la ville était toujours sans nouvelles du dehors, mais les privations ne s'y faisaient pas encore trop durement sentir; les parcs à bestiaux étaient encore remplis de moutons et de bœufs, et les divers approvisionnements toujours suffisants.

L'attention de la défense dut alors se porter sur l'augmentation et sur la modification de l'artillerie de campagne. Elle ne se composait encore que de 270 pièces de canon, chiffre absolument insuffisant si l'on voulait utiliser la garnison de Paris tout entière, qui pouvait facilement donner une armée de 150,000 hommes marchant à l'ennemi. Il faudrait 4 pièces de canon par 1,000 hommes, soit pour le moins 600 pièces. On voit quel écart considérable il y avait entre le chiffre existant et celui qui était nécessaire. On commença, avant les efforts si grands qui furent faits depuis, à remédier à l'insuffisance constatée en faisant rayer, pour les utiliser, toutes les pièces anciennes que l'on put trouver.

Au point de vue militaire, rien de particulièrement nouveau n'est à signaler sur la rive gauche; toutefois le gouverneur prescrivit d'activer les feux des forts de Montrouge et de Vanves sur les villages voisins.

Exécution des travaux de contre-approche. — Une nouvelle série d'importants travaux défensifs fut entreprise à la même époque. Le général du génie Tripier, qui, appartenant au cadre de réserve, n'avait pas eu de commandement actif pendant la guerre, se trouvait alors enfermé dans Paris. La pensée lui vint d'exécuter sur la rive gauche de la Seine des travaux de contre-approche du genre de ceux que les Russes avaient établis à Sébastopol. Les idées de cet officier général, si compétent sur cette matière, furent exposées par lui au gouverneur de Paris et au commandant en chef du 13ᵉ corps, et détaillées dans une lettre explicative que nous reproduisons aux Appendices de ce volume. L'exécution de ces travaux fut commencée le 7 octobre, d'abord en avant de l'Hay; ils furent continués ensuite en avant de Montrouge et jusqu'à Issy. Leur achèvement enveloppa nos positions d'un réseau de tranchées de vingt-cinq kilomètres au moins de développement. Nous les utilisâmes pour la première fois à l'attaque du 13 octobre, puis à celle du 29 novembre; elles ont surtout rendu de grands services pendant le bombardement.

Le service du génie territorial intervint également et proposa, le 6 octobre [1], de prendre la direction des travaux de défense exécutés par les troupes « pour imprimer aux travaux d'organisa-
» tion des lignes en question une marche systé-
» matique uniforme et lever toutes les difficultés
» matérielles. »

Le commandant en chef accueillit ce concours avec empressement, mais il tint toutefois à stipuler que dans ces lignes extérieures prises par lui, aucun travail ne serait entrepris sans l'assentiment et l'accord du général qui commanderait

---

[1] Voir aux Appendices.

les avant-postes et serait chargé de défendre la position. Cette condition, que le général en chef déclarait absolument nécessaire, ayant été acceptée le lendemain même[1] par le général Javain, les travaux furent aussitôt commencés.

Tous ces efforts étaient incontestablement des plus louables et ils devaient donner des résultats excellents ; mais ils avaient l'inconvénient d'être entrepris sous trois directions différentes. Ainsi les travaux de campagne nécessités par les actions militaires demeuraient dans le ressort du commandant du génie du 13º corps ; ceux des communications et des ouvrages défensifs permanents regardaient le génie territorial ; enfin une série spéciale était entreprise par le général Tripier. Il devait tout naturellement résulter de ces diverses directions une certaine confusion et parfois un manque d'entente toujours nuisibles pour l'exécution générale.

Occupation de Cachan. — Cependant le général Tripier avait indiqué, comme nécessaire pour l'accomplissement des travaux qu'il avait entrepris, l'occupation de Cachan et d'un autre point situé en avant de Bourg-la-Reine sur la route d'Orléans, et connu sous le nom de maison Plichon. La première de ces opérations fut confiée au colonel de La Ma-

[1] Voir aux Appendices.

riouse, du 35ᵉ de ligne, qui avait été appelé à prendre provisoirement et par droit d'ancienneté le commandement de la 2ᵉ brigade de la 3ᵉ division du 13ᵉ corps, en remplacement de son général, tué à l'ennemi. Cette occupation, qui eut lieu aussitôt avec l'aide des 35ᵉ et 42ᵉ de ligne, offrait quelques désavantages. Ainsi, elle étendait notre ligne dans la vallée au delà de celle des hauteurs, et ce ne fut pas sans quelque appréhension que l'établissement des troupes y fut alors maintenu. Toutefois la suite des événements ne justifia pas ce premier sentiment de défiance, et le terrain où nous nous étions avancés nous demeura définitivement acquis. En outre, l'occupation de Cachan devait, pour être logique, nous conduire à celle de Bagneux; la possession de Bagneux entraînait celle de Fontenay-aux-Roses et de Châtillon, et ces deux derniers villages n'étaient tenables qu'à la condition d'être maîtres de la redoute et de la hauteur. Telle était la série d'actions dont la perspective était offerte, comme résultats de l'occupation de Cachan, à l'activité et à l'ardeur du soldat; et il est de fait que leur mise à exécution eût été d'une importance capitale.

Le temps, qui avait été superbe depuis le commencement du siége, changea soudain à la date du 8 octobre, et les premières pluies, les boues, l'humidité vinrent gêner la position de nos troupes dans leurs bivouacs. A cette même date, les travaux de tranchée entrepris entre la redoute des Hautes-Bruyères et l'aqueduc d'Arcueil étaient déjà très-avancés. La tranchée fut conduite de ce point jusqu'à une grande fabrique appelée la Grange-Ory, où l'ennemi s'était d'abord établi au début de l'investissement. Cette fabrique nous appartenait alors et était occupée par nos troupes.

Dans une lettre confidentielle du 8 octobre, le gouverneur de Paris avait recommandé que les troupes placées aux positions de Villejuif et des Hautes-Bruyères redoublassent de vigilance; il avait en même temps prescrit au général de Maud'huy de transférer son quartier général à Villejuif, puis, sur les objections de celui-ci, il avait consenti à ce qu'il demeurât au Kremlin, point beaucoup plus rapproché du rempart. Le gouverneur demandait également au général en chef, dans cette même lettre, s'il ne jugeait pas opportun que des commandants de place fussent nommés au Moulin-Saquet et aux Hautes-Bruyères. Le général en chef fit comprendre sans peine au gouverneur qu'il était préférable que ces ouvrages restassent sous la direction des chefs de troupes qui les occupaient. D'ailleurs, la multiplicité des commandements de tous genres a toujours et de tout temps constitué des rouages aussi embarrassants qu'inutiles.

Les prisonniers faits de temps à autre sur les patrouilles prussiennes qui s'aventuraient jusque dans nos lignes nous annonçaient tous une attaque de l'ennemi comme imminente. Mais ce bruit était probablement répandu par l'état-major de Versailles dans le but de soutenir le moral de l'armée assiégeante et de répondre aux impatiences qu'elle exprimait parfois en présence du temps si long déjà passé aux portes de Paris, qui n'étaient cependant pas encore à la veille de s'ouvrir!... Toutefois, le gouverneur crut devoir prendre en considération les renseignements recueillis, et, dans une lettre détaillée [1] indiquant toutes les dispositions à prendre en cas d'attaque, il annonça au général en chef l'envoi à Bicêtre d'une division du 14e corps, sous les ordres du général Caussade. Cette division exécuta, dans la journée du 11 octobre, le mouvement prescrit.

Enlèvement de la maison Plichon. — Au début de la nuit du 10 au 11 octobre, les mobiles de la Côte-d'Or, soutenus par la brigade de La Mariouse et appuyés par l'artillerie du fort de Montrouge, attaquèrent la maison Plichon [2], où était établi un poste prussien. Cette attaque, très-bien combinée, fut menée vigoureusement.

---

[1] Voir cette lettre aux Appendices.
[2] Également connue sous le nom de maison Millaud.

Dès que la colonne qui devait l'effectuer fut préparée et suffisamment abritée, le fort de Montrouge ouvrit son feu sur l'objectif indiqué et y jeta, coup sur coup, plusieurs obus. Atteint à l'intérieur de la maison par les éclats meurtriers, le poste prussien voulut sortir, et il se trouva alors en présence de la colonne française, devant laquelle il prit la fuite en désordre. Nos troupes occupèrent immédiatement la maison, sur laquelle l'ennemi ne pouvait songer, à cause de l'heure avancée de la nuit, à faire un retour offensif avec son artillerie. D'ailleurs, comme cette maison était protégée et couverte à gauche et en avant par le chemin de fer de Sceaux, et à droite par une carrière, elle était facile à défendre. D'autres travaux furent aussitôt entrepris pour la fortifier davantage; tout le reste de la nuit fut consacré à leur exécution, et dès le lendemain matin ils étaient assez avancés pour nous permettre de répondre avec succès à une nouvelle attaque. Mais l'ennemi, n'attachant probablement qu'une médiocre importance à la possession de la maison Plichon, ne chercha point à nous la disputer, et elle nous resta définitivement.

Cette petite affaire d'avant-postes avait sensiblement exalté l'ardeur des mobiles de la Côte-d'Or, qui s'y étaient comportés avec beaucoup de courage et de sang-froid.

Le 12, leurs camarades du Morbihan faisaient, de leur côté, une reconnaissance offensive protégée par le feu du Mont-Valérien, dont nous entendions la très-vive canonnade.

En même temps, il nous fallait constater un acte bien regrettable, dont certaines troupes de la garnison du fort d'Issy venaient de se rendre coupables. Une reconnaissance du 5e bataillon [1] des mobiles de la Seine, commandée par un officier, s'était rencontrée avec un poste de soldats bavarois, et une sorte d'armistice momentané ayant été consenti entre les deux troupes, elles avaient fraternisé dans un cabaret de Clamart. Le commandant en chef signala aussitôt au gouverneur de Paris cette grave infraction à la discipline, en lui demandant la répression la plus sévère. Mais le gouverneur préféra cette fois encore user d'indulgence, et cette affaire, qui, en temps de guerre, amène toujours de terribles conséquences, dut, par ses ordres, en rester là.

[1] Une erreur regrettable a fait mettre le numéro du 8e bataillon dans la première édition. Il n'a jamais fait partie de la garnison du fort d'Issy, et l'acte relaté ici ne peut lui être imputé.

CHAPITRE SIXIEME.

COMBAT DE BAGNEUX.

13 octobre.

Dans la nuit du 12 au 13 octobre, à minuit un quart, le 13ᵉ corps reçut du quartier général l'ordre d'entreprendre une grande reconnaissance sur le plateau de Châtillon. Aucun autre détail sur la durée et le but de l'opération ne nous étant donné, nous dûmes supposer qu'il s'agissait sans doute de s'assurer seulement si les troupes ennemies occupaient toujours fortement le plateau.

Cet ordre fut expédié aussitôt au général Blanchard; mais comme la nuit était très-obscure, il ne put, à cause de la difficulté des chemins, lui être remis au lycée de Vanves, où était son quartier général, qu'après deux heures du matin, et il en était quatre quand il parvint aux généraux de La Mariouse et Susbielle. Le général en chef s'était, de son côté, rendu au fort de Montrouge pour y prendre ses dernières dispositions, et il y appela le général Blanchard, qui vint l y trouver à huit heures du matin.

Il fut décidé que l'attaque commencerait à neuf

heures. On n'avait point trop de temps pour relever tous les petits postes et les grand'gardes, préparer l'artillerie et réunir les troupes nécessaires, qui occupaient un front aussi étendu. Elles devaient être disposées de la manière suivante :

A droite, la brigade Susbielle opérerait sur Châtillon, se dirigeant sur le village en trois colonnes, l'une par la route directe, et les deux autres en tournant par la droite. Le 42e de ligne resterait en réserve à la Baraque, hameau situé au point où la route de Châtillon se croise avec la route stratégique.

A gauche, une colonne se porterait sur Bagneux; elle serait composée du régiment des mobiles de la Côte-d'Or et d'un bataillon de l'Aube, avec le 35e de ligne en réserve. Le colonel de La Mariouse commanderait cette colonne.

La brigade La Charrière, de la division Caussade, prendrait position entre Bagneux et la maison Plichon, s'appuyant sur l'ouvrage ébauché qui se trouve en avant de Bagneux, et contenant les troupes ennemies établies à Bourg-la-Reine.

Enfin, la brigade Dumoulin, que le général en chef fit venir des Hautes-Bruyères, prendrait position en arrière du fort de Montrouge, comme réserve, prête à porter des renforts aux parties de la ligne qui pourraient en avoir besoin.

A l'extrême droite, enfin, cinq compagnies de

gardes forestiers feraient une démonstration sur Clamart.

La ligne de bataille allait donc s'étendre, cette fois, du fort d'Issy à la vallée de la Bièvre, sur un front de six kilomètres. Trois forts, ceux de Montrouge, de Vanves et d'Issy, prendraient part à l'action, ainsi que quatre brigades, formant un effectif d'environ vingt mille hommes.

Le signal de l'attaque fut donné par deux coups de canon tirés du fort de Vanves à neuf heures du matin. Le fort de Montrouge ouvrit immédiatement son feu sur les premières maisons de Bagneux, dont il n'était distant que de quatorze cents mètres. Dès que la tête de colonne placée à la maison Plichon s'aperçut que les obus tombaient dans le village, elle s'élança avec rapidité, ayant près de mille mètres de terrain à franchir à découvert, et pendant ce trajet elle essuya le feu que l'ennemi faisait pleuvoir sur elle du mur crénelé d'un parc; mais continuant sa marche sans lui répondre, elle arriva en bon ordre jusqu'aux premiers groupes de maisons. Le fort de Montrouge faisant successivement obliquer ses pièces à droite, précédait de son tir le mouvement de l'infanterie, qui eut bientôt enlevé la première barricade. Une fusillade très-vive s'engage alors dans les rues du village; mais nos troupes étant aussi à couvert que l'ennemi, elle n'est pas très-meurtrière, et cesse même complétement au bout d'une demi-heure. Quelques coups de feu isolés se font encore entendre, mais alors Bagneux nous appartient. Ce village était défendu par le 5ᵉ bataillon de chasseurs à pied, faisant partie du 2ᵉ corps bavarois, sous les ordres du général von Hartman, qui avait son quartier général à Antony. Nous avions cerné et fait prisonniers environ quarante hommes dans le village, et ramassé de nombreux fusils et beaucoup de blessés. De ce côté nous avions complétement réussi, et le combat pouvait même être considéré comme terminé. Il nous avait coûté la perte du chef de bataillon de Dampierre, des mobiles de l'Aube, qui s'était fait tuer héroïquement auprès de l'église du village.

Mais nos affaires n'allaient pas aussi bien du côté de Châtillon. L'attaque y fut d'abord contrariée par une succession de murs crénelés derrière lesquels l'ennemi se repliait devant nous, mais en ne nous faisant pas beaucoup de mal. Près de l'église était un réduit très-fortement établi. Il nous fallait cheminer à la sape et avancer maison par maison. Cette lenteur obligée donna à l'ennemi le temps de se reconnaître et de réunir ses réserves. Elles nous furent bientôt signalées de toutes parts. La redoute des Hautes-Bruyères nous informa qu'elle voyait monter sur le plateau de

Châtillon, par la Croix de Berny, d'importantes colonnes munies de beaucoup d'artillerie.

Dès dix heures et demie du matin, cette artillerie commença à entrer en action; elle se mit en batterie sur la crête et ouvrit aussitôt son feu. Nos batteries, établies en avant du chemin stratégique, le soutiennent vigoureusement, et les forts de Vanves et de Montrouge, ainsi que celui d'Issy, les appuient de leurs puissantes pièces à longue portée.

Dans cette lutte d'artillerie, malgré un coup malheureux qui fit sauter un caisson dans une de nos batteries, tuant et blessant plusieurs hommes, l'avantage nous resta. A gauche de Châtillon, une batterie bavaroise chercha à établir ses pièces de façon à tirer sur Bagneux. Elle fut heureusement contenue par une seule pièce de 24 placée au saillant 3 du fort de Montrouge, et chaque fois qu'elle se mettait en batterie, la précision du tir venu du fort la forçait aussitôt à rétrograder. Le combat continuait donc encore à nous être favorable : la colonne du général Susbielle cheminant toujours à la sape, s'avançait peu à peu, et les réserves ennemies n'étaient pas en mesure de nous enlever Bagneux, qui était occupé par trois bataillons de mobiles de la Côte-d'Or, un bataillon de l'Aube et le 35ᵉ de ligne, soutenus en arrière par la brigade Dumoulin. Le général en chef désirait donc conserver Bagneux; sa proximité de Montrouge nous en rendait la possession très-utile, et il voulait continuer l'attaque le lendemain, si les circonstances ne permettaient pas de la terminer le jour même. Il prit donc toutes les dispositions nécessaires pour garder le village, et il y envoya des soldats munis de pioches et d'outils, sous les ordres du colonel du génie Dupouet, pour y exécuter aussitôt les premiers travaux de défense. Mais la question de la prise et de la conservation de Bagneux n'avait été ni décidée ni même prévue dans l'ordre d'attaque envoyé par le gouverneur. Le général en chef devait donc le prévenir d'abord de ses intentions, et il lui fit aussitôt parvenir la dépêche télégraphique suivante :

« Nous sommes maîtres de Bagneux, je prends
» des mesures pour nous y maintenir; voulez-vous
» le conserver? »

Cette dépêche recevait, à 1 heure 58 minutes du soir, par le télégraphe, la réponse que voici :

« Blanchard tiendra dans le bas Châtillon, sans
» dépasser la route de Clamart : je lui annonce
» que vous le soutiendrez de Bagneux par votre
» canon, qui devra tirer entre le télégraphe et le
» haut de Châtillon. Sous cette protection, Blan-
» chard fera sa retraite quand il le jugera à propos,
» ou quand vous le lui direz. »

Cette dépêche du gouverneur prouvait qu'il ne

tenait pas à continuer la lutte jusqu'à l'enlèvement de la hauteur de Châtillon. Elle prescrivait de ne pas dépasser la route de Clamart, et laissait le général Blanchard libre d'opérer sa retraite quand il le jugerait convenable. Vers deux heures et demie, cet officier général informait le commandant en chef qu'il prenait ses premières dispositions pour se retirer. A ce moment, l'artillerie ennemie arrivait plus nombreuse, de nouvelles batteries étaient démasquées à Sceaux et à Bourg-la-Reine, et tiraient sur la maison Plichon, sur les troupes qui se trouvaient à gauche de Bagneux et sur Bagneux même; enfin, des pièces placées derrière des épaulements couvraient le village de Châtillon de leurs obus.

A trois heures de l'après-midi, le général en chef n'ayant reçu du gouverneur aucune nouvelle dépêche qui vînt modifier ses premiers ordres, ordonna la retraite. Elle s'exécuta dans de bonnes conditions : la brigade Dumoulin, repassant en arrière du fort de Montrouge, reprit le chemin des Hautes-Bruyères; la brigade La Charrière se maintint à la maison Plichon, d'où ses batteries répondirent par un feu très-vif à celui de l'ennemi. Enfin, à Bagneux, les troupes se retirèrent lentement, prenant les unes à droite, les autres à gauche du fort de Montrouge. L'ennemi s'apercevant de ce mouvement, fit avancer son artillerie au galop : ses colonnes d'infanterie se précipitèrent au pas de charge au travers du village, comme si elles allaient en déboucher pour nous poursuivre. Nos troupes s'arrêtèrent à ce moment, et se retournant, elles ouvrirent sur l'ennemi, avec beaucoup d'entrain, des feux de deux rangs par bataillons déployés. Les forts et les batteries de campagne lancèrent, au moyen de toutes leurs pièces, des obus et des boulets sur les villages remplis de soldats, et pendant quelques minutes la canonnade et la fusillade furent d'une extrême vivacité sur toute la ligne de bataille. Mais notre effort avait arrêté court l'ennemi dans sa marche : il se rejeta en désordre sur les villages, et le feu cessa bientôt complétement de part et d'autre.

Le gouverneur de Paris, arrivé à la fin de la journée sur le théâtre de la lutte, fut témoin de notre retraite et du retour offensif si vigoureux que nous avions opéré. Il adressa de chaleureuses félicitations aux mobiles, qui s'étaient très-bravement battus.

Le combat de Bagneux fut très-honorable pour les troupes qui l'avaient livré : elles s'étaient comportées avec d'autant plus de vigueur et d'entrain qu'elles avaient été moins exposées qu'au combat du 30 septembre, ayant pu gagner de suite les villages où elles étaient suffisamment abritées contre le feu de l'ennemi. Enfin, l'artillerie des forts avait montré une fois de plus sa grande supériorité sur l'artillerie de campagne des Prussiens, obligée de céder devant la puissance de son feu. La journée d'ailleurs ne nous avait pas causé des pertes bien sensibles : nous avions eu environ 200 hommes tués ou blessés, et 7 hommes disparus dont un officier. Toutefois, ce combat incomplet aurait pu avoir des suites meilleures : nous avions pensé un moment qu'en présence des chances de la journée qui se dessinaient au début si favorablement pour nous, le gouverneur aurait tenu à conserver Bagneux et à tenter le lendemain une attaque, avec plus de forces, sur l'importante hauteur de Châtillon, tentative que nous pouvions espérer voir réussir, puisque nous aurions eu pour premiers points d'appui les positions avancées de Bagneux et du Moulin-de-Pierre. Mais le gouverneur, qui avait sans doute d'autres opérations en vue, ne jugea pas à propos de donner à celle-ci tout le développement qu'elle aurait pu avoir.

14 octobre.

Au lieu de l'attaque dont les Prussiens nous avaient menacés pour l'anniversaire du 14 octobre [1], nous eûmes ce jour-là un armistice à

---

[1] Pour la bataille de Leipzig, dont les Prussiens célèbrent l'anniversaire le 14 octobre, bien qu'elle ait eu lieu les 16 et 18.

Bagneux, demandé par l'ennemi pour enterrer ses morts. Il fut accordé sans difficultés. Nous sûmes, en effet, qu'il avait éprouvé de grandes pertes au moment où ses troupes étaient rentrées précipitamment dans les villages. Elles s'y étaient massées en grand nombre, et le feu des forts leur avait fait beaucoup de mal. Cet armistice dura depuis onze heures du matin jusqu'à cinq heures du soir. Les troupes que nous avions combattues appartenaient au 2ᵉ corps bavarois, qui occupait cette partie de l'investissement et qui était intervenu en entier à la fin de la journée. Ses bivouacs s'étendaient, sur la hauteur de Châtillon, de la vallée de la Bièvre au château de Meudon, depuis le 19 septembre, et ils devaient y demeurer jusqu'à la fin du siége.

Cette journée du 14 octobre fut tristement marquée par l'incendie du palais de Saint-Cloud, que l'ennemi ne manqua pas d'attribuer au feu de notre artillerie, bien que nous n'eussions aucun motif pour pointer nos pièces dans cette direction; en quelques heures il ne resta debout de cette ancienne résidence impériale que quelques murailles informes et calcinées.

16 octobre.

Le 16, un officier de l'état-major du 13ᵉ corps, le capitaine Gonse, fut envoyé en parlementaire à l'ennemi, par ordre du gouverneur de Paris. Il avait pour mission de réclamer un sous-officier du 112ᵉ de marche, nommé Truffet, qui avait été fait prisonnier d'une façon assez singulière. Une patrouille ennemie qui l'avait aperçu s'était avancée en déployant un mouchoir blanc et en l'invitant, par signes, à s'approcher sans crainte; le sous-officier s'était laissé aborder, et, contre tout droit des gens, il avait été aussitôt enlevé par l'ennemi. Le capitaine Gonse avait gagné, par la route de Créteil, le quartier général du 6ᵉ corps prussien à Villeneuve-le-Roi, par le pont de Villeneuve-Saint-Georges; mais, comme il fallait presque s'y attendre, la démarche de cet officier fut infructueuse. Les Prussiens prétendirent que le sous-officier Truffet avait bel et bien déserté, et ils se refusèrent à nous le rendre.

A la même époque, des travaux furent entrepris au Port-à-l'Anglais pour permettre à la flottille de la Seine de remonter jusqu'à Choisy-le-Roi. La destruction d'un barrage avait fait baisser le niveau de l'eau à 90 centimètres, tandis qu'un étiage d'un mètre était nécessaire. Le barrage fut promptement rétabli, les canonnières purent passer, et dès lors elles ne cessèrent de flanquer efficacement notre aile gauche.

Du 17 au 21 octobre.

Le 17, dans une tournée aux avant-postes d'Ivry, le commandant en chef visita la redoute du Port-à-l'Anglais, qui venait d'être terminée; elle était en partie revêtue d'une solide maçonnerie. Elle permit de faire avancer nos troupes dans Vitry. Ce village, qui était occupé par les avant-postes français dans son extrémité la plus rapprochée du fort d'Ivry, abritait en même temps les avant-postes prussiens dans ses dernières maisons, du côté de Choisy-le-Roi. Nous nous étendions ainsi chaque jour davantage de ce côté, et avant le 1er novembre nos avant-postes dépassaient Vitry et s'établissaient entre ce village et Choisy-le-Roi. Ceux de l'ennemi se trouvaient au même endroit, assez près de nous : il crut même devoir fortifier sa ligne par une tranchée

D'autre part, les grands travaux exécutés sous la direction du général Tripier allaient être bientôt terminés. La redoute des Hautes-Bruyères était également en bonne voie d'achèvement. On l'avait complétement transformée : ses casemates étaient sur le point d'être habitables; ses fossés recevaient une protection efficace d'un blockhaus construit au saillant dans le fossé; un mur pour la fusillade était placé dans le fond du fossé même, à l'abri des talus ; enfin, un chemin couvert et des défenses accessoires étaient exécutés en avant de l'ouvrage, ainsi qu'une batterie puissante à droite, dominant la vallée de la Bièvre.

Nos troupes prenaient également, de jour en jour, plus de force et de solidité. Cependant, de temps à autre, la canonnade souvent inexpliquée des forts jetait l'alerte parmi nos soldats. Le 18, pendant la nuit, un avant-poste placé à Cachan ayant été approché par une reconnaissance prussienne, fit mettre sur pied, sans raison, toute la division Blanchard. Mais ces faits devenaient de plus en plus rares.

21 octobre.

Combat de la Malmaison. — Le 21 octobre, le général Ducrot fit une sortie du côté de la Malmaison. Le feu des forts et celui de tous les ouvrages de la rive gauche durent l'appuyer, pour menacer l'ennemi et l'empêcher de dégarnir de ce côté ses lignes d'investissement. Nos troupes prirent en même temps les armes, sortant par le chemin de ceinture et massées par bataillon ou déployées, pendant que les forts d'Issy, de Vanves et la batterie d'Issy faisaient un feu incessant sur Meudon et Bellevue, et que les batteries du 6ᵉ secteur tiraient sur Sèvres. L'action des troupes du

13ᵉ corps devait, d'après les ordres du gouverneur[1], borner son concours à cet effort.

La sortie du général Ducrot ne réussit que dans une partie de son mouvement offensif, car elle avait sans doute pour but Versailles, qui ne put être atteint. Elle eut pour résultats de faire voir aux Prussiens la faiblesse de leur ligne d'investissement de ce côté, et elle les décida à entreprendre les travaux considérables qui ont fait de ce point l'une des positions les plus fortifiées et les plus redoutables occupées par eux. Il est à regretter que des dispositions n'aient pas été prises pour profiter immédiatement du commencement de succès obtenu par le général Ducrot : les conséquences d'une opération mieux combinée et menée plus à fond eussent peut-être été considérables.

Le 22 octobre, les tranchées entreprises par le général Tripier étaient terminées. Elles ajoutaient une force réelle à la défense et devenaient pour les troupes une protection des plus efficaces. Nous avons d'autant mieux pu juger de leur force, que plus tard il nous a fallu, par un assez singulier jeu de la fortune, les attaquer nous-mêmes, à notre tour, contre le gouvernement insurrectionnel de la Commune.

Un observatoire excellent établi dans le clo-

---

[1] Voir aux Appendices.

cher de Villejuif nous renseignait sur la situation de l'ennemi, en avant de cette partie de nos lignes, et les déclarations des prisonniers confirmaient toujours l'exactitude de ces renseignements. La première ligne d'avant-postes ennemis était établie dans les villages de Choisy-le-Roi, de Chevilly et de l'Hay, gardés chacun par un régiment.

La deuxième ligne avait pour points principaux Rungis, Fresnes-les-Rungis, la Belle-Épine, et atteignait la partie sud de Choisy-le-Roi. Elle était appuyée par deux ouvrages en terre balayant l'espace compris entre l'Hay et Chevilly et celui compris entre Chevilly et Thiais. Elle était gardée par quatre régiments.

La troisième ligne, occupée par les réserves, s'étendait de Villeneuve Saint-Georges à Palaiseau, par Paray et Wissous.

Le quartier général était à Villeneuve-le-Roi : les diverses troupes préposées à la défense de ces lignes appartenaient au 6° corps prussien, commandé par le général Tumpling. Ces troupes étaient relevées de service toutes les quarante-huit heures, de telle sorte qu'elles passaient d'abord une garde de quarante-huit heures en première ligne, un piquet de même durée en deuxième ligne, et un repos de deux jours en réserve. Les troupes de ce corps d'armée provenaient des contingents de la Prusse orientale, Silésie et duché de Posen.

La redoute des Hautes-Bruyères reçut enfin, à ce même moment, un armement à longue portée composé de trois canons de 30 de marine et de six pièces de 24 court; deux pièces du même calibre furent également placées à la maison Raspail, sur la vallée de la Bièvre, et quatre autres au Moulin-Saquet. Cette artillerie devait surtout surveiller le passage des convois sur la route de Choisy-le-Roi. Elle pouvait avoir aussi parfois l'occasion de tirer sur des troupes prussiennes qui faisaient l'exercice en rase campagne. En résumé, son tir aurait pour résultat de rendre cette route impraticable pour l'ennemi en l'obligeant à renoncer à s'en servir.

Nos hôpitaux militaires commencent à être encombrés par l'entrée des blessés des affaires des 23 et 30 septembre, 13 et 21 octobre, et aussi des hommes atteints par les coups de feu échangés journellement aux avant-postes. Toutefois, leur situation sanitaire est bonne encore, et il n'y a pas lieu pour le moment de redouter une de ces épidémies si fréquentes au milieu de semblables accumulations de malades.

A la même époque, une dépêche confidentielle du gouverneur de Paris [1] portait interdiction

[1] Elle est intégralement reproduite aux Appendices.

formelle de l'usage des projectiles incendiaires dans les attaques de villages, « parce que, disait » la lettre, dans la lutte qui s'établirait entre l'en-» nemi et nous dans cet ordre de faits, Paris » aurait beaucoup à craindre et lui très-peu... Il » faut quant à présent, ajoutait le gouverneur en » terminant, nous borner à l'emploi des moyens » ordinaires, c'est-à-dire des obus. »

A la fin du mois d'octobre, le général en chef avait eu l'idée d'une opération dont le succès aurait causé beaucoup de mal à l'ennemi. Il avait songé à utiliser les conduits qui amènent l'eau dans Paris, par l'aqueduc de la Bièvre, pour faire sauter les postes de l'Hay et de Rungis, sous lesquels ils passaient. Ce projet fut d'abord discuté dans les bureaux de l'état-major général avec l'ingénieur civil chargé de leur surveillance ; mais il dut être abandonné. Lorsqu'on voulut explorer le souterrain pour prendre les dispositions nécessaires, on se trouva arrêté au premier regard par un mur qui venait d'être terminé et qui l'obstruait complétement. L'ennemi, soit par prudence, soit qu'il eût eu vent de nos intentions, s'était mis sur ses gardes.

Le 29, il y eut une grande démonstration faite par la garde nationale sur le périmètre de l'enceinte. Une promenade militaire fut conduite jusqu'aux abords de nos ouvrages avancés. L'imprudence de quelques-uns de ces bataillons, du côté de Villejuif, faillit leur être funeste. Une batterie prussienne, ayant pris ce mouvement au sérieux, s'était mise en position près de Chevilly pour l'arrêter. Heureusement, le tir puissant des Hautes-Bruyères l'obligea à se replier, et les bataillons aventurés purent se dégager sans encombre.

Affaires du Bourget. — Dans la matinée du 28 octobre, avant le jour, le Bourget avait été enlevé par une vigoureuse attaque de nos troupes. Cette affaire avait été suivie d'un combat très-sanglant dans la même journée. Le lendemain 29, les Prussiens canonnèrent le village, et le surlendemain 30, y étant revenus avec des forces assez considérables, ils l'avaient repris à nos soldats, après en avoir tué et fait prisonniers un très-grand nombre. Cette malheureuse issue d'une lutte qui avait ainsi duré trois jours, produisit une sensation d'autant plus douloureuse sur la population parisienne, qu'elle avait semblé d'abord avoir réussi au delà de toute espérance. En outre, au nombre des troupes qui défendaient le Bourget, se trouvait un bataillon de gardes mobiles de la Seine qui avait tout particulièrement souffert. A cette cause de troubles vint en même temps s'en ajouter une autre, bien faite pour porter au plus haut point l'agitation populaire : la nouvelle officielle de la capitulation de Metz fut affichée le même jour sur les murs de Paris. La chute de cette forteresse allait permettre aux Prussiens d'utiliser les troupes qui l'assiégeaient, soit pour renforcer leur armée d'investissement autour de Paris, soit pour augmenter celles qui combattaient en province. Puis des bruits d'armistice s'étaient répandus; l'arrivée de M. Thiers comme négociateur, annoncée par la même affiche, donnait à supposer que les négociations étaient en voie de réussite. Beaucoup, parmi les défenseurs de Paris, prononcèrent dès ce jour-là le mot de paix, et les esprits se laissèrent aller aux plus sinistres prévisions.

Émeute du 31 octobre. — Le parti démagogique ne pouvait manquer de chercher à exploiter une telle situation à son profit. La journée néfaste du 31 octobre eut lieu : des hommes, qui n'auraient dû songer qu'à la défense de la grande ville, tentèrent de jeter au milieu des efforts communs le trouble et l'anarchie. Après avoir triomphé pendant une journée, cette émeute, aussi ridicule que criminelle, fut vaincue pendant la nuit par la seule action de la partie bien pensante de la garde nationale, qui crut devoir affirmer, dans une démonstration toute spontanée, qu'elle désirait le maintien du gouvernement établi.

La coupable tentative du parti avancé fut portée à la connaissance des troupes du 13ᵉ corps par un ordre du jour de son chef[1], dans lequel il déclarait « qu'il ne reconnaîtrait d'autre gouverne-
» ment que celui de la défense nationale, et que
» l'on combattrait sans merci tous ceux qui tente-
» raient d'en établir un autre. »

En même temps, le général en chef crut devoir installer par précaution à la gare Mont-Parnasse, siége de son quartier général, une garde spéciale composée d'un régiment d'infanterie et d'une batterie de mitrailleuses. D'ailleurs, on n'avait pas jugé à propos de faire appel à l'armée dans la triste échauffourée du 31 octobre. La garde nationale avait suffi à étouffer, pour ce jour-là, une insurrection dont la naissance et l'issue resteront probablement pour l'histoire une énigme difficile à expliquer.

[1] Voir cet ordre aux Appendices.

CHAPITRE SEPTIÈME.

LICENCIEMENT DU 13ᵉ CORPS D'ARMÉE.

Vote de l'armée au 3 novembre. — Le 13ᵉ corps n'eut à accomplir aucun mouvement ni action militaire depuis l'affaire du 21 octobre jusqu'à la date du 6 novembre. Les journées furent remplies par des préoccupations politiques. Le gouvernement de la défense nationale voulut faire confirmer ses pouvoirs par un plébiscite, qui fut soumis à l'acceptation de la population et de l'armée.

Tous les habitants renfermés dans la capitale furent convoqués le 3 novembre pour voter, par oui ou par non, sur la question de savoir s'ils désiraient maintenir à leur tête les chefs qui s'y trouvaient depuis le 4 septembre. Le scrutin fut ouvert simultanément dans tous les quartiers. Le vote procura au gouvernement une majorité écrasante, car le relevé définitif des bulletins donna le résultat suivant

POPULATION.

Oui. 326,000
Non. 53,000

Armée.

Oui. 236,000
Non. 9,000

Soit comme total général :

Oui. 562,000
Non. 62,000

Ce plébiscite, qui prouvait simplement que la grande majorité de la population assiégée tenait à conserver, dans l'intérêt de la défense, les pouvoirs établis, fut accompli et proclamé sans de nouveaux troubles.

6 novembre.

Le 6 novembre au matin, le *Journal officiel* fit connaître à l'armée et à la population, dans une note des moins explicites, que l'armistice, pour la réussite duquel M. Thiers s'était employé, était rejeté par le gouvernement de la défense nationale, à cause des conditions inacceptables que voulaient nous imposer les Prussiens. En même temps, le *Journal officiel* publiait un long tableau explicatif faisant connaître les nouvelles bases d'après lesquelles étaient réorganisées les forces militaires qui défendaient la capitale. L'armée et la garde nationale étaient, à partir de ce jour, divisées en trois armées distinctes, dans lesquelles les corps existants allaient se trouver fondus et devaient recevoir, par conséquent, une organisation toute différente de celle qu'ils avaient eue jusqu'alors.

Le 13ᵉ corps cessait donc d'exister, et les troupes qui avaient concouru à sa formation allaient se trouver intercalées dans d'autres corps d'armée. Nous croyons juste de rappeler ici en quelques lignes les opérations auxquelles il a pris part, et les services qu'il a rendus pendant les trois mois environ qu'a duré sa réunion effective. On peut dire d'abord qu'il avait gardé intact son honneur militaire, car seul il avait échappé au désastre de l'armée du Rhin dont il devait faire partie. Il avait eu une part certes glorieuse dans les diverses luttes engagées. Éprouvé pour la première fois par le feu de l'ennemi devant Mézières, il parvint à se dégager de sa pressante étreinte par une marche habile et où, comme on a pu voir, il a constamment couru les plus grands dangers. Appelé ensuite à un rôle actif dans les opérations de la défense de Paris, c'est lui qui, le 17 septembre, tira les premiers coups de canon sous les murs de la capitale. La malheureuse journée du 19 septembre ayant rendu les positions de la rive gauche plus difficiles à protéger, c'est à lui qu'on en confia la défense. Non-seulement il sut s'y maintenir, mais encore, dans deux attaques importantes, les 22 et 30 septembre, il fit le plus grand mal à l'ennemi. En trois mois de temps, le 13ᵉ corps ne livra pas moins de treize combats[1], dans lesquels il perdit un général et environ 3,000 hommes tués et blessés, sur un effectif qui n'avait été primitivement que de 35,000 hommes. Ces troupes, rapidement aguerries, devaient devenir l'élément le plus solide de la deuxième armée de Paris, dans la composition de laquelle elles allaient entrer. En se séparant d'elles avec un très-vif regret, le général en chef ne cessa cependant de suivre de loin leurs efforts; c'est avec bonheur et satisfaction que plus tard, et en des circonstances bien différentes, il les retrouva au nombre des troupes placées sous ses ordres.

Les mesures prises pour la nouvelle organisation de l'armée et la rupture des négociations relatives à la proposition d'armistice terminent la première période du siége de Paris.

Cette période peut elle-même être divisée en deux parties bien différentes. D'abord, depuis l'investissement et jusqu'au combat de Châtillon, l'ennemi ne cessa de gagner du terrain, et prit

---

[1] A Poix, à Flize; deux engagements sous Mézières; un à Saulce-aux-Bois, à Chaumont-Porcien; puis, sous Paris, à Créteil, aux Hautes-Bruyères, à Chevilly, à Bagneux et à Clamart.

sur la ville et sur l'armée des avantages qu'il devint impossible de lui enlever complétement. Mais rappelées par les désastreux résultats de cette affaire au sentiment de la résistance et du devoir, la population et l'armée sentirent qu'elles devaient avant tout réagir contre le découragement qui les avait un moment envahies. C'est au 13e corps qu'appartint l'honneur de fortifier par une vigoureuse offensive les espérances affaiblies; il obligea l'ennemi à reculer ses lignes d'investissement, de telle sorte que depuis lors il ne put les rétablir, et qu'en trois semaines des plus vives attaques, au mois de janvier suivant, il ne parvint pas même à enlever de nouveau les positions qu'il avait si bien tenues entre ses mains le soir du 19 septembre et que les efforts de notre corps d'armée lui avait reprises.

D'ailleurs, et ce fut là sa meilleure récompense, l'exemple donné par le 13e corps fut imité de toutes parts. Partout on chercha à étendre au loin les lignes occupées et à créer des positions qui permissent de déboucher au dehors à un moment donné. On prit à l'ennemi certains points importants; on en reperdit d'autres, il est vrai, après qu'on les eut enlevés d'abord, comme au Bourget, par exemple; mais c'est seulement dans ces combats répétés que l'armée devait se former et s'aguerrir. Quand le siége avait commencé, on pouvait dire que Paris n'avait point d'armée pour le défendre ; il en avait une énergique et solide à la date qui termine cette partie de notre récit : la grande question était de savoir s'en servir.

SIÉGE DE PARIS.

— II —

OPÉRATIONS DE LA TROISIÈME ARMÉE.

CHAPITRE PREMIER.

FORMATION DE LA TROISIÈME ARMÉE.

6 novembre.

Le vote du 3 novembre constatait que l'armée de défense se composait de plus de 250,000 hommes, total énorme et qui tout d'abord parut invraisemblable. En effet, comment s'expliquer, en présence d'un effectif aussi considérable, le petit nombre d'hommes engagés dans les efforts tentés jusqu'à ce jour pour la résistance? Comment s'expliquer encore qu'ayant autant de soldats à sa disposition, le gouvernement en ait donné si peu pour la surveillance de certains côtés de la place plus particulièrement menacés? Ainsi le sud de Paris offrait certainement à l'ennemi, par sa situation naturelle, encore affaiblie depuis la défaite de Châtillon, un point d'attaque très-favorable. Sur ce même point se trouvent cinq forts, sur les dix-sept qui entourent Paris, et vingt-sept bastions, sur les quatre-vingt-quatorze qui forment le périmètre de l'enceinte. C'était donc environ le tiers de l'espace à défendre qu'avait à surveiller le 13ᵉ corps. Or, les troupes chargées de ce soin, dont l'importance et la gravité augmentaient tous les jours, n'avaient jamais dépassé 40,000 hommes. On devait donc supposer que l'armée de Paris pouvait s'élever tout au plus au chiffre d'environ 150,000 combattants. La publicité que reçut le résultat du vote des militaires fut donc une révélation. C'était 100,000 hommes de plus et sur lesquels, dans l'opinion publique, on n'avait pas compté. D'ailleurs, le *Journal officiel* du 6 novembre, en publiant la nouvelle organisation de l'armée, donna plus de réalité encore à ce formidable chiffre.

A cette date, l'armée de défense fut réorganisée de la manière suivante :

Elle fut divisée en trois armées :

Première armée, sous les ordres du général Clément Thomas :

266 bataillons de marche de la garde nationale forts de 500 hommes chacun, soit 133,000 hommes. (Effectif nominal.)

Deuxième armée, sous les ordres du général Ducrot :

Trois corps d'armée commandés par les généraux Blanchard, Renault et d'Exéa. Les deux premiers comprennent trois divisions d'infanterie; le dernier se compose de deux divisions d'infanterie seulement, et d'une division de cavalerie. Le total de l'effectif de cette armée est d'environ 105,000 hommes.

Troisième armée, sous les ordres du général Vinoy :

Elle comprend six divisions, d'un effectif d'environ 70,000 hommes.

Un corps d'armée spécial, sous les ordres de l'amiral de la Roncière, reste à Saint-Denis. Il se compose de trois brigades et d'environ 25,000 hommes.

Un autre enfin garde Vincennes et les positions qui en dépendent. Sa force approche de 10,000 hommes.

L'armée active, destinée à agir autour de Paris, se composait donc des éléments suivants :

Première armée : garde nationale. . . 133,000 hommes.
Deuxième armée : général Ducrot. . 105,000 hommes.
Troisième armée : général Vinoy. . . 70,000 hommes.
                                       308,000 hommes.

En dehors de ce chiffre, il faut compter une garnison de 80,000 hommes préposée à la garde des forts et des remparts, ce qui donne un total de 388,000 hommes.

Mais, cette évaluation des ressources militaires de Paris était évidemment exagérée. La garde nationale ne compléta jamais, et cela à beaucoup près, le chiffre d'hommes qu'elle comptait sur le papier. Ensuite, le concours qu'elle donna à l'armée, après l'instruction trop sommaire et trop insuffisante qu'elle avait reçue, ne fut pas aussi effectif qu'on s'y était attendu. Quant à la troisième armée, elle se trouvait dans des conditions assez défavorables pour agir.

Destinée d'abord à rester sous les ordres du gouverneur de Paris, qui se l'était attribuée, la troisième armée fut confiée, le 8 novembre, au général Vinoy. L'organisation primitive, telle qu'elle est insérée au *Journal officiel* du 6 novembre, attribuait à cet officier général le commandement du 1er corps de la deuxième armée. Cette combinaison renouvelait celle du 17 septembre, qui avait réuni les 13e et 14e corps d'armée sous les ordres du général Ducrot. Cette fois encore elle ne fut pas maintenue, et, pour des motifs qu'il est inutile de rappeler, elle fut de nouveau annulée, comme elle l'avait déjà été une première fois. Le général Blanchard reçut le commandement du 1er corps de la deuxième armée.

La troisième armée était alors très-forte numériquement, mais seulement sur le papier. Elle n'était pas encore constituée et devait être disséminée sur tout le périmètre de l'enceinte extérieure de Paris, savoir :

Les divisions de Beaufort et de Liniers, dans la presqu'île de Gennevilliers;

La division d'Hugues, du côté de Vincennes;

Les divisions Corréard et Pothuau, sur la rive gauche.

Pas une seule batterie d'artillerie légère ne lui fut attachée : elle ne pouvait donc songer à s'éloigner du canon des forts ni de celui des ouvrages avancés, et le secours qu'elle aurait à prêter, dans ces conditions, à une armée destinée à agir à l'extérieur, se trouvait par conséquent très-limité.

En fait, la troisième armée n'a jamais été entièrement réunie : elle avait à subir l'inconvénient d'un fractionnement direct en six divisions, sans l'intermédiaire de corps d'armée. Elle était répartie sur une surface immense, et ses nombreux détachements prirent part aux opérations les plus diverses par leur but et leur nature : enfin elle ne comprenait pas un seul ancien soldat dans son effectif, toutes les bonnes troupes de l'ex-13e corps ayant été versées dans la deuxième armée. La troisième armée devait donc, par ces causes, manquer toujours d'homogénéité, et il ne fallait pas penser à lui demander le grand et efficace effort qu'on est en droit d'attendre de tout corps de troupe solidement organisé. Cependant il est juste de constater, dès le principe, qu'elle a concouru utilement, dans la mesure de ses moyens, aux opérations de la défense.

Ce total énorme de 388,000 combattants doit donc être ramené au chiffre plus vrai des seules forces qui constituèrent réellement l'armée d'attaque. Il faut en défalquer tout d'abord les 133,000 hommes de garde nationale; puis les 70,000 hommes disséminés de la troisième armée, et enfin les 80,000 hommes composant les diverses et nombreuses garnisons. La deuxième armée est donc la seule qui présente exactement le nombre d'hommes pouvant être menés au-devant de l'ennemi et agir en rase campagne, et son effectif n'a jamais dépassé 105,000 hommes.

Le mois de novembre tout entier fut consacré à l'organisation nouvelle de l'armée de Paris. Pendant cette période il n'y eut aucune affaire militaire méritant d'être signalée. De temps à autre, les forts ouvraient leur feu sur les points où ils supposaient voir des travaux entrepris par l'ennemi; des fusillades, provenant généralement de fausses alertes, étaient parfois échangées aux postes avancés, mais l'armée ne fut jamais engagée : elle semblait en quelque sorte se recueillir, et elle préparait en effet ses plus vigoureux efforts, en vue d'une action qui pouvait être décisive.

Du côté des Prussiens, la situation était en apparence la même. Leurs lignes de défense étant solidement établies, ils avaient un intérêt évident à attendre, avant d'agir, que l'armée du prince Frédéric-Charles, devenue disponible par la reddition de Metz, leur apportât, aussi bien qu'aux autres corps engagés en province, un sérieux et puissant renfort. L'armée de la Loire, contre laquelle la plus grande partie de ces forces nouvelles furent dirigées, a eu d'autant plus à souffrir de l'inaction dans laquelle nous sommes restés alors. Il est, en effet, certain que si la lutte projetée eût pu être engagée plus tôt, les forces prussiennes arrivant de Metz auraient été plus longtemps et peut-être définitivement retenues sous Paris, laissant ainsi à l'armée de la Loire une plus grande liberté d'action.

Quant à la population civile de Paris, elle épuisait ses vivres et ses ressources, au milieu de cette lente inaction qui fournissait au parti du désordre un si beau prétexte pour discourir dans les clubs sur « l'ineptie de la défense » et pour la signaler en termes souvent plus que grossiers, dans ses placards et dans ses journaux. Le même parti travaillait sourdement à réparer son échec de cette inexplicable journée du 31 octobre, et il

16.

lui était plus facile que jamais d'agir sur les imaginations affaiblies par les souffrances de ses misérables adeptes. En effet, l'hiver, et l'un des plus rudes que le siècle ait eu à constater, arrivait à grands pas, entraînant à sa suite son cortége habituel de misères et de privations : le travail avait cessé partout, la vie était de jour en jour plus chère et plus difficile, l'alimentation devenait plus mauvaise et en même temps plus insuffisante; nous entrions dans la période aiguë de la défense et du siége.

Dans de telles conjonctures, chaque heure de retard nous était funeste et contraire : aussi l'inaction complète du mois de novembre, au point de vue des actions militaires, a-t-elle été des plus fatalement graves, ainsi que l'a malheureusement trop démontré la suite des événements.

14 novembre.

Du 6 au 14 novembre, aucun ordre ne fut expédié pour la réunion des divisions de la troisième armée; le 14 seulement, la division d'Hugues fut rassemblée et envoyée à Montreuil pour y relever les mobiles du Tarn, devenus ainsi disponibles. C'est le 14 novembre que la nouvelle du succès obtenu par le général d'Aurelle de Paladines, sous Orléans, parvint à Paris; mais il ne modifia en rien, du moins en apparence, les projets du gouvernement, et nous demeurâmes de plus belle en plein travail d'organisation, mais aussi dans la plus complète inaction.

22 novembre.

Jusqu'à ce jour, aucun événement, d'aussi mince importance que ce soit, ne vient troubler l'armée dans le repos d'où elle aspire à sortir.

Le 22 novembre, un conseil de guerre préparatoire a lieu chez le gouverneur de Paris. La nouvelle s'en répand aussitôt par toute la ville, et le soir même Paris tout entier savait qu'une grande opération militaire était projetée; les journaux publient articles sur articles et la demandent à grands cris; le public, à la fois inquiet et passionné, en fait son exclusive préoccupation du moment.

Quelques jours auparavant, le gouverneur avait fait dans la presqu'île de Gennevilliers une reconnaissance dont le rapport militaire officiel du lendemain parla avec quelques détails. Aussitôt l'opinion publique s'imagina que le projet du gouverneur était de passer la Seine du côté de Bezons et d'Argenteuil pour diriger son armée sur la Normandie. Assurément, une sortie était possible de ce côté, et le discours prononcé depuis à l'Assemblée nationale par le général Trochu [1] a démontré que tel avait été d'abord son dessein. Mais une opération tentée sur ce point était bien périlleuse : c'était, il est vrai, un des côtés que l'ennemi surveillait le plus faiblement, mais où l'on ne pouvait rien entreprendre cependant sans avoir enlevé, avant tout, les hauteurs qui s'étendent depuis Sannois jusqu'à la patte d'oie d'Herblay. Il fallait, en outre, conserver ces hauteurs pendant tout le temps qu'une armée considérable mettrait à défiler sur une seule route. Si ce début obligé de l'opération ne réussissait pas, l'armée courait le risque d'être cernée à la boucle de la Seine, où, écrasée par les feux des coteaux de Marly, Saint-Germain, Cormeil, Sannois et Orgemont, elle serait bien gravement compromise, car un mouvement prononcé d'Orgemont sur son flanc droit pouvait intercepter sa ligne de retraite. Mais l'épreuve ne fut même pas tentée, et il est peut-être bien heureux qu'elle n'ait pu l'être.

Des considérations d'un autre ordre déterminèrent le gouverneur à porter sur un autre côté l'attaque la plus vigoureuse qu'ait pendant toute la durée du siége tentée la défense. Le lundi 28 novembre, à huit heures du matin, il réunit

[1] Publié depuis en brochure sous ce titre : *Une page d'histoire contemporaine devant l'Assemblée nationale*. Paris, librairie militaire de J. Dumaine, 1871.

en conseil de guerre les généraux de la deuxième armée; il leur exposa avec détail le but de la grande tentative que l'on allait faire : il indiqua les points les plus importants de l'action principale, ainsi que ceux où il fallait diriger les diversions qui devaient concourir à en assurer le succès.

CHAPITRE DEUXIÈME.

COMBATS DE L'HAY ET DE LA GARE-AUX-BOEUFS.

29 novembre.

Les opérations projetées pour la troisième armée dans la journée désormais historique du 29 novembre, sont expliquées tout au long dans un ordre du gouverneur de Paris en date du 26 novembre [1].

Le général Vinoy prendrait le commandement de toute la rive gauche de la Seine et des trois divisions qui s'y trouvaient en position, sous les ordres des généraux Corréard, de Maud'huy et du contre-amiral Pothuau. Les divisions de Beaufort et de Liniers opéreraient isolément sur un autre point, au-dessous du Mont-Valérien. La division d'Hugues était provisoirement détachée à la deuxième armée pour coopérer à ses opérations. D'après ce même ordre, les forces mises en mouvement sur la rive gauche de la Seine occuperaient les positions suivantes :

1° La division de Maud'huy, conservant ses positions avancées des Hautes-Bruyères et de Saquet avec 16,500 hommes.

[1] Voir aux Appendices.

2° La division Corréard à Montrouge, Vanves, Issy, avec 7 bataillons de mobiles.

3° La division Pothuau à Vitry et Ivry, avec
4 bataillons de mobiles. . . . . . . 5,700 h.
4 bataillons de troupes de marine. 3,000 —

Total. . . . . 8,700 h.

En outre, 3,000 hommes des bataillons de guerre de la garde nationale étaient mis sous les ordres du général Corréard à Montrouge, et 3,000 autres donnés à l'amiral Pothuau à Vitry. Le total des troupes chargées de la défense de la rive gauche s'élevait donc à 38,100 hommes.

L'artillerie mise à la disposition des divers généraux se composait de la manière suivante :

1° Dans les positions de Vitry, 22 canons de gros calibre [1];

2° Sur le front de Villejuif, de Saquet à Arcueil, 51 pièces, dont 18 de campagne et 33 de gros calibre [2];

---

[1] 9 obusiers de 22.
2 canons de 0^{m}14 sur truc blindé.
4 canonnières.
2 pièces de 0^{m}29.
3 pièces de 0^{m}16. } Pièces de droite du fort de Charenton.
2 canons de 24.

[2] 3 canons de 0^{m}16 de la marine.
12 pièces de 24 court.
18 pièces de 12 de siége.

3° Sur le front de la Bièvre à la Seine, 37 pièces, dont 28 de gros calibre [1].

Mais nous ne devions pas faire usage de toutes ces pièces. Une note annexée à l'ordre de mouvement (sous le n° 1241) interdisait absolument de se servir des 28 pièces de gros calibre ayant vue sur Châtillon. « Il est en effet, dit la note, » d'un intérêt de premier ordre que ces batteries, » construites en vue d'une attaque venue de Châ- » tillon, ne soient démasquées qu'au moment où » le feu de l'ennemi s'ouvrirait. Il en sera de » même pour les pièces de marine placées sur » l'enceinte, et dont l'objectif est Châtillon. »

Cette disposition spéciale ne permettait pas de songer à une opération entre Issy et la Bièvre : les troupes seraient donc obligées d'y garder une attitude strictement défensive.

Sur la rive gauche, l'opération devait se borner à une attaque de la division de Maud'huy sur l'Hay, et de la division Pothuau sur la Gare-aux-Bœufs. Le mouvement serait « précédé d'une ca- » nonnade des plus vives et des plus intenses »,

---

12 pièces de 4 de campagne. ⎱ Batteries divisionnaires du gé-
6 mitrailleuses. . . . . ⎰ néral de Maud'huy.

[1] 9 pièces de campagne.
6 pièces de 12 de siège.
20 canons de 24 long.
2 canons de 24 court.

suivie « d'un effort successif de tirailleurs, en s'ab-
» stenant de montrer des masses à découvert et
» de les établir dans des villages et des groupes
» de maisons où le feu de l'ennemi arrive. »

L'ordre règle dans ses moindres détails la marche des troupes de la deuxième armée, indiquant de quelle manière elles devront quitter les positions qu'elles occupent sur la rive gauche, et comment elles y seront relevées. Cette opération aurait lieu le lundi 28 novembre, et aussitôt les troupes de la troisième armée viendraient remplacer celles de la deuxième dans leurs cantonnements.

Le général de Liniers, appuyé de 22 pièces, dont 8 de campagne, 12 de gros calibre et 2 mortiers, devait faire le simulacre de jeter un pont sur la Seine, à l'île Marante, pendant que le général de Beaufort ferait une démonstration devant les positions de Buzenval et de la Malmaison.

Une instruction très-détaillée, annexée à l'ordre, limitait de la manière suivante la part que les bataillons de la garde nationale mobilisée devaient prendre aux opérations projetées : « Ils devront
» se trouver le plus possible en vue de l'ennemi,
» mais en réserve formant rideau pour faire croire
» à des forces supérieures, et au besoin, s'il y
» avait lieu, servir d'extrême réserve. »

Le général en chef de la troisième armée n'avait pas pris part aux conseils de guerre déterminant l'opération réservée à la deuxième armée; il n'apprit que pendant leur exécution les divers mouvements qui lui avaient été prescrits, et il ne connut le point d'attaque qu'au moment même où elle avait lieu[1]. Quant à lui, il s'occupa exclusivement d'organiser celle de l'Hay et de la Gare-aux-Bœufs. Les troupes devant passer très à découvert sous le feu de l'ennemi, les colonnes reçurent l'ordre de partir de très-bonne heure, se dirigeant un peu avant le jour sur les points indiqués, de manière à pouvoir s'en rendre maîtresses aussitôt. Le tir de l'ennemi, dans ces conditions, devait être beaucoup plus incertain et par conséquent d'une moindre efficacité sur nos troupes en marche.

Dans la journée du 28, la troisième armée vint relever, sur la rive gauche de la Seine, dans ses diverses positions, les troupes de la deuxième armée : cette opération fut effectuée sans aucune difficulté. Dans cette même journée, Paris fut, depuis le matin jusqu'au soir, sillonné dans tous les sens par des colonnes se rendant à leurs postes de combat. Elles sont composées, les unes de

On trouvera aux Appendices l'ordre de mouvement de la deuxième armée; ce document mérite d'être consulté à plus d'un titre.

troupes de ligne et de mobiles, les autres de garde nationale, et elles parcourent silencieusement la ville troublée et inquiète. Une vive émotion agite la population tout entière; chacun sait qu'un effort considérable et peut-être décisif va être tenté, et tous attendent dans une anxiété profonde que les opérations commencent.

Le général commandant en chef la troisième armée ayant pris toutes ses dispositions dans la journée du 28, quitta son quartier général le 29 pour en surveiller la mise à exécution. Il était à peu près cinq heures et demie du matin quand il franchit la porte du rempart. La route de ceinture était encombrée par l'artillerie de réserve de la deuxième armée, qui se rendait alors à sa destination. Les chevaux avaient été attelés à deux heures du matin, et le mouvement continuait : on devait donc en conclure que, pour cette fois, aucun contre-ordre n'était venu modifier les dispositions primitives.

La nuit était profonde encore, la matinée brumeuse, le temps très-doux; mais le sol, détrempé par des pluies récentes, était glissant et humide. Tout à coup les positions en avant de l'Hay s'illuminent d'éclairs précipités : ce sont les Prussiens qui font feu sur nos têtes de colonnes. Celles-ci s'étaient élancées avec beaucoup d'ensemble : l'espace qu'elles avaient à parcourir à découvert, sous un feu nourri, était d'environ cinq cents mètres. Leur effort n'est pas, cette fois, dirigé sur le front du village, mais principalement sur la droite, où l'attaque paraît devoir être plus facile.

Par malheur, les outils nécessaires pour se frayer un passage au travers des maisons manquaient complétement. Le génie territorial, qui avait mission de les fournir, n'avait pris que des mesures insuffisantes, à ce point que les troupes avaient dû partir avant l'arrivée des instruments réclamés. Mais les circonstances étaient trop graves, l'action trop importante et les ordres trop précis pour que ce regrettable retard pût empêcher l'attaque. Toutefois, l'absence des outils en question se fit bien vivement sentir au moment où les colonnes se trouvèrent arrêtées devant des maisons crénelées et garnies de tirailleurs, et dans lesquelles elles ne pouvaient pratiquer les brèches indispensables pour en déloger l'ennemi. Ce ne fut qu'à dix heures du matin, alors que l'attaque était terminée et que par conséquent les outils ne nous étaient plus nécessaires, que le génie territorial se décida à nous les faire parvenir.

Les troupes qui étaient alors engagées se composaient des 109ᵉ et 110ᵉ de ligne, sous les ordres du général Valentin : ces deux régiments étaient soutenus par les mobiles du Finistère. La brigade Blaise demeurait en réserve et gardait le plateau de Villejuif, Moulin-Saquet et les Hautes-Bruyères.

L'attaque fut des plus vives et la fusillade continue et très-nourrie. Dès que le jour fut assez levé pour bien permettre de distinguer au loin, le canon de nos positions se fit entendre et tira très-activement pour protéger nos troupes avancées. De son côté, l'ennemi les cribla d'obus pour arrêter leur marche : mais à ce moment, la droite était entrée dans l'Hay; le cimetière et les premières maisons nous appartenaient. Sur la gauche, les difficultés étaient plus grandes. Par deux fois la fusillade cessa de ce côté, pour reprendre ensuite avec une nouvelle intensité : les Prussiens défendaient avec une grande énergie le mur d'un vaste parc qu'ils avaient crénelé et fortifié; des tranchées et des épaulements solides leur servaient également d'abri et rendaient l'attaque des nôtres des plus périlleuses.

Un rapport écrit au crayon par le général Valentin, à sept heures cinquante du matin, indique la situation exacte du combat à ce début de la journée [1] :

« Tout est engagé, moins une compagnie de
» mobiles appuyée à la route de l'Hay aux Bruyères.
» La droite et le centre sont entrés dans l'Hay.

[1] Voir aux Appendices.

» La gauche tient encore ; il ne reste donc plus
» qu'une compagnie en réserve. »

Le commandant en chef télégraphia alors au gouverneur de Paris la dépêche suivante :

« Nous sommes dans l'Hay, quoique vigoureu-
» sement défendu. Le génie n'a pas envoyé les
» outils que j'avais demandés. Il sera peut-être
» difficile de s'y maintenir. Les réserves ennemies
» arrivent.

Signé : Général Vinoy. »

De tous côtés, en effet, on voyait l'artillerie et les colonnes prussiennes se porter sur le lieu de l'action et entrer successivement en ligne, à Chevilly, à la Rue, en arrière de l'Hay, à Bourg-la-Reine et à Sceaux. Il devenait évident que l'ennemi voudrait faire de grands efforts pour se maintenir dans l'Hay, et que nous ne pourrions conserver les avantages si chèrement acquis dans la matinée qu'au prix d'une lutte sanglante et de grandes pertes. Toutefois, il était indispensable de prolonger l'action pour favoriser l'attaque principale de la deuxième armée.

Cependant, aucun bruit ne se faisait entendre au loin : les grandes batailles s'annoncent ordinairement par de violentes canonnades mille fois répétées, et jusqu'à ce moment nous n'avions pas même vu à l'horizon la fumée du grand combat d'artillerie que nous supposions alors engagé; rien, en un mot, ne semblait indiquer l'action considérable qui, le matin même, avait dû commencer sur notre gauche. Devions-nous conclure de ce silence imprévu que le mouvement de la deuxième armée avait réussi tout d'abord, que l'attaque de nos colonnes avait été si impétueuse et si vive que l'ennemi, n'ayant pu leur résister, s'était enfui au loin devant elles, et que le combat se trouvait ainsi reporté sur un point suffisamment éloigné pour que nous n'en pussions apercevoir même le moindre signe?... Admettant cette supposition, la seule à laquelle il voulût d'ailleurs alors s'arrêter, le commandant de la troisième armée crut devoir persister dans la lutte difficile qu'il soutenait. Nous perdions beaucoup de monde, mais chacun comprenait qu'il fallait à tout prix retenir devant nous les troupes nombreuses qui auraient pu porter leur renfort peut-être décisif sur un point plus important et plus menacé.

C'est alors que nous parvinrent les premières nouvelles du champ de bataille principal; mais, hélas! qu'elles confirmaient peu l'espoir heureux que nous avions d'abord conçu! Une première dépêche datée de Paris, 7 h. 30 m., arrivait aux Hautes-Bruyères à 8 h. 35 m. : elle était remise au général en chef au moment même où il recevait du général Valentin le billet que nous avons cité plus haut et qui lui annonçait que toutes les troupes étaient engagées. Cette dépêche, qui était adressée par le gouverneur de Paris, disait :

« Prévenez Vinoy, La Roncière, Beaufort,
» Liniers, que la grande opération est ajournée
» par suite de crue de la Marne et rupture du bar-
» rage. La suite de leur opération doit se mesurer
» sur cet *incident*. Ils seront juges ; adressez-leur
» cette dépêche. »

Une seconde dépêche du gouverneur, datée de 9 h. 40 m. du matin, confirma la première de la manière suivante [1] :

« ... Opération transformée que je souhaitais a
» été trouvée impraticable par suite de l'impos-
» sibilité de faire parvenir des instructions coor-
» données à la masse des troupes réunies sur la
» Marne... »

Que l'ajournement de l'opération fût dû à la crue de la Marne, comme le dit la première dépêche, ou à l'impossibilité de faire parvenir des instructions coordonnées à la masse des troupes, ainsi que l'assure la seconde, il n'en est pas moins certain que la deuxième armée demeura inactive pendant toute cette journée.

« ... Nous restons dans nos positions, continue
» la dépêche, prêts à agir du côté d'Avron, où la
» présence d'une nombreuse artillerie peut nous

---

[1] Voir aux Appendices.

» engager. Je pense qu'il y a lieu de vous main-
» tenir sur vos positions *jusqu'à ce que ce mouve-*
» *ment se dessine.* Il serait trop regrettable d'avoir
» fait en pure perte les efforts qui vous ont con-
» duit à l'Hay. »

Ces deux dépêches devaient émouvoir profondément le chef de la troisième armée. Comment! depuis le matin, avec un effectif insuffisant, avec des moyens matériels d'artillerie et du génie incomplets, il s'épuisait à soutenir une lutte inégale et meurtrière, pour attirer sur lui les efforts de l'ennemi et favoriser ainsi la grande opération entreprise sur un autre point. Maintenant il apprenait que tous ses efforts étaient inutiles, que les pertes qu'il avait faites et le sang qui avait été répandu demeuraient sans résultats! Cette bataille, au succès de laquelle il s'était efforcé de contribuer, en exposant encore plus que de coutume les troupes qu'il commandait, on l'informait qu'elle était différée, et on n'avait pas songé à le prévenir d'ajourner son attaque! Dès lors, la lutte avait duré trop longtemps, et nos pertes étaient déjà trop sanglantes pour un résultat aussi négatif!... Dans ces conditions, la prolongation d'un combat dont l'issue ne devait être aucunement profitable eût été plus qu'une faute. Le général en chef envoya donc immédiatement l'ordre au général Valentin de se replier en bon ordre sous la protection de l'artillerie des Hautes-Bruyères.

Cette retraite ne pouvait se faire sans des pertes sérieuses, tant que les troupes n'auraient pas regagné l'abri de leurs tranchées. Heureusement, l'ennemi ne crut pas devoir beaucoup l'inquiéter, et le feu cessa, des deux côtés, vers dix heures et demie du matin. Nous avions perdu en tués, blessés ou disparus, dans cette diversion si bien commencée et devenue subitement si inutile, 30 officiers et 983 hommes de troupes.

L'ajournement de la grande opération, qui venait d'échouer sur la Marne, devait exercer une influence bien fâcheuse sur la suite de nos affaires. L'ennemi se trouvait forcément prévenu de nos projets ; de plus, on lui laissait le temps de prendre ses dispositions pour la défense, d'appeler en grand nombre des renforts sur les points menacés, toutes choses qu'il n'aurait pu faire à temps, si le passage de la rivière, à l'heure fixée, avait réussi. La nouvelle attaque qui devait être faite le lendemain offrirait naturellement beaucoup plus de difficultés, et nous coûterait aussi plus de monde.

Au moment où chacun fait ces tristes réflexions, une nouvelle dépêche [1] parvient au général en chef et fait craindre que la situation ne se trouve

---

[1] Voir aux Appendices.

encore plus aggravée par un mouvement populaire. En effet, le commandant du 7° secteur annonce qu'on bat la générale à Belleville, au Temple et au Panthéon. Heureusement, l'alarme était prématurée : des renseignements plus précis et moins inquiétants arrivent peu après : la générale qui a été battue avait pour but de rassembler des bataillons qui devaient, à ce signal convenu, se réunir pour marcher à l'ennemi.

C'est sous ces fâcheuses impressions que le commandant en chef se rendit aux positions de l'amiral Pothuau. De son côté, tout s'était passé dans de bonnes conditions; la Gare-aux-Bœufs avait été enlevée par un vigoureux coup de main, et le poste ennemi qui la défendait avait été en partie fait prisonnier. L'amiral Pothuau ne s'était pas borné à faire agir ses propres troupes : il avait également engagé deux bataillons de la garde nationale, le 17°, sous les ordres du commandant de Crisenoy, et le 116°, commandé par M. Langlois. Ces bataillons, qui voyaient l'ennemi pour la première fois, s'étaient très-convenablement comportés et étaient même restés à la Gare-aux-Bœufs. Le colonel Roger du Nord, de l'état-major général de la garde nationale, qui les avait amenés sur le lieu du combat, leur donna lui-même l'exemple de la plus énergique intrépidité.

Les Prussiens n'avaient même point cherché à

reprendre cette position, qui était demeurée entre nos mains. Toutefois, le commandant de la troisième armée, jugeant sa possession inutile, donna l'ordre de la faire évacuer, ce qui eut lieu dans l'après-midi, sans difficulté, et sans que l'ennemi songeât à inquiéter notre retraite.

Les troupes qui avaient combattu dans cette journée, et qui pendant toute la nuit précédente étaient restées sur pied pour se préparer à l'attaque, se trouvaient trop fatiguées pour qu'on pût songer à les utiliser le lendemain. Ce repos, d'ailleurs, ne leur était pas moins nécessaire au point de vue moral. En effet, après avoir échoué contre le village de l'Hay, le 30 septembre, alors qu'il n'était pas fortifié, les troupes qui depuis deux mois avaient pu voir s'établir devant elles les travaux constants de l'ennemi, les avaient attaqués cette fois avec une grande vigueur, et y avaient même pénétré en s'emparant de la plus grande partie du village. Il était difficile de leur demander le lendemain un nouvel effort, et il ne l'était pas moins d'exiger d'elles l'élan et la solidité, et surtout la même confiance dans le succès qu'elles avaient si bien montrés le jour même. Il fallait donc de toute nécessité leur donner quelques jours de repos. D'autre part, aucune action ne pouvait être tentée sur un autre point, puisque les batteries destinées à agir sur Châtillon ne devaient pas être démasquées. Nous étions donc forcément condamnés à rester spectateurs immobiles de la grande lutte qui allait s'engager le jour suivant. Toutefois, pour tromper l'ennemi et lui faire croire à la reprise du combat, il fut décidé que le canon des forts et des positions du sud ne cesserait pas de se faire entendre le lendemain.

Le retard de l'opération tentée sur la Marne, si fâcheux au point de vue du succès général, si déplorable en ce qui concernait la troisième armée engagée sans résultat appréciable, devait être encore aggravé dans ses conséquences par le changement subit de la température. En effet, dans la nuit du 29 au 30 novembre, le vent tourna brusquement : à une brise tiède et molle succéda, du soir au matin, un froid vif et pénétrant. Ce froid était favorable à l'action de l'artillerie ennemie, dont les obus avaient des fusées percutantes; il était cruel pour nos soldats, et son effet fut bien fatal au succès des opérations entreprises. Après une grande bataille où la lutte avait été tout particulièrement vive et sanglante, la deuxième armée eut à supporter des privations et des souffrances physiques qui paralysèrent son action, et qui ont nui, d'une manière incontestable, au résultat qu'on avait espéré obtenir !

30 novembre.

Le 30 novembre, le chef de la troisième armée se dirigea sur les positions de la rive gauche, qu'il parcourut depuis Montrouge jusqu'à Ivry. Il recommanda partout une grande vigilance, et insista surtout sur ce point auprès des commandants du fort de Montrouge et de la redoute des Hautes-Bruyères. Il était indispensable, en un pareil moment, de surveiller avec plus de soin que jamais la route qui conduit de Versailles à Choisy-le-Roi, afin d'empêcher autant que possible le passage des renforts que l'ennemi chercherait à diriger par cette route.

Dans la matinée, une batterie prussienne de huit pièces établie dans une tranchée, à moitié chemin entre l'Hay et Chevilly, ouvrit son feu sur les Hautes-Bruyères, qui répondirent aussitôt et avec le plus grand succès : en quelques coups, deux des pièces ennemies furent démontées et jetées bas de leurs affûts.

Il était environ midi quand le chef de la troisième armée arriva au fort d'Ivry : il se porta aussitôt à l'observatoire du fort, d'où l'on découvrait au loin la bataille. Le temps était magnifique, mais froid ; un ciel sans nuages permettait de distinguer dans le lointain toutes les péripéties du combat : le soleil brillait, et les armes étincelaient tout comme à une revue. Depuis le fort de Nogent et les hauteurs d'Avron qui se dessinaient au loin, jusqu'aux redoutes de Gravelle et de la Faisanderie, plus rapprochées du sud, tout l'horizon était couvert de la fumée des canons. La ligne prussienne était établie sur les hauteurs qui dominent Champigny, et l'on voyait distinctement l'artillerie ennemie qui avait pris position entre Villiers et Cœuilly, tantôt avançant et tantôt reculant. Une grande ligne d'infanterie s'étendait en arrière du village de Villiers et se prolongeait jusqu'à Noisy-le-Grand. Le bruit de la fusillade et de la canonnade, qui étaient des plus violentes, parvenait jusqu'à nous et témoignait de la vigueur et de la vivacité de la lutte.

Toutefois, l'attention était particulièrement attirée par le spectacle plus rapproché de l'action qui était engagée non loin du fort. Des troupes [1] s'étaient portées en avant de Créteil : les hauteurs de Montmesly venaient d'être enlevées et étaient occupées par elles. De son côté, l'ennemi avait placé une nombreuse artillerie auprès de la ferme de l'Hôpital, en avant de Villeneuve-Saint-Georges ; ses batteries ne cessaient de tirer sur la position qu'il venait de perdre. Des colonnes d'infanterie considérables soutenaient ce combat,

[1] Une reconnaissance envoyée de ce côté nous fit connaître que ces troupes étaient celles de la division Susbielle.

dont on pouvait facilement distinguer tous les incidents. Le canon du fort, celui des canonnières et des batteries de Vitry surveillaient la gauche de Montmesly, afin d'arrêter le mouvement de l'infanterie ennemie, dont nous discernions parfaitement les casques pointus brillant devant nous au soleil.

CHAPITRE TROISIÈME.

COMBAT DE CHOISY-LE-ROI.

Cependant la lutte engagée à notre gauche, et dont la Seine seule nous séparait, ne paraissait pas tourner à notre avantage. Déjà quelques hommes isolés commençaient à quitter Montmesly, et bien qu'ils fussent ramenés au combat par leurs officiers, il devenait évident que la troupe allait bientôt faiblir. Des renforts ennemis étaient signalés; ils descendaient par la route de Choisy-le-Roi, et menaçaient la droite du général Susbielle. Le chef de la troisième armée, qui n'avait pas été prévenu de cette attaque et n'avait pu par conséquent la soutenir, jugea que cette circonstance lui imposait l'obligation d'agir; il donna donc aussitôt des ordres pour que ses troupes se portassent en avant, afin d'obliger les renforts ennemis à se replier sur leurs positions. La division Pothuau se dirigerait sur la Gare-aux-Bœufs, qu'elle enlèverait de nouveau, et, poussant plus avant, elle atteindrait les premières maisons de Choisy-le-Roi. La brigade Blaise, qui n'avait point donné la veille, se déploierait pour attaquer Thiais. Les ordres furent rapidement transmis et le commandant en chef se rendit de sa personne au pont de Vitry, sur le chemin de fer, pour régler le départ et surveiller dans leurs moindres détails les mouvements qui s'opéraient sur sa gauche et dont la Seine nous séparait.

A une heure dix minutes, l'observatoire du fort d'Ivry donnait l'avis suivant : « Je crois que » nos troupes quittent Montmesly », pendant qu'à peu près à la même heure (12 heures 54 minutes) le général de Maud'huy écrivait de Saquet : « Je » suis au Moulin-Saquet, et j'organise la brigade » Blaise pour la porter sur Choisy. » D'autre part, le mouvement de retraite de la division Susbielle se dessinait de plus en plus, et une forte colonne ennemie se montrait entre la Seine et Mesly, dans l'intention évidente de tourner sa droite. En même temps, le roulement incessant des mitrailleuses semblait indiquer que la retraite de la division française était gravement inquiétée. Il devenait donc urgent d'agir, pour la dégager, en débordant le flanc gauche des Prussiens qui la menaçaient.

Les canonnières reçurent aussitôt l'ordre de se porter en avant et d'ouvrir leur feu, pendant que les pièces des redoutes de Vitry concentreraient le leur contre la Gare-aux-Bœufs et Choisy-le-Roi : une batterie de campagne quitta la redoute de Vitry et s'avança au galop dans la direction de

Choisy. Des colonnes composées de troupes d'infanterie de marine se dirigèrent sur la Gare-aux-Bœufs, et une colonne de mobiles fut portée sur une maison située sur la route de Choisy-le-Roi, où se trouvait un avant-poste prussien.

Bientôt la fusillade s'engage : l'amiral Pothuau à la tête de ses troupes, à cheval et l'épée à la main, s'empare de la Gare-aux-Bœufs, que l'ennemi quitte précipitamment pour se jeter en désordre dans Choisy-le-Roi, laissant en notre pouvoir la position qu'il occupait. L'infanterie de marine accentue son mouvement, et se dirige également sur Choisy-le-Roi; elle est soutenue par l'artillerie de campagne et de position, par les canonnières et par les wagons blindés. A peine ce mouvement s'est-il vigoureusement prononcé, que sur l'autre rive de la Seine la colonne prussienne s'arrête, le feu cesse, le combat est complétement interrompu, et la division Susbielle se trouve naturellement dégagée.

Plus haut, les mobiles qui s'étaient avancés par la route de Vitry parvinrent jusqu'à une petite maison occupée par les Prussiens; ils l'avaient cernée, mais n'avaient pas encore réussi à l'enlever. A l'extrême droite, la brigade Blaise opérait sur Thiais : une colonne ennemie, en marche sur Choisy, s'était subitement arrêtée, paraissant indécise sur la direction qu'elle devait suivre; elle avait fini par se jeter dans une profonde tranchée, ainsi que dans les ouvrages défensifs du village de Thiais, où elle avait disparu. Mais bientôt ces ouvrages, garnis de canons, dirigèrent un feu d'artillerie très-nourri sur les troupes de la brigade Blaise, et surtout sur celles qui se trouvaient placées en avant de Vitry. Leurs obus nous causèrent quelques pertes, et le général Blaise, jugeant alors sa démonstration suffisante, ne crut pas devoir s'engager plus avant; il arrêta donc son mouvement, et se prépara à faire retirer ses troupes.

Du côté de Choisy-le-Roi, l'action était beaucoup plus vive : les soldats de la marine avaient bravement abordé la ville et en avaient même atteint les premières maisons. C'est à ce moment qu'un officier du plus grand mérite, le capitaine de frégate Desprez, trouva une mort glorieuse à la tête de ses marins : une balle tirée d'une maison le frappa en pleine poitrine. La résistance qu'on éprouva à l'entrée de Choisy y rendait évidente la présence de l'ennemi en grande force : le cimetière et les maisons étaient crénelés et garnis de tirailleurs qui ne cessaient de faire feu sur nos soldats; nous ne pouvions tenter d'avancer qu'en perdant beaucoup de monde et sans espérer un résultat bien satisfaisant. Le commandant en chef préféra donc donner l'ordre de la retraite, qui s'effectua régulièrement.

Cependant, nous conservions la Gare-aux-Bœufs. C'était un vaste bâtiment où l'amiral Pothuau pensait pouvoir loger environ 4 ou 500 hommes à l'abri : c'était d'ailleurs le seul gage matériel qui nous restât d'une journée heureuse : deux fois de suite les troupes l'avaient enlevée avec une grande vigueur, et il pouvait paraître important, pour soutenir leur moral, de ne point leur donner le décourageant tableau de l'abandon inutile d'une position qu'elles avaient si heureusement conquise. Cependant, sans contester la valeur de ces considérations, le commandant en chef ne crut pas devoir s'y arrêter. Notre ligne de grand'gardes, appuyée par les ouvrages fortifiés de Vitry, était excellente; mais le nouveau poste de la Gare-aux-Bœufs formait une sorte de saillant avancé qui devait toujours être très-exposé aux surprises. Les troupes qui se trouvaient de ce côté étaient trop jeunes et trop peu faites encore au danger pour que l'on pût, sans crainte, leur confier un service qui devait être rempli de perpétuelles alertes. Enfin, toutes ces causes jointes à un certain pressentiment sur les désavantages qui pouvaient résulter de la conservation de ce poste, décidèrent définitivement le chef de la troisième armée à se refuser aux instances de l'amiral.

Il consentit seulement à y laisser séjourner les troupes jusqu'à l'arrivée de la nuit, de manière que l'ennemi ne pût apercevoir ni inquiéter leur retraite, lorsqu'elles se replieraient sur les tranchées situées en arrière.

Le général en chef ne devait pas tarder à se féliciter bien vivement de la détermination qu'il venait de prendre. L'évacuation de la Gare-aux-Bœufs eut lieu, à huit heures du soir, sans que l'ennemi s'en aperçût. Vers minuit, il mit le feu à des fougasses qu'il y avait disposées à l'avance et dont la formidable explosion eût certainement produit une épouvantable catastrophe, si la gare avait été occupée. Cette importante construction disparut tout entière sous l'action destructive de la poudre : le lendemain matin, au jour, il n'en restait plus que des murs calcinés et des poutres noircies, et nous pûmes, en présence de ce spectacle désolé, nous rendre compte du danger immense que venaient d'éviter nos soldats.

1er décembre.

La bataille de Champigny était glorieuse pour nos troupes : elles y avaient déployé une grande bravoure et avaient fait un effort considérable : les pertes sensibles qu'elles y avaient éprouvées en étaient le témoignage éclatant. Nous avions obligé l'ennemi à reculer sa ligne de défense;

nous avions enlevé une partie des hauteurs qui dominaient le champ de bataille, mais malheureusement le résultat était encore incomplet. Les points marqués comme décisifs au but de l'entreprise, c'est-à-dire le village de Villiers-sur-Marne et le parc de Cœuilly, ne nous appartenaient pas : l'ennemi en était resté maître, et le mouvement en avant de notre armée était arrêté.

Nos troupes avaient couché sur les positions enlevées à l'ennemi, mais celui-ci en conservait d'autres très-rapprochées de celles que nous occupions. D'autre part, l'armée, qui avait dû bivouaquer, sans allumer ses feux, sur la terre gelée et la neige durcie, avait éprouvé de cruelles souffrances. Enfin, la position même où nous étions placés, à mi-côte sur une hauteur dont l'ennemi occupait le sommet, était des plus dangereuses. La Marne coulait au pied du coteau, et si nous étions obligés à une retraite précipitée, les ponts étaient peu nombreux pour repasser la rivière, où nous courions le risque d'être jetés par l'ennemi.

Le gouverneur sentit très-bien tout ce que cette position avait de côtés périlleux et aventurés : il y redoutait une attaque, et il se préoccupa tout d'abord de faire venir des renforts. Il rappela la division Susbielle et quelques troupes de la troisième armée : « J'envoie les trois ba-

» taillons de l'Hérault, télégraphie-t-il dans la ma-
» tinée, d'urgence par le chemin de fer, dans la
» boucle de la Marne, à la disposition du général
» Favé, pour défendre les batteries de position. »

Les craintes du gouverneur étaient bien fondées : en effet, de tous les côtés on apercevait les renforts ennemis se dirigeant sur le champ de bataille; le pont de Villeneuve-Saint-Georges et la route qui y conduit étaient couverts de troupes et de convois d'artillerie. Il était évident que, par cette accumulation de nouveaux moyens de combat, l'ennemi se préparait à une offensive imminente. Le gouverneur en était lui-même si bien convaincu, qu'à 1 heure 25 minutes il expédiait au commandant de la troisième armée la dépêche suivante :

« Tenez-vous au courant du moment de l'attaque
» à Champigny, et lorsque vous entendrez les pre-
» miers coups de canon, si l'action s'engage,
» faites une forte démonstration sur tout votre
» front. Prévenez Bicêtre, Montrouge et autres. »

Néanmoins, la journée se passa dans le calme et fut employée à relever, de part et d'autre, les morts et les blessés de la veille, qui couvraient en grand nombre le champ de bataille.

Quant à l'ennemi, il n'avait point de motifs pour nous attaquer ce jour-là. Satisfait sans doute d'avoir, malgré son échec partiel de la veille, conservé la plupart de ses positions, il voyait en outre l'armée française arrêtée dans un mouvement offensif qui menaçait même pour elle de devenir dangereux. Il n'avait donc point à se presser, et pouvait à loisir concentrer toutes ses forces en vue de la lutte prochaine, même en dégarnissant les points les moins inquiétés par nous de sa ligne d'investissement. L'ennemi avait devant lui, il l'avait bien compris après le grand effort que nous avions tenté la veille, l'armée la plus forte et la plus solide qu'eût mise jusqu'alors sur pied la défense : il sentait surtout combien il était important pour lui de triompher définitivement de cette énergique attaque, et de tous côtés il s'empressa d'envoyer sur les points menacés toutes les forces dont il pouvait disposer.

2 décembre.

Le 2, l'armée avait voulu conserver la même immobilité, mais l'ennemi l'avait attaquée avec une grande vigueur sur toute sa ligne ; le combat avait été des plus vifs et d'une issue d'abord incertaine. Comme l'avant-veille, le temps était clair et froid, le ciel pur, le soleil brillant. Le même horizon s'éclairait du feu des mêmes batteries, et depuis Avron jusqu'à Charenton, toutes les hauteurs semblaient disparaître au milieu de la fumée des canons. La division Susbielle, qui avait quitté

Créteil, avait rejoint l'armée sur la Marne pour prendre part à ses opérations.

La vive attaque de l'ennemi parut d'abord devoir réussir : il parvint à repousser nos troupes, et il dessinait même déjà un mouvement tournant pour les couper de leurs points de retraite, ainsi que le faisait pressentir une dépêche du ministre de la guerre adressée au chef de la troisième armée :

« Un combat violent semble engagé sur les posi-
» tions en avant de Joinville, et je suis loin d'être
» parfaitement tranquille sur le résultat. Concen-
» trez le plus que vous pourrez vos troupes,
» celles du sud particulièrement, afin de les avoir
» sous la main. »

Le commandant de la troisième armée, qui avait été témoin le 30 novembre des efforts faits par la division Susbielle pour s'emparer de Montmesly, avait pensé que le gouverneur voudrait renouveler une attaque sur cette position. Il lui avait fait offrir, dans ce but, le concours des quatre bataillons de la brigade Blaise, qui pouvaient être momentanément retirés de Moulin-Saquet et facilement dirigés sur un point aussi rapproché. Le gouverneur, qui avait rappelé à lui la division Susbielle dans la matinée du 1ᵉʳ décembre, ne jugea pas nécessaire de recommencer l'opération sur Montmesly; mais il fit venir les bataillons de la brigade Blaise, qui furent dirigés vers le milieu du jour sur la boucle de la Marne.

Quant aux positions de Villejuif, elles avaient été dégarnies, et n'étaient plus alors occupées que par la seule brigade du général Valentin. Mais l'ennemi avait trop à faire ailleurs pour songer à nous inquiéter de ce côté.

Du haut des positions qui se trouvent sur la rive gauche de la Seine, il était facile de suivre les péripéties de la grande bataille engagée et de constater ses chances diverses. A l'approche de la nuit, le feu se ralentit; nos troupes occupaient toujours les mêmes positions, l'attaque si vive dont elles avaient été l'objet avait donc été repoussée.

Le commandant en chef de la troisième armée, qui avait envoyé sur le champ de bataille deux officiers de son état-major pour en suivre les diverses phases et les lui faire connaître, et qui, à la suite des deux combats livrés, en pressentait l'inefficacité, avait conçu un projet qu'il crut de son devoir de faire exposer en détail au gouverneur. Il juge à propos de le mentionner ici, persuadé qu'il est encore aujourd'hui qu'il y avait peut-être dans sa rapide exécution non pas sans doute le moyen de faire lever par l'ennemi le siége de Paris, mais au moins celui de jeter une grande perturbation dans ses lignes d'investissement, et surtout d'exalter, par le succès possible d'une tentative menée hardiment, le moral de l'armée de Paris et des armées de province.

Le soir même du 2 décembre, le chef de la troisième armée se rendit de sa personne au siége du gouvernement de Paris, au palais du Louvre, où il trouva le général Schmidt, chef d'état-major général du gouverneur. Il le chargea de transmettre immédiatement au général Trochu, qui était resté au fort de Nogent, des propositions qui peuvent se résumer en ces termes :

L'offensive, aussi vive qu'imprévue, que l'ennemi venait d'avoir à subir l'avait obligé à concentrer sur le point attaqué toutes les forces qu'il avait pu enlever à ses lignes d'investissement. Les observatoires des forts, et notamment celui de Villejuif, avaient signalé à diverses reprises la force et le nombre des renforts dirigés pendant ces deux jours sur le champ de bataille de Champigny. Le succès obtenu jusqu'alors par nos troupes était demeuré incomplet et indécis; il nous faudrait reprendre la lutte dans des conditions évidemment plus désavantageuses et avec des chances de réussite bien diminuées. N'y aurait-il pas lieu de profiter immédiatement de l'affaiblissement que l'ennemi avait dû donner à ses lignes en les dégarnissant momentanément, pour diriger une attaque aussi rapide qu'inattendue sur l'extrémité du diamètre occupé par lui, c'est-à-dire contre Versailles même, qui était à la fois le lieu de la résidence du roi de Prusse et du comte de Bismarck, ainsi que le siége principal de la direction des opérations militaires? L'occasion semblait tout particulièrement propice et favorable. Le général de Beaufort, qui venait de faire une reconnaissance sur les hauteurs situées à l'ouest du Mont-Valérien, n'avait rencontré qu'un nombre très-restreint d'ennemis. Le moment ne serait-il pas admirablement choisi pour faire repasser la Marne à la deuxième armée, en laissant une seule division sous le canon des forts afin de maintenir ou de tromper l'ennemi, et de diriger alors toutes les troupes disponibles par toutes les voies parallèles, la Seine, les quais, les boulevards, la rue de Rivoli, etc., sur la plus importante position occupée par les Prussiens et qu'ils avaient dû provisoirement dégarnir du plus grand nombre de ses défenseurs? L'ennemi, pour nous poursuivre et nous rejoindre, en admettant qu'il pût se mettre en marche aussitôt que nous, aurait un chemin beaucoup plus considérable à faire, obligé qu'il serait d'aller jusqu'à Villeneuve-Saint-Georges pour y passer la Seine, le gros de ses forces se trouvant en bataille à Villiers-sur-Marne et ne pouvant arriver à Versailles qu'après un détour des plus longs qui devait nous donner sur lui une avance décisive. Quelques heures pouvaient suffire à toute l'armée française pour quitter ses positions, traverser Paris et arriver à Versailles, puisqu'elle suivrait la ligne la plus directe et par conséquent la plus courte. Toutes les chances semblaient donc devoir être pour nous dans une semblable entreprise, qui était certes d'une grande hardiesse, mais que la situation grave dans laquelle nous nous trouvions rendait parfaitement concevable, les décisions suprêmes devant surtout être prises dans les circonstances désespérées.

Le général Schmidt fit aussitôt parvenir cette proposition au gouverneur de Paris par un officier de son état-major qui avait assisté à son entretien avec le chef de la troisième armée. Le général Trochu crut devoir répondre par un refus enveloppé de paroles aimables pour l'auteur du projet, mais qu'il ne jugea pas à propos de mettre à exécution, préférant courir jusqu'au bout les chances de la lutte engagée, qui, hélas! le lendemain même, devaient nous devenir contraires.

3 décembre.

L'ennemi avait certainement beaucoup souffert pendant les journées du 30 novembre et du 2 décembre; il avait éprouvé de grandes pertes lors de son offensive infructueuse du 2, qui avait été pour nous un succès glorieux. En effet, non-seulement nos troupes avaient échappé au grand danger qui par leur position les menaçait d'être jetées dans la Marne, mais encore elles avaient repoussé l'ennemi en faisant preuve de la plus vigoureuse solidité. Cependant l'armée était restée immobile et n'avait pu poursuivre ses avantages. Le froid continuait à sévir avec une cruelle intensité, et nos troupes avaient à supporter de grandes privations. En considérant la situation sous son jour le plus vrai et en la dégageant froidement des exagérations un peu emphatiques des rapports militaires, qui cherchaient à la présenter sous un point de vue évidemment trop favorable, il fallait bien reconnaître que l'armée n'avait pu compléter l'avantage qu'elle avait eu tout d'abord, et qu'enfin elle n'était pas parvenue à s'ouvrir un passage au travers des lignes prussiennes. En outre, nos troupes ne pouvaient persister plus longtemps dans une immobilité qui allait devenir d'heure en heure plus compromettante. La journée de la veille avait démontré suffisamment au gouverneur tous les dangers de la position occupée par l'armée sur la rive gauche de la Marne, et il dut se décider à l'abandonner en faisant repasser la rivière à ses troupes. Cette opération, qui pouvait donner lieu à de graves désordres si l'ennemi l'avait inquiétée, eut lieu sans qu'il parût même s'en apercevoir, trop heureux qu'il était sans doute d'une détermination qui prouvait, hélas! surabondamment l'échec de notre tentative.

Cette retraite, devenue nécessaire, il faut le reconnaître tout d'abord, produisit sur le moral des troupes l'effet le plus décourageant et le plus désastreux. On leur enlevait ainsi, par ces perpétuels mouvements de recul succédant à de grandes luttes où elles avaient montré toute leur ardeur, la confiance qu'elles pouvaient avoir encore dans le succès définitif de la défense. On paralysait en elles l'élan naturel dont elles étaient animées en leur faisant abandonner tout à coup des positions conquises, et en leur montrant l'inutilité d'un effort considérable où elles étaient cependant en droit de croire qu'elles avaient triomphé.

L'armée vint s'installer au plateau de Vincennes, et quelques modifications eurent lieu dans ses divers commandements. Le 1er corps de la deuxième armée fut dissous, et le général Blanchard, qui le commandait, vint prendre dans la troisième armée la direction d'un corps nouveau qui fut formé avec les divisions de Maud'huy, Corréard et Pothuau. Le général de Malroy, dont la division fut supprimée, remplaça le général Soumain dans le commandement de la 1re division de la troisième armée, et le général Favé reçut celui de l'artillerie. Les divisions de Beaufort et de Liniers demeuraient toujours détachées aux positions dominées par le Mont-Valérien, et la division d'Hugues conservait le plateau d'Avron.

L'occupation de cette importante position fut le seul résultat obtenu par les combats des deux jours précédents. C'était une hauteur très-incommode pour l'ennemi, que la menace de notre artillerie obligea à abandonner le pont de Gournay pour se rejeter sur ceux de Chelles. Il fut même forcé d'arrêter à Brou les convois du chemin de fer nécessaires à son ravitaillement et à ses travaux. Enfin la route de Chelles à Villemomble et à Bondy lui était dorénavant interdite, au moins pour ses transports, qu'il dut faire circuler beaucoup plus en arrière.

Les jours suivants, de tristes devoirs furent rendus aux glorieux morts des grands combats que nous venions de livrer : les braves généraux Renault et Ladreit de Charrière eurent des funérailles solennelles et laissèrent des regrets auxquels, en dehors de l'armée, toute la population s'associa. C'est à ce même moment qu'on voulut généraliser, aux avant-postes, l'emploi des bataillons mobilisés de la garde nationale. L'essai ne fut pas des plus heureux. Le 7 décembre, un bataillon, commandé par le trop fameux major Flourens, ayant été envoyé à Créteil, avait été saisi de panique pendant la nuit et avait fui honteusement, sans même avoir été attaqué, abandonnant sans défense le poste qu'il avait reçu mission de garder. Son chef, M. Flourens, qui avait été révoqué à la suite de l'échauffourée du 31 octobre, avait cependant pu reprendre son grade et ses fonctions à l'occasion de cette sortie militaire : mais à la suite de la coupable débandade de ses troupes le gouvernement crut devoir procéder à son arrestation. D'autre part, les rares nouvelles qui nous arrivaient des armées de province n'étaient pas satisfaisantes. L'armée de la Loire avait été battue, et le général de Moltke s'était empressé d'en informer, par lettre, le gouverneur de Paris. Nous n'avions pas été plus heureux dans le Nord et dans l'Ouest; les Prussiens avaient occupé Amiens et Rouen. Ainsi, non-seulement nos efforts sous Paris étaient demeurés infructueux, mais partout aussi en province les troupes dont on nous faisait espérer le secours s'étaient fait battre successivement, permettant ainsi à l'ennemi d'étendre encore davantage le cercle de son envahissement et de ses opérations.

Le 10 décembre, le régiment des mobiles de la Vendée rentra dans Paris avec un effectif bien douloureusement diminué. Sur un chiffre de 3,500 hommes, il en avait perdu plus de 1,000 à la bataille de Champigny : 625 avaient été tués ou blessés; 425 avaient disparu. Il n'avait plus de colonel, ses trois chefs de bataillon étaient tués ou blessés, et il était commandé par un simple capitaine. Ce régiment fut placé, pour sa réorganisation, dans la troisième armée, et M. Madelor lui fut donné pour colonel.

Le 11, on procéda à l'organisation des sorties militaires de la garde nationale : 20 régiments furent formés, avec un effectif qui devait être de 4 bataillons à 500 hommes par régiment, soit 40,000 hommes. On envoya aux avant-postes un certain nombre de ces bataillons pour les habituer au devoir militaire et à la discipline. Il fallut commencer par des exemples de sévérité et de rigueur : on avait déjà réprimé les troupes de Flourens ; on dut de nouveau agir, pour des faits de lâcheté et d'ivrognerie, sur quelques-uns des bataillons plus récemment sortis. Les 147e et 200e furent licenciés, pour s'être enivrés aux avant-postes. Les tranchées de Créteil eurent le triste avantage de recevoir à ce moment les gardes nationaux les moins sobres et les moins soucieux de remplir leurs devoirs, et qui comptaient cependant au nombre des bataillons qui avaient fait le plus de réclamations et de bravades à l'effet d'être conduits à l'ennemi.

Du 2 au 13, les troupes demeurèrent dans l'inaction, occupées à se refaire et à s'abriter contre le froid terrible qui persista jusqu'à cette dernière date. Le 13, le dégel commença, et vint adoucir les souffrances endurées par le soldat. Mais alors les routes furent détrempées et les terrains de campement transformés en une boue noire et liquide au milieu de laquelle l'armée trouva cependant à s'établir, en se félicitant du changement de la température. D'ailleurs ce dégel eut aussi l'avantage de permettre aux troupes d'entreprendre quelques travaux de défense sur le plateau d'Avron, afin de consolider la position de la division d'Hugues, qui y campait. Le plateau était garni de 63 pièces de canon, réparties en plusieurs batteries. Les unes, construites au saillant de l'éperon et sur les pentes nord, faisaient face à Chelles et aux coteaux de Gagny; les autres, établies pour battre le cours de la Marne, regardaient Noisy-le-Grand et les hauteurs situées près de ce village. Enfin, des batteries de mitrailleuses, placées dans un but purement défensif en arrière de la position, devaient la flanquer contre toute attaque de l'infanterie ennemie.

C'est à la bataille de Champigny qu'avaient été faits les premiers essais des pièces de 7 fondues et terminées à Paris et se chargeant par la culasse; elles avaient toutes été mises en batterie à Avron. Cette pièce nouvelle est incontestablement très-bonne au point de vue de la justesse de son tir et de sa portée : elle envoie ses obus jusqu'à 6,500 mètres avec une précision très-satisfaisante. Par malheur, toutes les pièces livrées n'avaient pas également réussi, et un défaut de fabrication auquel il était très-difficile de remédier amenait souvent pendant le combat l'adhérence du culot de cuivre au bouton de culasse mobile. Dans ce cas, la pièce ne peut servir. Il est donc indispensable que chaque pièce soit examinée sérieusement avant d'être soumise à l'épreuve du tir sur un champ de bataille. Les essais de ces pièces se firent sur l'ennemi, à Avron, et sur la rive gauche de la Seine, dans le fort de Montrouge. En résumé, sur quatre cents pièces environ qui furent fondues par l'industrie privée pendant le siége, quarante seulement purent être acceptées : il y eut donc une perte de 90 pour 100. Il est vrai que parmi les pièces refusées, beaucoup, sans être d'un service absolument sûr, pouvaient néanmoins être utilisées ; la Commune nous le prouva depuis en les employant contre nous.

Jusqu'au 20 décembre, les troupes profitèrent du temps de répit qui leur fut donné pour se réorganiser et se reconstituer. On nomma des officiers pour remplir les places vacantes ; les régiments de marche, qui avaient déjà reçu une organisation définitive, furent complétés, et dès lors ces régiments se trouvèrent constitués absolument comme les autres régiments de l'armée [1].

---

[1] Le nombre de ces nouvelles formations était assez considé-

Cependant les jours succèdent aux jours, le temps presse, les événements se précipitent, l'heure des illusions est passée. La population civile ne souffre pas moins que l'armée des privations et du froid : déjà la viande ne lui est plus distribuée qu'en petite et insuffisante quantité; le pain, qui est devenu un mélange de son et de farines de qualité inférieure, est lui-même rationné. Pour comble de maux, il faut faire de longues et interminables stations aux portes des boulangers et des bouchers pour se procurer ces médiocres aliments : des files compactes de pauvres femmes déjà épuisées de fatigue et de besoin s'allongent sur le trottoir de la rue, les pieds dans la neige ou dans la boue, sous la surveillance de gardes nationaux qui doivent empêcher les abus. Aussi la mortalité s'accroît-elle tous les jours dans de douloureuses proportions.

Le 16 décembre, un grand conseil de guerre, auquel est cette fois appelé le chef de la troisième armée, a lieu au grand quartier général. Le gouverneur de Paris expose qu'il a l'intention de tenter une attaque par le Bourget et d'enlever la ligne de défense qui se trouve en arrière, vers Blancmesnil.

---

rable; elles comprenaient trente régiments dont voici les numéros : vingt-trois régiments d'infanterie de marche, numérotés de 105 à 128; six régiments numérotés de 134 à 139; un régiment de zouaves sous le n° 4.

L'exécution de ce projet est d'abord fixée au lundı 19 décembre.

Le retour à une température plus douce nous valut l'arrivée de pigeons porteurs de dépêches de la délégation du gouvernement en province. Elles confirmaient, mais en les atténuant, les nouvelles données par les Prussiens de la prise d'Orléans et de la retraite de l'armée de la Loire, ainsi que de l'occupation d'Amiens et de Rouen, c'est-à-dire de la retraite de l'armée du Nord et des forces du Nord-Ouest; elles assuraient en même temps que ces retraites n'étaient pas des désastres. Ces nouvelles étaient toutefois bien graves et surtout bien défavorables : Paris ne devait plus compter que sur lui-même pour assurer sa délivrance; l'espoir d'être secouru par les armées du dehors était désormais chimérique.

D'ailleurs, cette situation ne devait en rien modifier l'action de la défense : le devoir de chacun restait le même. Une ville assiégée est tenue de résister jusqu'au dernier jour, et quand elle n'a à subir qu'un blocus comme celui qui enserrait alors Paris, elle doit, après avoir tout tenté pour sa délivrance, n'ouvrir ses portes à l'ennemi que lorsqu'elle a épuisé ses dernières ressources.

Le dimanche 18 décembre, le chef de la troisième armée fut de nouveau appelé chez le gouverneur, qui le chargea de faire une diversion dans la direction d'Avron pour appuyer la droite de la deuxième armée, qui devait agir sur le Bourget. Il le laissait libre d'opérer comme il l'entendrait. Les forces mises à sa disposition se composaient de bataillons de ligne, de gardes mobiles et de nombreuses troupes de garde nationale dont les divers régiments devaient servir de réserve, et au besoin prendre part à l'action.

CHAPITRE QUATRIÈME.

MOUVEMENTS SUR AVRON.

Un ordre détaillé [1] donne l'indication des divers mouvements de la troisième armée; les principales dispositions sont les suivantes :

Les troupes employées sont :

1° La division d'Hugues, forte d'à peu près 10,000 hommes, établie sur le plateau d'Avron, où elle garde environ 60 pièces de canon;

2° La brigade Blaise, composée de quatre bataillons des 111ᵉ et 112ᵉ de marche, tirés de Moulin-Saquet, et forte d'environ 3,500 hommes;

3° Trente-huit bataillons de garde nationale à Rosny, au château de Montreau, Neuilly-sous-Bois, Fontenay-sous-Bois et Nogent. Ces bataillons devraient représenter une force de 19 à 20,000 hommes, si leur effectif était au complet; mais il était bien loin de l'être.

A droite se trouvait la position de Poulangis, à gauche celle de Noisy : le front s'étendait de la route de Montreuil aux bords de la Marne, à Nogent, sur une ligne d'environ huit mille mètres

Le général Blanchard, commandant le corps

---

[1] Voir aux Appendices.

de la rive gauche, devait garder une attitude purement défensive.

Dans une nouvelle instruction [1] arrivée le 20 décembre, le gouverneur précisait davantage le but de ses opérations, que l'artillerie du plateau d'Avron devait flanquer à grande distance : « Je » considère que n'ayant pas ou n'ayant que très-» peu d'artillerie de campagne, votre action » offensive doit être conduite avec beaucoup de » mesure... Telle qu'elle sera, elle aura une im-» portance de premier ordre... L'ennemi craindra » d'être tourné par Gournay, Chelles, pendant » que la deuxième armée cheminera en avant » dans la plaine en s'échelonnant par la droite » après l'occupation du Bourget. Pendant que vous » menacerez Neuilly-sur-Marne, Ville-Évrard, » Gagny (il est possible que vous occupiez Maison-» Blanche et Ville-Évrard), l'amiral Saisset me-» nacera le plateau du Raincy par-devant, alors » que votre marche le menacera par derrière.

» Me confiant entièrement à vous pour le choix » et l'exécution des dispositions qui assureront le » mieux la réussite des vues générales que je vous » expose ici, je vous renouvelle... »

Conformément aux dispositions indiquées, le chef de la troisième armée transporta son quartier général au fort de Rosny le lundi 19 décembre.

[1] Voir aux Appendices.

Mais la deuxième armée resta immobile, ce qui annonçait que la grande opération projetée était encore une fois ajournée. En effet, son exécution fut remise au 21 décembre. Le dégel, qui avait commencé le 13, continuait, et les terres étaient profondément détrempées. Les journées des 19 et 20 décembre furent employées à combiner les mouvements du lendemain, et à étudier les conditions et les moyens de défense du plateau d'Avron.

Tout d'abord, le chef de la troisième armée dut constater que l'exécution des travaux ordonnés sur le plateau pour le fortifier avait été conduite avec une bien regrettable lenteur. La gelée persistante et la nature même du terrain avaient retardé la mise en œuvre des grands terrassements nécessaires. Sur tout le sommet du plateau, la couche de terre supérieure est très-mince, et immédiatement au-dessous se trouve un banc de pierre dont les assises superposées entravent absolument l'action de la pioche. Sur les flancs de la position, le terrain est plus maniable et plus profond; il en est de même sur les derrières. Mais les épaulements des batteries étaient loin d'être terminés, et les tranchées qui devaient les relier entre elles étaient tout au plus ébauchées. On avait à peine commencé le réduit qui devait permettre de se retirer en cas d'attaque trop vive, et il n'était pas d'un relief suffisant pour offrir un appui efficace; c'est même de ce côté que les épaulements de batterie étaient les plus faibles.

Le retard apporté à l'exécution de ces travaux provenait surtout de ce qu'ils avaient été confiés à des ouvriers civils qui, payés à la journée, travaillaient très-peu, pour faire durer plus longtemps leur tâche et pour en tirer par conséquent le plus de bénéfice possible. En outre, leur présence et leur contact avec la troupe étaient d'un exemple déplorable; ils l'excitaient beaucoup par leurs propos et leurs critiques, et ne pouvaient qu'exercer sur elle une influence des plus contraires à la discipline.

Au moment de l'occupation d'Avron, le sommet du plateau était boisé, et les taillis dérobaient à la vue de l'ennemi tous les mouvements de troupe qui pourraient s'y opérer. Il eût été d'une grande importance de conserver ces bois dans leur intégrité. Mais les grands froids étaient survenus; les troupes n'avaient pas eu la prudence de résister à se servir du combustible qu'elles avaient ainsi sous la main, et le déboisement avait marché avec une rapidité fatale. Il était alors presque terminé. Enfin on allait construire des baraquements en planches sur le plateau dénudé, et le lieu choisi pour leur établissement était précisément le saillant le plus avancé et celui qui devait être le plus exposé aux feux croisés de l'artillerie ennemie, en cas d'attaque. La première mesure à prendre consistait donc à activer les travaux défensifs. Un croquis joint à ce rapport indique à peu près la forme de ces ouvrages.

Au saillant du plateau qui domine Chelles se trouvait une sorte de redan disposé en batterie, avec des plates-formes. Cette batterie était armée de pièces de 12, mais avec des parapets très-faibles et dont l'épaisseur ne dépassait pas 1 mètre 20 centimètres. En arrière, et dirigée obliquement par un tracé assez bizarre, se trouvait une batterie plus sérieuse : armée de canons de 30 de la marine et servie par ses artilleurs, elle pouvait tirer depuis Noisy-le-Grand jusqu'à Chelles; ses parapets étaient d'une épaisseur convenable, et ses magasins à poudre en bonne voie d'achèvement. Plus en arrière, se trouvait une batterie armée de canons de 12, et qui pouvait porter au delà de Ville-Évrard. Enfin, tout à fait à l'extrémité du plateau, au-dessus de Neuilly-sur-Marne, des épaulements de campagne étaient ébauchés et pouvaient servir à placer des pièces de 7; les pièces elles-mêmes étaient habituellement dans une autre batterie établie vers les pentes nord du plateau.

Les défenses de la partie nord, au-dessus de Gagny, se composaient principalement d'une batterie de 12 et d'une autre de mitrailleuses. Ces dernières étaient disposées de manière à surveiller les flancs d'un ravin dont les pentes pouvaient permettre à l'infanterie ennemie de s'approcher à couvert et plus impunément. Après avoir passé un groupe de maisons crénelées, on trouvait deux batteries armées de canons de 24 court, défendant les abords du plateau contre une attaque pouvant être tentée par Villemomble et le Raincy. Enfin, les flancs étaient protégés par une batterie armée de pièces de 7 et une autre de mitrailleuses; elles avaient vue sur la direction de Livry, et balayaient les pentes qui s'étendent depuis le village de Rosny-sous-Bois jusqu'au chemin de fer de Strasbourg.

L'ensemble des moyens d'artillerie mis en action sur le plateau d'Avron était, comme on le voit, considérable : il s'élevait au chiffre imposant de 43 pièces de position [1].

Une partie des pièces de 7 qui armaient le plateau, lors de la bataille du 2 décembre, venait d'en être retirée. A cette date, il y avait trois bat-

Canons de marine de 30. . . .	6 pièces.
Canons de 24 court.	6 —
2 batteries de 7.	12 —
2 batteries de 12.	12 —
Mitrailleuses	6 —
1 mitrailleuse à main.	1 —
Total.	43 pièces.

teries de canons de 7 de plus : mais le gouverneur ayant pensé que cette artillerie pourrait être plus efficacement utilisée sur le point où devait s'engager le principal combat, avait décidé qu'elle suivrait le mouvement de la deuxième armée.

L'artillerie restée sur le plateau était placée sous les ordres du colonel Stoffel et devait concourir d'une manière toute particulière aux efforts du lendemain. Les ordres donnés à ce sujet par le gouverneur, et dont le chef de la troisième armée fut invité à prendre connaissance, étaient les suivants [1] :

« L'artillerie à longue portée du plateau précé-
» dera de son tir la marche des colonnes de la
» deuxième armée et flanquera leur droite. Dès
» que la vivacité du combat pourra faire supposer
» que des réserves considérables sont abritées dans
» la forêt de Bondy, un feu très-vif devra être dirigé
» contre elles et les suivre dans le val de Livry
» jusqu'à ce village, que les projectiles de longue
» portée pourront atteindre. Enfin, si des co-
» lonnes ennemies se présentaient pour déboucher
» de la forêt de Bondy dans la direction d'Aulnay-
» lez-Bondy, le feu doit être dirigé sur elles et les
» arrêter. »

Tel était le rôle réservé à l'artillerie d'Avron

[1] Dépêche du 20 décembre. Voir aux Appendices.

pendant le combat du lendemain. Elle devait, presque tout entière, appuyer le mouvement de la deuxième armée de telle sorte qu'un petit nombre de pièces seulement pourrait être employé du côté de la Marne. Cependant, trois batteries de campagne avaient été détachées de la réserve de Paris et données à la troisième armée : elles se composaient de deux batteries de 4 et d'une batterie de mitrailleuses, et furent placées sous les ordres du général Favé. Leur départ provoqua toutefois des réclamations et même des explications difficiles de la part du général Guiod, qui commandait l'artillerie de la deuxième armée[1]. Il lui fallut néanmoins passer outre, et la 20e batterie du 4e régiment qui était au jardin des Tuileries, ainsi que sa 16e batterie qui se trouvait à l'école de dressage de Montrouge, furent envoyées, sur l'ordre exprès du gouverneur, au chef de la troisième armée, après lui avoir été d'abord refusées. Ces batteries furent établies au bivouac, près du château de Montreau. La brigade Blaise arriva aussi à ce moment et dressa ses tentes sur les glacis et dans l'ouvrage avancé du fort de Rosny.

Toute cette journée fut remplie par le mouvement de flanc opéré par la deuxième armée, qui se dirigeait de ses positions de Vincennes sur le

[1] Voir aux Appendices.

lieu du combat. Les colonnes suivirent la route de ceinture en passant par Neuilly-Plaisance et Rosny-sous-Bois, pour marcher vers Drancy; d'autres avaient pris la route stratégique pour se porter sur Romainville; enfin, d'autres encore gagnaient Aubervilliers en traversant Montreuil.

Le gouverneur établit son quartier général au fort d'Aubervilliers. Tous ces grands mouvements de troupe avaient le désavantage de se faire en plein jour, au vu et su de l'ennemi, qui ne fit rien pour les contrarier, mais qui dut, sans aucun doute, se préparer, lui aussi, à repousser l'attaque dont il était ainsi prévenu. Quant à nous, nous ne pouvions voir ce qui se passait chez lui, derrière les hauteurs qui le dérobaient à notre inspection et masquaient complétement les travaux des Prussiens non moins que leurs préparatifs de défense.

En présence des ordres donnés pour le mouvement général de la deuxième armée et des instructions qu'avait reçues l'artillerie du plateau d'Avron, et en vertu desquelles son attention allait être détournée de la vallée de la Marne, le chef de la troisième armée, après avoir étudié en détail les abords du plateau ainsi que la position de l'ennemi, crut devoir demander au gouverneur d'apporter une modification aux ordres qui le concernaient plus spécialement.

En effet, les colonnes qui s'avanceraient par la

vallée allaient être exposées à un feu d'artillerie qui rendrait leur position très-difficile. L'artillerie ennemie avait établi des épaulements autour de Noisy-le-Grand et sur le coteau de la Marne : ses batteries, armées de canons de campagne, prendraient en flanc les colonnes, qui se trouveraient également arrêtées de front par d'autres batteries établies sur le mamelon de Chelles. On pouvait compter sur ce point quatorze embrasures, et leur distance d'Avron était tout au plus de 4,500 mètres : donc, dès qu'on aurait marché pendant environ 1,000 mètres, on entrerait dans le rayon d'action favorable même à l'artillerie de campagne. Le flanc gauche se trouverait ainsi exposé aux attaques de cette artillerie placée dans une position dominante et pouvant descendre avec l'infanterie qui l'appuierait dans les conditions les meilleures pour repousser une colonne. Toutes ces considérations firent redouter au chef de la troisième armée d'engager ses troupes dans cette sorte de couloir dominé et enfilé de toutes parts. Se référant aux instructions du gouverneur qui lui prescrivait « de menacer le plateau du Raincy » par derrière » et qui « se confiait à lui pour le » choix et l'exécution des dispositions qui assure- » raient le mieux la réussite », le commandant de la troisième armée voulut agir d'une manière plus efficace et se porter directement sur le Raincy, en deux colonnes, l'une qui prendrait par Gagny et l'autre par Villemomble. De cette manière, on pouvait utiliser l'action de toute la portée de l'artillerie établie sur les pentes nord et nord-est du plateau ; on était en outre soutenu par l'artillerie à longue portée du fort de Rosny, et on défiait ainsi toute attaque de flanc que chercherait à tenter l'ennemi. Enfin, si peu que l'on pût prendre pied sur le plateau du Raincy, on y menacerait les Prussiens, car cette position élevée rend maître de la vallée de la Marne. L'attaque en serait certainement difficile et sanglante, mais la possession d'un point si important méritait les efforts les plus vigoureux et pouvait avoir une grande influence sur le succès des opérations entreprises. Le chef de la troisième armée prit donc ses dispositions en conséquence : il donna aussitôt ses instructions au général de Malroy, qui était venu le rejoindre avec la brigade d'Argentolle, formée de gendarmerie d'élite. Cette brigade passerait à gauche, par Villemomble, tandis que la brigade Blaise prendrait la droite par Gagny, et que la brigade Salmon demeurerait en réserve. Le général d'Hugues resterait de sa personne au plateau d'Avron avec une brigade pour garder cette importante position et assurer la retraite en cas de besoin.

Toutefois, ces dispositions ne pouvaient être

mises à exécution qu'avec l'assentiment du gouverneur : la dépêche suivante lui fut donc adressée en chiffres, le 20 décembre, à neuf heures du soir :

« Je compte attaquer les hauteurs du Raincy
» en les prenant à revers par Gagny, pour battre
» avec mon artillerie le val de Livry. Je me tien-
» drai sur la hauteur le plus longtemps possible
» pour protéger le mouvement de la deuxième
» armée. »

Deux heures après (11 h. 40 m.), le gouverneur répondait en interdisant formellement tout mouvement sur le Raincy : « Vous ne pouvez pas,
» quant à présent, prendre le Raincy pour objec-
» tif. Je crois l'entreprise possible, mais elle por-
» terait le plus grand trouble dans l'opération prin-
» cipale, et nos troupes y seraient assommées par
» notre artillerie de position, dont tous les feux
» convergent sur la forêt de Bondy. »

Le chef de la troisième armée n'avait point à discuter la valeur de ces objections ; il dut d'abord obéir et contremander les dispositions prises pour se porter sur les hauteurs du Raincy et les remplacer par de nouvelles, conformément à l'ordre suivant :

« Je répète que votre premier objectif est Ville-
» Évrard et Maison-Blanche... Vous verrez si vous
» pouvez aller jusqu'au pont de Gournay et détruire

» le pont. Ce serait d'une immense importance [1]. »

Enfin, les instructions données à Avron étaient renouvelées de la manière suivante : « Il faut
» avertir Avron de cette entreprise possible et
» l'inviter à vous aider quand vous avancerez et
» quand vous prononcerez votre retraite... Défen-
» dez expressément au colonel Stoffel de tirer sans
» but dès le matin : cela révélerait la puissance de
» son artillerie : il ne tirera que successivement,
» au fur et à mesure que l'ennemi démasquera ses
» batteries ou montrera ses groupes. »

L'heure fixée pour la journée du lendemain était huit heures du matin : « Nous serons en ligne
» probablement à partir de huit heures. »

---

[1] Ce pont avait été détruit par la mine avant le siége ; il n'y avait donc pas lieu de le détruire de nouveau.

CHAPITRE CINQUIÈME.

COMBATS DE VILLE-ÉVRARD ET DE MAISON-BLANCHE.

21 décembre.

Ce jour destiné à une seconde grande bataille se lève enfin : le temps est doux et tiède, le ciel est brumeux et les terres sont détrempées par le dégel qui dure encore. La deuxième armée devait attaquer le Bourget et, prenant ce village comme pivot, tourner, par Aulnay-lez-Bondy, les positions adverses fortifiées de Blanc-Mesnil et de Pont-Iblon. Dès les premières lueurs du jour, le mouvement commença à se dessiner, et bientôt des nuages de fumée qui s'élevaient de tous les points de l'horizon annoncèrent que la bataille était commencée.

De leur côté, les troupes de la troisième armée se mirent en marche pour opérer les diversions dont elles avaient été chargées sur Ville-Évrard et Maison-Blanche. La brigade Blaise, formant avant-garde, passa par Neuilly-sur-Marne, se portant sur le village de Ville-Évrard, pendant qu'à sa gauche la brigade Salmon se dirigeait sur Maison-Blanche. Dès que ces positions seraient enlevées, la brigade d'Argentolle s'avancerait pour soutenir le mouvement et occuperait Neuilly-sur-Marne. Enfin la garde nationale mobilisée aurait également un rôle dans l'opération : une partie de ses bataillons viendrait remplacer la brigade Salmon sur le plateau d'Avron, tandis que l'autre occuperait Neuilly et Plaisance; quelques autres bataillons devaient servir en outre à relier Neuilly-sur-Marne avec Fontenay. La division de cavalerie du général Bertin de Vaux, placée en réserve appuierait au besoin la marche offensive.

Le mouvement se prononça d'abord avec lenteur : des troupes de la brigade Salmon n'ayant pas suivi exactement l'itinéraire qui leur avait été indiqué, il fallut faire arrêter cette brigade pour les attendre. Pendant ce retard, la brigade Blaise était déjà entrée en action : elle s'était emparée sans coup férir du village de Neuilly-sur-Marne qui n'était pas défendu, mais elle avait été reçue par une fusillade très-vive à Ville-Évrard. Le général Favé fit aussitôt avancer des pièces destinées à obliger l'ennemi à évacuer les premières maisons du village. De leur côté, les Prussiens amenèrent deux batteries d'artillerie qui prirent position derrière des épaulements placés entre Noisy-le-Grand et Villiers : elles ouvrirent immédiatement leur feu sur Avron dont les batteries ripostèrent vigoureusement. Le tir de l'ennemi était court : ses obus venaient tomber au bas du coteau où ils s'enterraient dans le sol fortement détrempé; mais peu à peu la portée en fut rectifiée, lentement d'abord, mais sûrement, si bien qu'après une soixantaine de coups sans grand effet, un obus finit par arriver en plein sur le plateau, au milieu d'une batterie de marine où plusieurs artilleurs furent blessés. A cette vue, les ouvriers civils dont nous avons parlé plus haut, et qu'aucune injonction n'avait pu empêcher de quitter leur travail pour regarder la bataille, considérant que la position devenait dangereuse, prirent bien vite leurs outils et s'enfuirent en désordre.

C'est à ce moment que parut la brigade Salmon défilant dans la plaine. L'ennemi dirigea aussitôt sur cette colonne serrée en masse un feu très-violent, mais il ne put arrêter son mouvement. Une nouvelle batterie de huit pièces, placée au milieu d'une pelouse en avant d'un château, à Noisy-le-Grand, se démasqua alors et tira avec une grande vivacité sur la colonne, sans cependant interrompre sa marche. Elle souffrait d'ailleurs moins qu'on n'aurait pu le croire de ce feu précipité : beaucoup d'obus, tombant sur la terre humide, n'éclataient pas; en outre, le but étant mobile, le tir était par cela même forcément moins juste, et les pertes éprouvées par les nôtres étaient en somme peu considérables.

Pendant ce temps, l'attaque sur Ville-Évrard avait réussi. Ce village, où se trouvait un grand établissement pour aliénés encore inachevé, était séparé de Neuilly-sur-Marne par un ruisseau dont la partie inférieure avait débordé; les tirailleurs furent donc obligés de passer à gauche de la route. Au moment même où ils parvenaient au ruisseau, l'ennemi quittait la Ville-Évrard, fuyant précipitamment dans la direction de Chelles. Le poste qui occupait le village appartenait au 8e régiment de Saxe (107e de la Confédération du Nord), ainsi que nous pûmes le constater par les prisonniers restés entre nos mains. Des journaux officiels allemands, qui furent trouvés sur eux, avouaient que ce régiment avait subi de grandes pertes à la bataille du 2 décembre : le soir de cette journée, cinq officiers seulement étaient demeurés debout. La division ennemie que nous combattions était commandée par le général Rudenberg.

D'autre part, la brigade Salmon avait enfin atteint la Maison-Blanche : là aussi l'ennemi avait fui, nous abandonnant de nombreux outils qui lui servaient, à ce moment même, à abattre le mur du parc qui fait face à Chelles. Ainsi le mouvement avait réussi sur toute la ligne, et avant midi le but prescrit par le gouverneur se trouvait complétement atteint.

L'artillerie ennemie, voyant que son infanterie

se retirait tandis que la nôtre continuait d'avancer, se replia également : elle abandonna les épaulements situés entre Noisy-le-Grand et Villiers, ainsi que ceux de Noisy-le-Grand, et vint prendre position dans d'autres batteries en arrière de ce village, dans la direction de Chelles. Le plateau d'Avron ne cessa de les combattre avec une activité et une ardeur que leur retraite ne fit qu'exciter. Mais la portée de nos pièces de 12 commençant à devenir insuffisante à mesure que le tir de l'ennemi s'éloignait, une batterie de canons de 7, quittant l'autre côté du plateau, vint renforcer la position et entretenir le combat.

Des mesures furent aussitôt prises pour conserver ces avantages. L'artillerie du général Favé, qui avait pu éviter le feu de flanc de l'ennemi en prenant pour abri les maisons de Neuilly-sur-Marne, s'avança, passa le ruisseau et parvint à l'extrémité du village. Des mitrailleuses précipitent alors leurs décharges sur l'artillerie ennemie, qui se retire, et sur les tirailleurs de son infanterie, qui se replient également sur la rive gauche de la Marne. Le feu persistait en cet endroit avec une grande vivacité, et le plateau d'Avron ne pouvait plus le soutenir que par six pièces de marine placées près du saillant et par les canons de 7. C'est alors l'artillerie de campagne qui doit supporter l'attaque et qui souffre le plus dans ce duel d'artillerie : il est quatre heures du soir; le général Favé qui la commande est frappé d'un éclat d'obus à la cuisse et transporté loin du champ de bataille. Le général de Malroy prend position avec la brigade d'Argentolle à Neuilly-sur-Marne; plusieurs bataillons de garde nationale suivent ce mouvement et s'arrêtent dans les dernières maisons du village, où ils allument de grands feux. Mais l'ennemi leur envoie aussitôt quelques obus, qui les obligent à se disperser.

Le général en chef prit alors ses dispositions pour la nuit : la brigade Salmon reçut l'ordre de se replier sur Avron, après avoir laissé une grand'garde dans le parc de la Maison-Blanche; une autre demeurerait, pour servir de réserve, dans un cimetière qui se trouve à moitié chemin entre le plateau et Neuilly-sur-Marne. Les généraux Blaise et de Malroy insistèrent pour conserver Ville-Évrard, faisant observer que cette position était garantie par l'artillerie du plateau d'Avron, supérieure à celle de l'ennemi, et par le débordement de la Marne. Les troupes s'étaient engagées le matin avec un peu d'indécision; mais la valeur de leurs officiers et le succès obtenu au début de l'attaque les avaient encouragées : il fallait donc laisser entre leurs mains un gage matériel de l'avantage remporté. Enfin le temps commençait à se refroidir, la gelée menaçait de reprendre, et il y avait-là des maisons pour se mettre à l'abri et de la paille pour se coucher. Cédant à ces considérations et au désir exprimé par les deux généraux, le chef de la troisième armée autorisa la brigade Blaise à camper à Ville-Évrard, mais en lui recommandant une grande vigilance. L'artillerie se retira et vint prendre position à Neuilly-sur-Marne, sous la protection de la brigade d'Argentolle. Un bureau télégraphique volant fut établi pour relier Neuilly-sur-Marne avec le plateau d'Avron. Mais il importait avant tout de savoir ce qui s'était passé sur le lieu de l'action principale.

Les indices recueillis par les observateurs du plateau d'Avron ne paraissaient pas favorables. Pendant toute la journée, on avait entendu de part et d'autre une très-vive canonnade; mais on apercevait la fumée de l'artillerie toujours au même point, ce qui prouvait que nos troupes n'avaient pas avancé. Une dépêche du gouverneur, datée du 21 décembre, 11 heures 35 minutes du soir, nous faisait connaître en quelques mots le triste résultat de la journée :

« ... J'ai à me réjouir de votre occupation de
» Neuilly, Ville-Évrard et Maison-Blanche. De
» notre côté, celle de Groslay, Drancy et berge
» du chemin de fer en avant avait bien inauguré
» la journée. L'insuccès de l'attaque sur le Bour-
» get, amené par un concours de circonstances

» imprévues, a privé notre ligne de bataille de
» son point d'appui de gauche et de son pivot, et
» paralysé notre action. Notre engagement a été
» comme le vôtre un engagement de canon, et nos
» pertes sans importance; mais celles du corps
» d'armée de Saint-Denis à l'attaque du Bourget
» ont été sérieuses. »

La fin de cette dépêche contenait les instructions suivantes :

« Vous ne continuerez pas l'occupation des
» points dominés où sont vos avant-gardes; de-
» main matin vous ferez retraiter vos troupes et
» attendrez mes ordres. »

Au moment où cette dépêche arrivait, les bataillons restés à Ville-Évrard avaient à supporter une attaque d'une inquiétante gravité. C'est à sept heures du soir environ que se produisit cet incident, dont les diverses phases échappèrent d'abord à une appréciation raisonnée, l'obscurité de la nuit n'ayant pas permis de s'en rendre sur-le-champ un compte bien exact. Toutefois, dès le début, l'affaire parut avoir une certaine importance, car, à 7 heures 15 minutes, le général de Malroy, qui se trouvait à Neuilly-sur-Marne, nous faisait déjà connaître « qu'il craignait d'être obligé
» de se replier. »

Il faut lire aux pièces justificatives de ce volume la suite des dépêches exposant les péripéties successives de ce combat de nuit, pour mieux comprendre toute sa gravité apparente. Le général Blaise, dont les troupes furent attaquées à la fois de front et par derrière, chercha à les réunir autour de lui; à ce moment, il fut tué d'une balle dans la poitrine. Le lieutenant-colonel Rogé, du 112e, lui succéda dans son commandement : il tenta de se dégager et de sortir de Ville-Évrard pour se replier sur Neuilly-sur-Marne. Il réussit à passer avec quelques-uns de ses soldats; mais la plus grande partie de ses troupes, n'ayant pas reçu d'ordre, demeura dans le village en continuant à se défendre. Des actes de défaillance se produisirent alors parmi ces troupes, qu'une surprise aussi imprévue, survenant au milieu d'une nuit profonde, dans un lieu inconnu et à la suite d'une journée fatigante et pénible, avait profondément impressionnées. Quelques officiers même, cédant à une inspiration dont ils ont eu depuis à répondre devant un conseil de guerre, regagnèrent à minuit le fort de Rosny, et apportèrent au quartier général les nouvelles les plus alarmantes et heureusement les plus exagérées. Ce n'est qu'au jour qu'il fut possible de bien apprécier les événements de la nuit, dont les détails et les causes nous furent mieux indiqués par les récits de prisonniers restés entre nos mains.

Mécontent du résultat de la journée, l'ennemi

avait résolu de reprendre le soir même Ville-
Évrard. Aussitôt que la nuit fut arrivée, un fort
détachement se forma dans la tranchée du chemin de fer, en avant de Chelles, et se disposa à
prendre l'offensive. La tête de colonne, composée
du 13e bataillon de chasseurs saxons, fut partagée
en deux parties : l'une, chargée d'attaquer de front
les premières maisons situées sur la route de
Chelles ; l'autre, d'exécuter un grand mouvement
tournant, en passant entre Maison-Blanche et
Ville-Évrard, pour assaillir les dernières maisons
dans la direction de Neuilly-sur-Marne, afin de
couper la retraite à nos troupes enfermées dans
ce double cercle.

L'attaque de la première colonne eut lieu au
moment où nos troupes, se reposant des fatigues
de la journée, préparaient leur repas du soir.
Elles étaient alors dispersées de tous côtés, comptant bien que la nuit allait se passer sans alerte.
Le trouble qu'elles éprouvèrent fut d'autant plus
grand ; toutefois les hommes coururent aux armes,
et profitant des murs crénelés qui s'y trouvaient
en grand nombre, ils repoussèrent d'abord l'ennemi du village par une fusillade des plus vives.
Les prisonniers nous apprirent dans la suite
que les premières troupes de la colonne saxonne
avaient dû se replier, parce que les subdivisions
de la queue, trompées par l'obscurité, avaient tiré

sur celles de la tête. Ce fait n'avait rien d'extraordinaire; tout est possible dans une attaque nocturne : mais quelle que soit la cause à laquelle était dû son échec, il était certain que l'attaque de front n'avait point réussi.

Malheureusement, le mouvement tournant fut exécuté avec plus de succès : il était moins prévu par nous, peut-être aussi mieux dirigé; il put se compléter tout à fait, et les dernières maisons du village tombèrent entre les mains de l'ennemi. La retraite des bataillons de la brigade Blaise semblait donc coupée. Enfin, une circonstance particulière fit croire un moment que les Allemands avaient pénétré jusqu'au milieu même du village. L'établissement hospitalier, en cours de construction, et dont nous avons déjà parlé, possédait d'énormes caves que l'arrivée de la nuit n'avait pas permis de fouiller entièrement. Un certain nombre de fuyards ennemis, une cinquantaine peut-être, s'y étaient réfugiés au moment où nous avions pris Ville-Évrard, et n'avaient pas été découverts. Entendant le combat qui se livrait au-dessus de leurs têtes, ils sortirent de leur cachette, espérant s'évader, et apparurent tout à coup comme si quelque conduit souterrain leur eût donné issue.

Ainsi, à dix heures du soir, la situation était compromise : Ville-Évrard était coupé de Neuilly-sur-Marne par une colonne restée maîtresse des dernières maisons, et on entendait même à ce moment une fusillade très-nourrie en avant du village et jusque dans ses rues. La nature du combat, l'heure où il se livrait, l'obscurité profonde au milieu de laquelle il fallait se battre et sans pouvoir distinguer ni compter ses adversaires, tout ce concours de circonstances contraires devait jeter du trouble parmi les nôtres : les officiers dirigèrent aussi bien que possible la défense, et malgré quelques faiblesses, jusqu'à un certain point compréhensibles pendant une telle alerte, la lutte continua, assez vigoureusement soutenue, durant toute la première partie de la nuit.

Cependant, le général en chef avait apprécié à sa juste valeur l'importance de l'incident survenu. Il était évident que la position de Ville-Évrard et à plus forte raison celle de Neuilly-sur-Marne étaient mauvaises pour les Prussiens, qui pourraient en être facilement chassés le lendemain s'ils étaient peu nombreux, et seraient écrasés dans tous les cas par l'artillerie croisée d'Avron et de Nogent s'ils étaient en forces trop considérables pour que nos troupes pussent les en déloger. Cette attaque de nuit ne devait pas avoir de suites bien graves, puisque, tant que nous possédions le plateau d'Avron, l'ennemi ne pouvait songer à tenir dans la vallée. Il ne fallait donc pas s'inquiéter inconsidérément ni prendre des mesures trop précipitées. Envoyer des renforts serait un moyen sûr d'accroître la confusion déjà trop grande sur le point attaqué : on risquerait d'exposer d'ailleurs les nouveaux arrivants à se tirailler dans l'obscurité avec leurs propres camarades : le seul ordre que la situation conseillait de donner aux troupes était donc de garder leurs positions respectives, de demeurer autant que possible immobiles, sans chercher à avancer ni à reculer, se défendant si elles étaient attaquées, mais attendant le jour pour se reconnaître, rétablir l'ordre et agir encore s'il était nécessaire. Telles furent les instructions que le chef de la troisième armée expédia aussitôt au général de Malroy.

Quand elles lui parvinrent, l'attaque venait de cesser. La colonne prussienne qui avait pénétré dans les dernières maisons du village et exécuté le mouvement tournant qui nous avait menacés s'aperçut bientôt, à la cessation de la fusillade, que la principale attaque faite de front avait échoué. Se sentant dès lors très-compromise, et voyant qu'au lieu de tourner nos troupes elle pouvait craindre elle-même d'être à son tour coupée de sa retraite, elle crut prudent de se retirer au plus vite avant l'arrivée du jour. Elle dut toutefois, pour opérer ce mouvement, défiler sous le feu de nos tirailleurs abrités derrière les murs crénelés du parc de Ville-Évrard, et elle laissa sur sa route beaucoup de morts et de blessés.

Cependant il n'était pas possible de se rendre compte immédiatement ni surtout exactement du fait qui venait de se passer et dont l'obscurité de la nuit nous avait dérobé les détails. Nos troupes campées à Neuilly-sur-Marne demeurèrent donc jusqu'au jour sur un qui-vive permanent et dans une situation inquiète que le général de Malroy crut devoir exposer dans deux dépêches successives [1]. La première, datée de minuit, indiquait les mesures défensives ordonnées pour protéger Neuilly-sur-Marne ; la seconde, postérieure d'une heure et demie, faisait connaître les dispositions prises pour porter secours dès le matin aux bataillons de la brigade Blaise : « Au jour je porterai » à Ville-Évrard deux bataillons de gendarmerie » et j'en conserverai un pour garder la retraite » dans Neuilly. »

Cette dernière dépêche, qui démontrait que la situation s'était bien améliorée, fut apportée par M. Fould, commandant d'un corps franc à cheval, accompagné d'un officier de mobiles, M. Hallez-d'Arros. Nous ne saurions trop louer, à ce propos, le sang-froid et l'énergie dont firent preuve ces deux officiers. Ils nous apprirent que la fusillade avait cessé, et nous pûmes espérer que la nuit

---

[1] Voir aux Appendices.

s'achèverait tranquillement sans nouvelle alerte. D'ailleurs le général en chef persista dans son opinion qu'il était impossible que des troupes soutenues d'aussi près par le plateau d'Avron et les forts pussent être sérieusement compromises, et il ne voulut pas qu'un seul renfort leur fût envoyé avant le lever du jour. En revanche, il décida qu'au matin un effort des plus sérieux serait tenté pour dégager définitivement les troupes qui se trouvaient à Ville-Évrard. Le général de Malroy n'ayant pas jugé suffisantes les forces qu'il avait sous la main, la brigade Salmon descendrait, comme la veille, du plateau d'Avron et ferait une démonstration soit sur Ville-Évrard, en tournant ce village par la gauche de manière à couper la retraite des troupes prussiennes qui s'y trouveraient encore, soit sur la Maison-Blanche si le premier village pouvait se défendre seul. Sous cette protection, le général de Malroy ferait sa retraite en bon ordre, dès qu'il aurait rallié tout son monde et évacué Ville-Évrard selon les ordres donnés par le gouverneur.

22 décembre.

Les instructions du général en chef furent portées par l'officier commandant de son escorte, accompagné de l'escorte elle-même forte d'un escadron et seule troupe qui, restée disponible, pût être envoyée à la disposition du général de Malroy. Mais quand elle arriva, tout était fini, l'ennemi avait complétement disparu.

Dès que le jour se fut levé, le général en chef se rendit à la pointe du plateau d'Avron pour surveiller l'exécution des mouvements qu'il avait ordonnés. La matinée était très-froide, il avait fortement gelé pendant la nuit. Les troupes de la deuxième armée avaient eu aussi beaucoup à souffrir de ce changement de température. A la première inspection, il fut facile de constater la situation de Ville-Évrard, qui, malgré l'aventure nocturne dont nos soldats avaient eu à souffrir, n'avait pas cessé de demeurer en notre possession. Il devenait donc inutile de porter des renforts sur ce point. Les prisonniers que nous avions faits éclaircirent, par leurs aveux, certains détails de la lutte demeurés jusqu'alors inexpliqués pour nous. Nos pertes avaient été peu sensibles; cependant une grand'garde, qui s'était égarée pendant la nuit, avait fait fausse route vers le pont de Gournay où l'ennemi l'avait enlevée. Mais un fait plus grave s'était produit : un officier du grade de lieutenant, nommé Schang, avait passé à l'ennemi, donnant à nos troupes, par cette désertion qu'on ne saurait trop flétrir, un coupable exemple qui causa dans nos rangs des défaillances regrettables et qui doivent être attribuées en grande partie à l'action éternellement condamnable de cet officier.

Le commandant de la troisième armée crut devoir maintenir, bien que tout combat eût cessé, les dispositions qu'il avait prescrites, et il fit avancer la brigade Salmon jusqu'à hauteur de la Maison-Blanche. Il jugea nécessaire de montrer cette réserve à l'ennemi pour l'empêcher de troubler, par un retour offensif, l'évacuation de Ville-Évrard qui s'opérait lentement. Comme la veille, dès que la brigade Salmon parut dans la plaine, les Prussiens l'accueillirent par un feu très-vif de leur artillerie qui prit position dans les épaulements de Noisy-le-Grand : deux batteries placées sur la pelouse du château tirèrent exclusivement sur nos troupes. Le plateau d'Avron leur riposta avec vigueur et troubla si bien le tir de l'ennemi, que, ne pouvant le régler avec précision, il atteignit à peine une dizaine d'hommes. A dix heures du matin l'opération était terminée. Dans la journée, et seulement vers trois heures, les Prussiens envoyèrent quelques soldats pour reprendre possession de Ville-Évrard; mais au lieu d'occuper fortement cette position, comme ils l'avaient fait jusqu'alors, ils se bornèrent désormais à n'y laisser qu'un faible avant-poste.

L'alerte de la nuit avait jeté, à une assez grande distance du lieu où elle se passait, une panique véritable parmi les bataillons mobilisés de la garde nationale qui se trouvaient en réserve dans les villages de Fontenay-sous-Bois, Neuilly, Plaisance et Rosny. Bien qu'ils fussent séparés de l'ennemi par le village de Neuilly-sur-Marne, protégés par les bataillons de gendarmerie et couverts par le plateau d'Avron, un grand nombre de gardes nationaux prirent peur à la seule appréhension du danger; la pensée d'une attaque encore impossible, qui pourrait venir jusqu'à lui, fit fuir d'abord au fort de Rosny, puis au glacis de l'enceinte et enfin jusque dans Montmartre même, le 200e bataillon de la garde nationale. D'autres bataillons montrèrent les mêmes symptômes de découragement et d'épouvante, et une partie des hommes qui les composaient se dispersèrent de tous les côtés. Le général en chef dut même, dans l'intérêt de la discipline, demander l'autorisation de faire rentrer dans Paris ceux de ces bataillons qui, par leur faiblesse, avaient donné le plus déplorable exemple. En même temps qu'il envoyait cette autorisation, le gouverneur prescrivit de diriger sur Moulin-Saquet deux bataillons de la brigade Blaise, et de faire revenir à Paris la moitié de la garde républicaine et de la gendarmerie [1].

L'exécution de ce mouvement fut fixée au lendemain 23 décembre à midi : quelques bataillons

[1] Voir aux Appendices.

de la garde nationale, que l'énergie de leurs officiers avait maintenus dans le devoir, furent conservés au milieu des troupes : le régiment du lieutenant-colonel Janin était de ce nombre; on lui donna la redoute de Montreuil à garder : les bataillons placés sous les ordres d'Ulric de Fonvielle, qui depuis plusieurs jours occupaient Rosny, furent aussi laissés à leur poste. La gendarmerie prit position en réserve. Quant à Neuilly-sur-Marne, qui fut évacué comme Ville-Évrard, il devint, ainsi que ce dernier village, une sorte de terrain neutre où personne ne tenta désormais de s'établir.

Sur la gauche du plateau d'Avron, au point où l'action principale avait été engagée le 21 décembre, les mêmes circonstances qui avaient paralysé les mouvements de l'armée après la bataille de Champigny s'étaient renouvelées : les troupes avaient dû, cette fois encore, bivouaquer par un froid cruel, et sans tente, sur la terre gelée et couverte de neige; de nombreux cas de congélation se produisirent : la température de plus en plus froide durcit la terre au point de rendre à peu près impossibles les travaux de terrassement nécessaires pour les abris et pour la défense; ils durent être forcément suspendus. L'armée ne put donc agir, et cette immobilité, au milieu d'une plaine nue, aggravée encore par la souffrance et les privations, exerça une fâcheuse influence sur le moral des troupes.

23 décembre.

Conformément aux ordres du gouverneur, deux bataillons de la brigade Blaise furent dirigés sur la position de Moulin-Saquet. Au moment de leur départ, le commandant en chef les passa en revue et infligea une répression sévère aux officiers qui avaient faibli dans la nuit du 21 au 22. Ils furent désarmés en présence du corps d'officiers réuni et traduits en conseil de guerre. Toutefois, ces cas de défaillance devant l'ennemi se sont rarement produits durant le siége parmi les troupes de ligne, et si les conseils de guerre avaient su ou osé montrer une rigueur que la gravité de la situation rendait si nécessaire, ils eussent été certainement beaucoup plus rares.

24 décembre.

Dans cette journée, un grand concours de peuple assista dans Paris aux funérailles du général Blaise, célébrées aux frais du trésor public.

A Rosny, deux des bataillons placés sous les ordres d'Ulric de Fonvielle exécutèrent, en présence du commandant en chef, une reconnaissance habilement menée dans la direction de Villemomble. La bonne tenue de ces bataillons fut signalée au gouverneur, qui « approuva toutes les » opérations que le général Vinoy ferait faire à la » garde nationale, y mettant toutefois la condition » qu'elle recevrait une direction en allant et une » protection en revenant. »

Sur tout le front des avant-postes d'Avron, le calme était d'ailleurs rétabli, et, à l'exception de quelques rares coups de feu échangés aux avant-postes, les journées et les nuits se passaient sans incidents graves.

25 décembre.

Le 25, un grand conseil de guerre, où assistèrent tous les officiers généraux de la deuxième armée, eut lieu au fort d'Aubervilliers. Ses délibérations demeurèrent secrètes; mais l'armée continua à rester immobile dans la plaine, souffrant cruellement du froid. On fit autant que possible cantonner les troupes dans les villages qui se trouvaient le plus rapprochés d'elles.

26 décembre.

Le chef de la troisième armée recueillit, à cette époque, de nombreux indices qui pouvaient donner à penser qu'une prochaine attaque menaçait le plateau d'Avron. Dans la matinée du 25 décembre, des travaux d'une nature suspecte avaient été distingués par les observateurs du fort de

Rosny, et par le colonel Stoffel des hauteurs d'Avron même. Il ne s'agissait pas cette fois de constructions d'épaulements : on voyait parfaitement l'ennemi transporter des bois pour l'établissement de plates-formes, et ces préparatifs semblaient indiquer l'armement imminent des batteries, et sans doute l'ouverture de leur feu. Par la position même de ces batteries, Avron paraissait devoir être l'objectif désigné à leurs coups. Il était difficile de contrarier ces travaux, sinon pendant le jour; durant la nuit, leur éloignement les mettait à l'abri de toute attaque. Un tir d'artillerie, dirigé de nuit contre des points aussi lointains, ne pouvait avoir aucune précision et ne devait causer qu'un gaspillage inutile de munitions. Il y avait donc lieu de craindre qu'à l'abri des murs, et favorisé par les bois qui le dérobaient à notre vue, l'ennemi ne parvînt à concentrer des forces dans le parc de la Maison-Blanche pour tenter une attaque de vive force, soit de jour, soit de nuit, comme à la Ville-Évrard.

Le 26, à la pointe du jour, trois bataillons de garde mobile, deux de la Seine et un d'Ille-et-Vilaine, furent dirigés vers le parc de ce dernier village pour en abattre le mur. Ces troupes enlevèrent le parc et purent, malgré une violente fusillade, terminer facilement l'opération. Aussitôt l'ennemi arma une batterie en arrière de Noisy-le-Grand, mais trop tard pour prendre part à l'action. Croyant sans doute que les nôtres occupaient encore le parc, qui était déjà évacué, elle ouvrit le feu de ses pièces sur sa partie ouest. Le plateau d'Avron ne répondit pas, et l'artillerie prussienne continua pendant un certain temps à foudroyer les arbres du parc.

Malheureusement les travaux de défense entrepris sur Avron avaient été définitivement interrompus par la reprise du froid. De grands efforts avaient été faits, de sérieuses améliorations en étaient résultées; mais bien des travaux importants n'étaient pas encore terminés. Le baraquement en planches, dont la gelée n'avait pas suspendu la construction, approchait de son achèvement.

Dans cette même journée du 26, le commandant de la troisième armée, que l'imminence d'une attaque préoccupait sans cesse, réunit à Avron les chefs de la défense de cette position, le général d'Hugues, le colonel du génie Guillemaut et le colonel Stoffel, et discuta avec eux les mesures qu'il convenait de prendre en cas d'éventualités menaçantes. Les batteries étaient à peu près achevées; leurs magasins à poudre seuls laissaient encore à désirer, ainsi que l'épaisseur des parapets de la batterie de l'éperon Sud-Est. Mais il fallait avant tout soustraire les campements des troupes à la vue de l'ennemi. Le déboisement, encore activé par le froid des derniers jours, touchait à sa fin, et les tentes des soldats étaient dressées en face des batteries prussiennes, qui pouvaient être armées d'un jour à l'autre. Sans s'occuper autrement des baraquements continués par le génie civil, indépendamment de la direction militaire, dans la partie la plus en vue du plateau, le commandant en chef prescrivit de faire retirer les troupes à l'arrivée de la nuit pour cacher leur mouvement à l'ennemi, elles établiraient leurs bivouacs sur les pentes du plateau qui, faisant face au fort de Nogent, étaient ainsi dérobées aux vues directes de nos adversaires. Les troupes qui pouvaient être atteintes par le tir de plein fouet avaient pour s'abriter des tranchées dont les parapets étaient, il est vrai, très-faibles, mais cependant suffisants pour dissimuler leur présence et les protéger en partie. Le général en chef prescrivit d'établir une communication à couvert pour permettre de leur envoyer au besoin du renfort, et le colonel du génie dut commencer aussitôt ce travail important, sans que le froid, la dureté du sol ou tout autre motif pussent en retarder d'un seul jour l'urgente exécution.

CHAPITRE SIXIÈME.

ATTAQUE DU PLATEAU D'AVRON PAR LES PRUSSIENS.

27 décembre.

Le froid rigoureux, qui n'a point diminué depuis le 21 décembre, semble augmenter encore : la terre est couverte d'une neige durcie qui rend de plus en plus difficiles les travaux entrepris. Le jour s'est levé sombre, et la neige, qui est tombée pendant la nuit, menace de tomber de nouveau. Tout à coup, à huit heures du matin, une forte canonnade se fait entendre : les Prussiens ont démasqué toutes leurs batteries et ouvert leur feu. La principale action de leur tir est, comme on s'y attendait, dirigée sur Avron; mais leurs batteries atteignent aussi Rosny et Nogent, qui flanquent la position du plateau.

Le tracé et la disposition des travaux prussiens avaient été savamment conduits, et la forme du terrain habilement utilisée par eux; aussi, dès le début de l'attaque, le plateau d'Avron se trouva-t-il être le centre d'un feu convergent d'une violence et d'une intensité extrêmes. Nous pûmes discerner, autant que le permettaient la brume et l'éloignement du plateau, que les batteries ennemies s'étendaient depuis le parc du Raincy jusqu'au delà du village de Noisy-le-Grand, en passant par le mamelon de Chelles. Il y avait au Raincy trois batteries, dont l'une tirait sur le fort de Rosny, qu'elle devait contre-battre entre 4,500 et 5,000 mètres.

Trois autres batteries étaient établies au-dessus de Gagny et tiraient directement sur le plateau d'Avron, dont elles prenaient de front les défenses Est, et d'écharpe et de revers les défenses tournées contre Noisy. Deux autres batteries occupaient le mamelon de Chelles : composées de 14 pièces et tirant à plus de 5,000 mètres, elles enfilaient l'éperon saillant du plateau et les tranchées et batteries qui s'y trouvaient. Trois batteries étaient au-dessus de Gournay, et dirigeaient leur feu contre le même point. Enfin, trois autres batteries installées à Noisy-le-Grand, et dont la position nous était bien connue, puisque nous avions eu à subir leur feu les 21 et 22 décembre, tiraient sur les batteries établies en face d'elles; celle de gauche était chargée de contre-battre le fort de Nogent. Les batteries ennemies formaient ainsi une demi-circonférence d'une étendue de 14,000 mètres environ, dont Avron occupait le centre. Le plateau était attaqué par 14 batteries, représentant à peu près 60 pièces. Mais, cette fois, nous n'avions plus affaire aux canons légers de l'artillerie de campagne. Le bruit inusité des projectiles, la dimension de leurs éclats, leur puissance de pénétration, enfin la simple inspection de ceux qui n'avaient pas éclaté, annonçaient une attaque des plus sérieuses; les calibres des pièces employées dépassaient notre calibre de 12 pour les plus petites, atteignaient celui de 24 et étaient supérieurs à celui de 30 de marine pour les plus grosses.

L'ouverture simultanée du feu sur tous les points couvrit aussitôt le plateau d'une véritable pluie de projectiles; mais depuis la veille les troupes ne s'y trouvaient plus, et leurs campements étaient à l'abri du tir direct. Grâce à la mesure qui avait ordonné leur déplacement, le trouble qu'aurait pu jeter dans leurs rangs l'attaque soudaine et terrible qui avait éclaté leur fut heureusement évité. Le général d'Hugues, en rendant compte de ce bombardement[1], annonçait en même temps qu'il allait mettre aussitôt ses soldats sous les armes.

Nos batteries du plateau tentèrent de riposter; mais elles étaient dans des conditions évidentes d'infériorité comme position, nombre, calibre et portée. Cette supériorité de l'ennemi nous donna même à craindre qu'après avoir pu facilement

[1] Voir aux Appendices.

constater notre faiblesse défensive, il ne cherchât à faire succéder contre la position une attaque d'infanterie à celle de son artillerie. En prévision d'une semblable conjoncture, le commandant en chef envoya au général d'Hugues les deux bataillons de la brigade Blaise qu'il avait gardés auprès de lui comme réserve.

Le gouverneur de Paris, informé de l'événement, ne parut pas tout d'abord croire à son extrême gravité; Avron ne lui semblait pas devoir être l'objectif réel de l'ennemi :

« Le feu que l'ennemi a ouvert sur Avron et
» Noisy, écrit-il à dix heures du matin, pourrait
» précéder une attaque sur la droite des positions
» du général Ducrot. Le général d'Exéa, qui est
» à Noisy, y pourvoirait. Vous vous tiendrez en
» mesure pour le plateau d'Avron, etc... »

Mais, de son côté, le général Ducrot avait mieux apprécié la situation :

« J'ai donné l'ordre au 2ᵉ corps, écrit-il au gé-
» néral en chef de la troisième armée, d'être prêt
» à vous donner son concours... Vous pouvez lui
» donner vos ordres directement : je vous prie
» seulement de me tenir au courant des mouve-
» ments que vous ordonnerez [1]. »

Cependant la brume épaisse de la matinée se dissipait peu à peu; le tir de l'ennemi devint alors

[1] Voir aux Appendices.

plus précis et plus rapide, et ses projectiles balayaient le plateau dans tous les sens. Vers onze heures, la position s'était sensiblement aggravée; un accident malheureux avait fait une vive et fâcheuse impression sur les troupes : un obus avait pénétré dans une maison d'Avron où déjeunaient réunis des officiers de l'état-major du 6e bataillon de mobiles de la Seine, avait blessé le commandant et tué l'aumônier ainsi que plusieurs capitaines. Quelques soldats épouvantés avaient cherché à s'enfuir, mais les troupes placées en arrière les avaient aussitôt ramenés au feu. Le général d'Hugues commençait, lui aussi, à s'inquiéter :

« La position est très-difficile à tenir, écrivait-il ; » beaucoup de pertes, le moral des troupes est » très-affaibli... Situation très-grave. »

Dès qu'il eut reçu ces nouvelles, le général en chef se rendit de sa personne sur le plateau et parcourut toutes les tranchées. L'artillerie luttait avec vigueur, mais sans résultat efficace possible dans les conditions d'infériorité que nous avons signalées. Nous n'avions que 43 pièces pour répondre au feu de 60 ; elles occupaient le centre d'un cercle de feu qui convergeait sur elles de tous les points de l'horizon, et les batteries du saillant notamment étaient battues de tous les côtés, de front, d'écharpe, d'enfilade et à revers. Les calibres étaient inégaux : nous n'avions que

5 pièces de canon de marine de 30 et 6 canons de 24 qui fussent de gros calibre, et le reste de notre artillerie sur le plateau ne se composait que de canons de campagne d'une portée insuffisante; les pièces de 7 seules avaient une précision et une portée meilleures. Les mitrailleuses, bonnes contre l'infanterie, étaient absolument inutiles, en raison de l'éloignement des batteries ennemies qu'elles ne pouvaient atteindre; d'ailleurs, la force de pénétration leur faisait absolument défaut. Il ne restait donc, pour soutenir la lutte, que 12 pièces de gros calibre, 12 pièces de 12 et 12 de 7, soit en tout 36 pièces contre 60.

La batterie de 12 qui garnissait le saillant de l'éperon ne pouvait atteindre les batteries de Chelles, qui l'attaquaient avec 14 pièces et à 5,000 mètres de distance; seule la batterie de marine de 5 pièces, placée en arrière, avait une portée suffisante pour leur répondre. Cette batterie soutint la lutte avec persistance et courage, mais elle ne tarda pas à être écrasée. La position devenait donc mauvaise pour toute l'artillerie, qui, malgré sa vigueur, ripostait à peu près inutilement et perdait beaucoup de monde.

Le même danger, sans résultat, se produisait pour l'infanterie; le temps était devenu très-clair, et tout corps de troupe ou tout soldat isolé paraissant sur le plateau se détachait sur la neige comme un point noir que l'ennemi visait et balayait aussitôt : le sol durci par la gelée favorisait l'éclatement des projectiles à fusée percutante, et les éclats de terre qu'ils soulevaient en tombant étaient eux-mêmes dangereux. Les hommes avaient donc été obligés de se blottir dans les tranchées, immobiles, le fusil entre les jambes, sans feu et les pieds sur la glace qui s'y était formée. Malgré cette précaution, nous perdions du monde, parce que certaines tranchées étaient enfilées et même battues à revers, surtout au saillant du plateau, point où l'ennemi semblait vouloir concentrer plus particulièrement son feu. Cependant, l'attitude des soldats et même des troupes de la mobile était pleine de fermeté ; le désordre que la surprise avait produit au premier moment était calmé, et chacun était demeuré sans faiblesse à son poste. La journée entière se passa au milieu de cette canonnade et sans autre incident : le général d'Hugues fut chassé par les obus de son quartier général, qu'il transporta un peu en arrière, à Neuilly-Plaisance. Les tournées continuelles qu'il fit dans les tranchées, donnant ainsi lui-même l'exemple aux soldats en s'exposant comme eux, contribuèrent à leur donner encore plus de force et de solidité.

La nuit arrive enfin : l'ennemi, toujours prudent, désarme une partie de ses batteries, craignant sans doute que nous ne dirigions contre elles, à la faveur de l'obscurité, une attaque désespérée; on voit du plateau les pièces prussiennes remonter la route qui conduit au Raincy, en tirant leurs dernières volées ; le fort de Rosny les poursuit des obus à longue portée de ses pièces de 30 de marine.

A ce moment, le général en chef, usant de l'offre du général Ducrot, appelait à lui, avec l'autorisation du gouverneur [1], la brigade Fournès, de la division Bellemare. Elle arriva vers huit heures du soir et prit position en arrière du plateau, au lieu le plus abrité que l'on put trouver des vues directes de l'ennemi. Cette brigade remplaça la garde nationale dans cette position, ainsi que dans les divers postes qu'elle occupait au village de Rosny.

En définitive, le feu si terrible de cette journée ne nous avait pas causé de pertes en proportion avec sa violence et sa durée ; le chiffre de nos tués et blessés ne dépassait pas cent hommes, et ce total, relativement faible, démontrait une fois de plus l'excellence des abris en terre contre les efforts même les plus puissants de l'artillerie. Les troupes, qui avaient été sur le qui-vive pendant toute la journée, étaient certainement très-fatiguées, mais elles n'étaient point découragées, et

[1] Voir aux Appendices.

l'on pouvait compter fermement sur leur résistance.

D'autre part, les renseignements envoyés par le commandant de l'artillerie, le colonel Stoffel, sur l'insuffisance de ses moyens d'action, étaient moins que rassurants [1] :

« Combat d'artillerie a été très-vif, dit-il dans
» sa dépêche..... Je ne puis répondre en gros ca-
» libre qu'avec trois canons de 16 centimètres et
» quatre canons de 24, deux ayant été mis hors de
» service, infériorité qui n'est pas rachetée par le
» nombre de mes autres pièces de petit calibre,
» le 4, le 7 et le 12. L'artillerie a fait des pertes :
» quelques hommes tués, plusieurs officiers et une
» vingtaine d'hommes blessés... Épaulements et
» embrasures fortement endommagés, sans possi-
» bilité d'être réparés cette nuit à cause de la na-
» ture du terrain. Plusieurs de mes batteries, dont
» le tracé a été fait dans un but déterminé, sont
» aujourd'hui battues de front et d'écharpe. Deux
» d'entre elles n'ont pu agir... »

Ces détails, dont le commandant en chef avait pu par lui-même constater l'exactitude dans la longue visite qu'il avait faite aux tranchées, étaient de nature à augmenter encore l'inquiétude que lui inspirait déjà la gravité de l'attaque qui depuis le matin avait éclaté sur Avron.

[1] Voir aux Appendices.

Certainement nous pouvions tenir encore : en cas d'une tentative de vive force de l'infanterie ennemie, nos troupes montreraient, il ne fallait pas en douter, une grande fermeté qui la rendrait inutile. Toutefois, comprenant et même partageant les appréhensions de ses divers chefs de service, le commandant de la troisième armée crut devoir les faire connaître au gouverneur de Paris. Une dépêche du général d'Hugues, arrivée au dernier moment (11 h. du soir) [1], confirmait la note un peu décourageante du colonel Stoffel sur le peu d'efficacité de l'action de notre artillerie. Le général ajoutait : « L'infanterie s'abrite, mais
» imparfaitement, dans des tranchées trop faibles
» contre le canon, ou enfilées. » C'est alors que le général en chef, sous l'impression de ces nouvelles si tristement conformes l'une à l'autre, adressa au gouverneur de Paris, dans la nuit du 27 au 28, une lettre détaillée, qu'on trouvera intégralement reproduite aux appendices de ce volume, et dont nous ne citons ici que les principaux passages :

« Je ne dois pas vous laisser ignorer que la
» position du plateau d'Avron peut devenir très-
» critique d'un moment à l'autre. Les travaux
» d'établissement qui y ont été faits sont très-in-
» complets et ne l'ont été évidemment qu'en vue

[1] Voir aux Appendices.

» d'une occupation passagère... Depuis que je
» suis ici, j'ai dû aller au plus pressé, faire établir
» des travaux pour les batteries d'abord; mais
» celles des défenseurs n'ont pu l'être encore, un
» simple fossé les abrite... La nature du sol est
» rocheuse, il est très-difficile de s'y enfoncer. La
» gelée est venue apporter un nouvel obstacle...
» Nous n'avons pour défendre ces positions que
» de jeunes troupes dont le moral n'est pas très-
» solide, et notre artillerie me paraît bien faible
» pour répondre au gros calibre de l'ennemi.

» Je vous fais cet exposé très-véridique et confi-
» dentiel afin que vous avisiez aux mesures qu'il y
» aurait à prendre si la nécessité de la défense de
» Paris exige absolument de se maintenir dans
» cette position avancée... J'ai accepté avec recon-
» naissance les renforts qui m'ont été spontané-
» ment offerts par le général Ducrot... L'ennemi
» a dû s'approvisionner largement cette nuit, car
» on n'a cessé d'entendre le roulement de ses voi-
» tures. La nuit est calme, nous attendons le jour
» et veillons. »

28 décembre.

C'est au milieu de cette inquiétude et de ces
perplexités que s'ouvrit la journée du lendemain,
28 décembre. Sur l'avis exprimé par le colonel
Stoffel et le commandant Pothier, qui dirigeaient

l'artillerie du plateau, avis appuyé par le général d'Hugues [1], il avait été convenu que dans cette journée l'artillerie ne répondrait pas aux batteries prussiennes. Pendant la nuit, les pièces avaient été mises à l'abri derrière leurs épaulements, et les artilleurs devaient demeurer tout le jour sous la protection des parapets et des tranchées. On espérait que cette attitude silencieuse provoquerait de la part de l'ennemi une démonstration quelconque de son infanterie, et on était bien préparé pour la recevoir [2].

Au point du jour, les Prussiens ouvrirent leur feu, avec non moins de violence et de précision que la veille, et sans le discontinuer du matin jusqu'au soir. Vers midi, le gouverneur de Paris arriva au fort de Rosny, et désireux de se rendre, par lui-même, un compte exact de la situation, il se rendit à pied sur le plateau et commença à parcourir les tranchées. A ce moment, le feu redoublait d'intensité : dans beaucoup d'endroits les tranchées n'étaient pas terminées et il fallait passer à découvert, ce qui ne pouvait se faire qu'avec une extrême précaution. Le gouverneur put voir tout le sommet du plateau abandonné; le télégraphe lui-même, établi cependant au point le plus abrité, avait dû être transporté jusqu'à

[1] Voir aux Appendices.
[2] Voir aux Appendices.

Neuilly-Plaisance : « Son poste n'est plus tenable : » les vitres sont cassées et tout y est gelé [1]. » Comme la veille, les troupes qui gardaient la position étaient accroupies au fond de leurs tranchées remplies de neige et de glace; la terre, rebelle à la pioche, ne pouvait être travaillée; on n'avait pu réparer ni les épaulements, ni les embrasures, et plusieurs magasins à poudre étaient presque complétement défoncés et menaçaient de sauter d'un moment à l'autre. Les réserves massées en arrière commençaient, elles aussi, à attirer l'attention de l'ennemi, qui allongea son tir jusqu'à Neuilly-Plaisance et Rosny où elles se trouvaient.

A la suite de son inspection, le gouverneur jugea la situation assez grave pour se croire obligé de prendre immédiatement un parti : il emmena avec lui, en conférence, au fort de Rosny, les colonels Stoffel et Guillemaut. Ce fort recevait lui-même, de temps à autre, quelques obus, mais comme sa garnison était abritée par ses casemates, elle avait peu souffert; d'ailleurs, deux pièces de marine, établies l'une dans l'avancée du fort, l'autre à la face du bastion 2, ripostaient habilement à l'ennemi.

Le conseil de guerre, présidé par le gouverneur, se réunit dans une casemate du fort, qui tenait lieu de chapelle, et où beaucoup d'officiers

---

[1] Voir aux Appendices.

avaient cherché un abri. La délibération s'ouvrit immédiatement sur le seul point en question, la conservation ou l'évacuation du plateau. Si l'on voulait conserver le plateau, les troupes d'une seule division ne pouvaient suffire à sa garde : les tranchées étaient trop étendues et le service trop pénible pour que les mêmes hommes pussent, sans être régulièrement relevés, y demeurer constamment. Il était donc indispensable, si l'on persistait dans l'occupation, de faire venir d'autres troupes pour permettre aux tours de garde de se succéder et de faire remplacer à tour de rôle, afin de les laisser se réchauffer, manger et se reposer, les hommes qui auraient été de service. La première journée de ce bombardement continu avait coûté près de 100 hommes ; la deuxième avait dû être moins meurtrière, les soldats ayant pu mieux s'abriter ; toutefois nous avions encore environ 60 hommes hors de combat, et il était certain que la perte de chaque jour ne pouvait être désormais que peu inférieure à ce chiffre. La possession du plateau d'Avron était-elle réellement d'une importance assez grande pour que nous dussions y consacrer une garde de plusieurs divisions et nous résigner à une perte journalière aussi considérable ? Tel était le point de vue auquel il fallait avant tout se placer pour bien envisager la question.

Pour apprécier à sa juste valeur l'importance du plateau d'Avron, il faut se reporter aux premiers jours du siége et examiner l'ensemble de la position formée par les forts placés en arrière. Du fort de Romainville à celui de Nogent s'étend une ligne de hauteurs dont la crête est occupée par les forts de Rosny et de Noisy et par les redoutes intermédiaires de Montreuil et de la Boissière. Ces hauteurs ont à peu près le même niveau que le plateau d'Avron, dont elles sont séparées par une vallée assez large qui ne se rétrécit qu'au village de Rosny-sous-Bois; mais, bien que la différence de niveau soit moins considérable à cet endroit, elle est encore assez forte. La ligne formée par la crête des hauteurs est presque droite : le plateau d'Avron forme un saillant très-aigu qui a permis à l'ennemi de l'entourer de ses batteries et d'en faire un point de convergence pour tous ses feux. Par contre, les feux des forts de Rosny, de Noisy et de Nogent se croisent sur le plateau, et, pour l'assaillant qui voudrait l'occuper, cette position devait être aussi défavorable qu'elle l'était en ce moment pour la défense. Les mêmes difficultés que nous avions rencontrées pour y creuser la terre et y établir des abris se seraient présentées pour les travaux de tranchées destinées à se mettre à couvert. Les forts, situés en arrière, étaient en état de défense et capables de résister longtemps à l'attaque la plus vive : tout y était achevé, et il ne restait pas à y terminer même une seule traverse. Il était facile d'armer les redoutes de Montreuil et de la Boissière et d'élever, à l'abri des forts, des batteries intermédiaires qui seraient en meilleure situation que celles d'Avron pour riposter à l'ennemi. En un mot, la position du plateau d'Avron était loin d'être indispensable à la défense; son abandon ne la compromettait en rien, surtout si l'on songe que nous n'avions pensé à l'occuper que le 1er décembre, alors que depuis le premier jour de l'investissement il était resté sans défenseurs.

Le motif qui nous avait portés à nous établir sur le plateau, la veille de la bataille de Champigny, avait eu pour but de faire concourir cette position aux opérations offensives de la deuxième armée lors de notre grande sortie de l'autre côté de la Marne. Il est certain que le jour de la bataille du 2 décembre, les batteries placées sur le plateau ont influé très-sérieusement par la puissance et la précision de leur tir sur le résultat de la journée. En effet, elles prenaient d'écharpe, d'enfilade et même de revers, la droite de l'armée prussienne, et elles lui ont causé les plus grandes pertes. Dans la journée du 21 décembre, qui vit avorter l'attaque sur le Bourget, ces mêmes batteries pouvaient être encore d'une utilité très-efficace en flanquant de leur feu la droite des troupes qui étaient engagées.

Mais l'établissement des batteries prussiennes et la force de leur armement nous empêchaient désormais de songer à une attaque de ce côté : c'était l'un des points les plus formidablement fortifiés de toute la ligne d'investissement ; il nous interdisait tout mouvement offensif. Dès lors, l'évacuation du plateau n'avait aucun inconvénient pour la défense, sa conservation ne pouvant nous être utile qu'au point de vue d'une attaque que nous ne pouvions plus tenter.

La prudence conseillait donc de mettre fin aux sacrifices inutiles que la possession du plateau nous avait coûté depuis deux jours, en l'évacuant immédiatement. La raison militaire ne parlait pas moins haut : nous devions changer le terrain de la lutte spéciale qui venait de s'engager et le reporter plus en arrière sur un point mieux disposé, et de plus longue main, pour l'accepter. Le gouverneur prescrivit donc, en présence de ces considérations si sérieusement discutées, de faire évacuer le plateau pendant la nuit suivante.

CHÀPITRE SEPTIÈME.

ÉVACUATION DU PLATEAU D'AVRON.

L'évacuation du plateau ne pouvait avoir lieu de jour. Il devait en effet être difficile d'enlever, sous un feu aussi vif et aussi continu, les lourdes pièces et le matériel qui garnissaient la position. L'opération se ferait donc pendant la nuit, et l'arsenal de Vincennes reçut l'ordre de nous faire parvenir aussitôt tout ce qui était nécessaire pour procéder à l'enlèvement des pièces et de leurs munitions. Tous ces moyens de transport devaient être réunis auprès du fort de Rosny; puis, la nuit venue, on les dirigerait sur le plateau, et, jusqu'au jour, on travaillerait sans discontinuer, de telle sorte que l'évacuation complète pût être terminée au matin. Les troupes battraient alors en retraite, et la division d'Hugues viendrait occuper la position de Charenton, où on lui donnerait quelques jours d'un repos qu'elle avait bien gagné.

Toutes ces dispositions avaient été prises en conseil de guerre, et le gouverneur, après les avoir détaillées à tous les chefs de service, partit pour Vincennes afin d'y activer, par sa présence, l'envoi du matériel nécessaire.

Comme la veille, le tir de l'ennemi s'était ralenti vers le soir, et quand la nuit fut tout à fait venue, il cessa complétement. Le plus grand silence succéda au bruit de la canonnade et ne fut bientôt troublé que par le roulement des voitures de l'artillerie se dirigeant sur le plateau, où allait commencer l'opération du chargement des pièces et de leurs munitions.

L'enlèvement des pièces et des caissons de projectiles de campagne pouvait se faire aisément, mais il n'en était pas de même pour les grosses pièces qu'il fallait déplacer au milieu d'une nuit obscure, et avec l'obligation expresse de ne pas allumer de feux. L'ennemi ne gêna point d'abord ces difficiles opérations. L'amiral Saisset amena du fort de Noisy sur le plateau un renfort de marins vigoureux et habitués aux plus durs travaux, et il nous donna, avec le concours de son expérience, celui de ses hommes les plus éprouvés. Cette rude besogne se faisait donc avec succès, mais le bruit incessant des voitures lourdement chargées qui partaient, non moins que celui des autres qui arrivaient, montant bruyamment au plateau, devait attirer l'attention de l'ennemi. En effet, vers minuit, les Prussiens ouvrirent contre nos travailleurs un feu lent, et heureusement mal dirigé, des positions qu'ils occupaient à Noisy et sur les hauteurs de Gagny.

La nuit tout entière fut prise par le chargement des projectiles : il fallait les extraire un à un des poudrières en parties écroulées ; il était donc bien difficile de se hâter. Une dépêche du général d'Hugues faisait connaître, à 4 h. 10 m. du matin, « que l'opération serait achevée pour l'artillerie » vers cinq heures, sauf peut-être un certain » nombre de projectiles que le défaut de chariots » empêcherait d'emporter. »

Mais bientôt de graves et inévitables embarras se produisirent : une lourde pièce de marine entraîna, dans la pente glissante qui conduit à Neuilly-Plaisance, la voiture et les chevaux qui la transportaient, et alla rouler avec eux dans un ravin. Sur le sommet du plateau une pièce de 24, dont l'essieu avait été brisé par un boulet, était demeurée sur place. Le commandant en chef, prévenu de ces accidents et de quelques autres de moindre importance, par les dépêches du général d'Hugues [1], prescrivit de faire les efforts nécessaires pour tout emporter, de façon à ne pas abandonner le moindre trophée à l'ennemi. L'exécution de cet ordre devenait de plus en plus difficile : à 6 h. 10 m., le général d'Hugues annonçait qu'il faudrait encore quatre heures pour enlever chaque pièce et qu'on manquait dès lors des moyens matériels pour achever le travail. D'au-

[1] Voir aux Appendices ces dépêches et les suivantes.

tres dépêches plus pressantes encore du colonel Stoffel (6 h. 30 du matin) et de l'amiral Saisset (7 h. 30) déclaraient que cette opération était devenue à peu près impraticable. D'ailleurs, le jour avait paru, et les troupes, qui étaient restées sur pied toute la nuit sans avoir eu connaissance des incidents survenus, avaient commencé leur mouvement de retraite, qu'il eût été dangereux d'arrêter. On dut donc laisser les deux pièces sur le plateau, mais après qu'il eut été décidé que la nuit suivante on irait, avec de l'infanterie, procéder à leur enlèvement et qu'on les ramènerait à tout prix. Cette opération fut accomplie, en effet, avec succès, et les deux pièces ramenées dans nos forts le matin du jour suivant. L'ennemi a donc prétendu à tort, dans ses rapports officiels, que les défenseurs du plateau lui avaient abandonné deux de leurs pièces, puisque nous les avions reprises le lendemain même du jour où nous avions dû quitter Avron.

29 décembre.

L'ennemi n'ayant pas aperçu la retraite de nos troupes, supposa que le plateau devait toujours être occupé, et, à huit heures du matin, il ouvrit de nouveau un feu très-vif contre nos anciennes positions. Pendant ce temps la division d'Hugues, passant en arrière du fort de Rosny, vint s'établir à Charenton. Vers dix heures et demie, les deux bataillons du 112ᵉ, restés dans l'avancée du fort, partirent à leur tour pour rentrer à la redoute de Moulin-Saquet. Enfin, les régiments de la garde nationale retournèrent à Paris et furent remplacés par les divisions Bellemare et Mattat, dont l'une occupa Montreuil et Bagnolet, l'autre Fontenay et Nogent. Ces divers mouvements avaient été prescrits par le gouverneur à deux heures du matin [1], et leur exécution s'opéra sans que le tir de l'ennemi vînt les contrarier sérieusement. Le feu des Prussiens fut alors dirigé sur Rosny et Nogent, mais plus particulièrement sur le fort de Rosny, qui devint l'objectif de toutes les batteries du Raincy et de Gagny, tirant par-dessus le plateau d'Avron. Le fort soutint vigoureusement le combat avec ses pièces de marine, mais bientôt le feu de l'ennemi ayant été réglé avec plus de précision, lui causa quelques dégâts. Des coups habilement dirigés sur la pièce de l'avancée du fort le prirent d'écharpe et vinrent, en plongeant, frapper le mur d'escarpe de la courtine. Les escarpes n'avaient pas, malheureusement, en cet endroit une solidité suffisante : leur maçonnerie, d'un mètre d'épaisseur, n'était doublée d'aucun terrassement et devait abriter

---

[1] Voir aux Appendices.

seulement les casemates placées derrière, contre le feu de l'infanterie. Les projectiles de gros calibre, tombant sur les murs, les traversèrent aisément et pénétrèrent dans les casemates, qu'ils défoncèrent en tuant et blessant plusieurs artilleurs. Il était donc urgent de doubler la muraille avec des sacs à terre pour mettre la garnison à l'abri. Ce travail, qui prit beaucoup de temps, dut être exécuté successivement dans tous les forts qui eurent à subir le bombardement. D'ailleurs, en présence de ces accidents et des pertes d'hommes que le feu de l'ennemi lui faisait éprouver, le commandant du fort voulut l'obliger à en changer la direction : il fit mettre de suite en batterie deux des pièces de 30 ramenées d'Avron, et qui furent hissées sur les plates-formes et montées sur leurs affûts, sous le feu des Prussiens, au saillant du bastion 1 et au flanc du bastion 3. En effet, l'ennemi modifia aussitôt la direction de son tir et le fort se trouva soulagé.

Vers deux heures de l'après-midi, le général Ducrot vint au fort de Rosny conférer avec le chef de la troisième armée. Celui-ci mit à sa disposition les vingt-quatre pièces de 7 retirées du plateau d'Avron, en lui faisant connaître les ordres prescrits pour leur établissement entre les forts. Il lui indiqua en même temps les emplacements reconnus à cet effet par le colonel Chanal, qui avait succédé au général Favé dans le commandement de l'artillerie de la troisième armée.

Le mouvement des troupes était donc achevé : le chef de la troisième armée rendit compte de l'opération au gouverneur de Paris, et ce dernier ayant approuvé les dispositions prises [1], notre quartier général rentra dans la capitale.

La troisième armée cessa d'être employée à la défense des forts de l'Est, mais on allait l'utiliser sur un autre point où l'ennemi ne tarda pas à porter son action offensive. Du côté de l'Est, les Prussiens, satisfaits sans doute de nous avoir obligés à évacuer le plateau d'Avron, — événement auquel leurs dépêches ont donné d'ailleurs une importance très-exagérée — ne purent pas pousser plus loin cet avantage. Pas plus que nous, l'ennemi ne parvint à tenir sur le plateau, d'où les feux croisés de notre artillerie le chassèrent aussitôt qu'il tenta de s'y établir. Il dut donc se borner à un bombardement assez inoffensif dirigé sur les forts et parfois, plus en arrière, sur les villages de Montreuil et de Nogent. Mais comme il avait reconnu la très-grande force de cette partie de l'enceinte, il ne persista point dans son attaque, et il porta sur un autre point plus vulnérable les moyens d'action les plus puissants de son artillerie. Il continua cependant sa canonnade sur

[1] Voir aux Appendices.

les positions de l'Est, mais en restreignant son intensité à ce point que le 26 janvier, jour de la cessation du feu, il n'était pas plus avancé que le 27 décembre, date de son commencement. Ce résultat contribua à démontrer le peu de désavantage qui résulta pour la défense de l'abandon du plateau d'Avron. Le gouverneur ayant renoncé à renouveler de ce côté la grande sortie qui avait été tentée à la fin de novembre, l'occupation d'Avron n'avait plus d'importance; et, en présence d'une attaque de l'ennemi que l'insuffisance des moyens de défense du plateau empêchait de repousser, son évacuation était devenue d'autant plus nécessaire que sa possession ne nous était d'aucune utilité.

SIÉGE DE PARIS.

— III —

ATTAQUE DES PRUSSIENS SUR LA RIVE GAUCHE DE LA SEINE.

CHAPITRE PREMIER.

COUP D'ŒIL SUR LES TRAVAUX EXÉCUTÉS PAR LES TROUPES POUR LA DÉFENSE DE LA RIVE GAUCHE DE LA SEINE.

L'attaque des Prussiens sur Avron marque la fin de l'une des périodes du siége, et sous ce rapport la date du 27 décembre a son importance. L'armée ennemie ayant terminé l'investissement de Paris le 19 septembre, et rejeté dans la place les forces sorties pour s'y opposer, avait depuis lors gardé une attitude simplement défensive. Pendant soixante-dix-neuf jours, le siége s'était borné à un blocus d'une vigilance active et d'une inexorable fermeté. Mais l'ennemi avait consacré le temps de cette immobilité apparente à l'établissement de lignes de circonvallation très-savamment tracées, et contre lesquelles les efforts de l'armée assiégée sont toujours demeurés impuissants. Le résultat final de cette patiente persistance devait être fatalement tel que les Prussiens l'ambitionnaient : la reddition de la place après l'épuisement de ses vivres. Sur ce point, aucune illusion n'était possible : les jours de la résistance étaient comptés, et il fallait s'attendre à ce que l'ennemi usât de son droit avec une rigueur d'autant plus impitoyable que nous aurions tenu plus longtemps, et sans qu'au dernier moment la pensée d'une population de plus de deux millions d'âmes, sur le point de mourir de faim, pût modifier en rien les dures conditions qu'il aurait résolu de lui imposer.

Rassuré depuis les combats d'Orléans sur le sort de ses armées de province, et convaincu dès lors de l'impuissance des nôtres, l'ennemi se décida cependant, le 27 décembre, à sortir de l'inaction qu'il observait depuis de si longs jours, et à passer de la défensive à l'offensive. Aujourd'hui que les événements qui s'accomplissaient en France et en Europe pendant que Paris était isolé du reste du monde nous sont expliqués et connus, il est même difficile de trouver les motifs qui poussèrent les Prussiens à tenter alors une attaque aussi inutile et qui par le fait a misérablement échoué. Faut-il l'attribuer à des considérations politiques, à l'impatience de l'Allemagne, à celle de l'armée surtout, désireuse d'en finir, avide de retourner au pays? Nos ennemis eux-mêmes, dans les relations officielles de cette grande lutte, qu'ils publieront sans doute, nous donneront probablement les raisons de cette tentative suprême, qui ne fut pas moins inhumaine que stérile.

Depuis le commencement du siége, un concours de circonstances contraires avait rendu l'ennemi maître de l'important plateau de Châtillon. Le commandant de la troisième armée avait déjà, pendant les quelques jours qui s'écoulèrent entre son retour de Mézières et l'investissement, insisté auprès du gouverneur sur la nécessité de conserver cette position dominante, et depuis qu'il avait été chargé de la défense de la rive gauche de la Seine, il n'avait cessé de se préoccuper de la possibilité d'une attaque sur ce point. Les trois forts d'Issy, de Vanves et de Montrouge sont commandés de très-près par cette hauteur; ils sont, en outre, très-rapprochés de l'enceinte. De Châtillon, l'ennemi avait la liberté non-seulement d'ouvrir sur ces trois forts un feu plongeant des plus redoutables, mais il voyait encore devant lui, et comme étendue à ses pieds mêmes, une grande partie de la capitale, et il pouvait diriger sur les quartiers les plus populeux ce bombardement lointain que la grande portée de ses pièces lui rendait si facile. S'imaginer que le désir de ménager l'opinion publique en Europe l'arrêterait un seul jour, que l'humanité le détournerait d'un acte d'autant plus odieux qu'il devait être sans résultat utile, c'était se bercer d'illusions vaines et juger trop favorablement l'ennemi le plus implacable qui fût jamais. Les événements antérieurs auraient dû faire écarter des prévisions que l'avenir devait si cruellement démentir. Le chef de la troisième armée aurait donc voulu qu'un effort puissant fût tenté pour reprendre à tout prix Châtillon; l'importance de cette position valait bien les sacrifices qu'elle eût certainement coûtés. Un seul jour, le 13 octobre, où fut livré le combat de Bagneux, il avait espéré que le gouverneur avait pris enfin cette sage et prudente détermination, et il entrevoyait déjà son succès. Mais cette fois, comme en bien d'autres occasions, l'espérance fut vaine, et l'ennemi conserva la position si indispensable à ses projets que nous lui avions d'abord laissé prendre sans la défendre, et que pendant quatre mois de siége nous ne tentâmes pas sérieusement une seule fois de reconquérir. Toutefois, en prévision des inconvénients graves qui pouvaient résulter pour nous de la possession de Châtillon par les Prussiens, toutes les dispositions que l'art de la guerre indiquait avaient été prises pour permettre de soutenir et de repousser une attaque qui viendrait de ce côté.

Déjà sous Paris, dans la partie qui s'étend de la Bièvre à la Seine, des travaux sérieux avaient obligé l'ennemi à porter plus en arrière ses lignes d'investissement, et le plateau de Villejuif pouvait être considéré comme très-redoutable. L'ouvrage des Hautes-Bruyères et celui de Moulin-Saquet, repris le 22 septembre, étaient terminés et armés. Quant à la redoute de Port-à-l'Anglais, elle avait été remplacée par une autre située plus en avant, à Vitry. Cette redoute, en forme de lunette d'un assez fort profil, et entourée d'un fossé profond, n'avait qu'un défaut : elle était mal défilée des hauteurs de Thiais. Elle était reliée au pont du chemin de fer, où se trouvait une batterie, par une tranchée qui se continuait pour atteindre la forte batterie de Vitry, qu'un mur protégeait de son abri. Les murailles placées en arrière étaient crénelées, et le village de Vitry organisé lui-même très-solidement comme position défensive.

La redoute de Moulin-Saquet était alors très-bien défilée, grâce à d'énormes traverses : elle avait un réduit très-solide; en outre, des défenses accessoires excellentes, telles que des palissades et une triple rangée de trous de loup, empêchaient de s'en approcher. Son fossé était très-large, et elle semblait être parfaitement à l'abri d'un coup de main. Elle servait elle-même de réduit à une série de tranchées exécutées en avant du front atteignant le moulin d'Argent-Blanc et s'approchant de Thiais; elles étaient armées de deux batteries.

En avant de Villejuif se trouvaient également deux lignes de tranchées, dont la première reliait la redoute de Moulin-Saquet aux dernières maisons de Villejuif. Ce village était crénelé; dans certains points même, des terrassements renforçaient les murs, et deux fortes barricades armées de canons gardaient le passage dans la rue principale. Le cimetière était également défendu avec des abris recouverts de terre. A partir de Villejuif, les tranchées formaient encore une sorte de courbe dont le saillant était aux Hautes-Bruyères, et qui étaient armées de trois batteries. Le profil et la profondeur de ces tranchées en faisaient d'excellents moyens de résistance contre l'artillerie de siége.

La redoute des Hautes-Bruyères, alors complétement terminée, fait le plus grand honneur à l'officier du génie qui a dirigé ses travaux. C'est l'ouvrage de fortification le plus nouveau et le mieux entendu qui ait été élevé autour de Paris. Son relief était considérable, ses parapets avaient plus de six mètres d'épaisseur, des traverses le protégeaient contre le tir d'enfilade. Sa forme générale était celle d'une lunette, avec un saillant très-évasé. Les talus de ses parapets étaient en terre coulante, et son fossé large et profond. Une escarpe en maçonnerie, de trois mètres de hauteur, établie au pied du parapet, avec un chemin de ronde par derrière et des créneaux pour la fusillade, rendaient l'assaut de la redoute à peu près impossible. Ses abords étaient protégés par des palissades et des glacis. Enfin, le flanquement était obtenu par un blockhaus en troncs d'arbres équarris, construit au saillant, avec une communication souterraine dans l'intérieur de l'ouvrage. Des casemates recouvertes avec des rails de chemin de fer abritaient sa garnison; les murs d'appui étaient en maçonnerie solide. Ces abris étaient placés sous les parapets et défendus des vues de l'ennemi par une forte épaisseur de terre; ils ont beaucoup mieux tenu que les casemates des forts voisins. Un profond fossé fermait la gorge de cette grande redoute, qui, sans avoir l'étendue ni l'importance de nos forts détachés, sans avoir surtout coûté autant de main-d'œuvre, de temps et d'argent, était cependant en état d'opposer une meilleure résistance.

A l'est de la redoute, une batterie puissamment armée enfilait la vallée de la Bièvre, et était reliée par une large et profonde tranchée à l'aqueduc d'Arcueil, sur lequel une forte batterie avait été également établie.

La seconde ligne des tranchées était portée

plus en avant; elle formait une ligne brisée s'étendant du moulin d'Argent-Blanc au moulin de Cachan, avec une avancée et une communication pour atteindre le regard n° 6 du conduit qui amène les eaux à Paris, Ce point avait été jugé important comme donnant accès dans le souterrain de l'aqueduc, bouché en cet endroit. Le moulin de Cachan, où ont eu lieu beaucoup de petites escarmouches, terminait la ligne des tranchées. Protégé en avant de ses défenses par une inondation de la Bièvre, il formait le saillant de nos avant-postes le plus rapproché de l'ennemi.

Un croquis joint à ce rapport fera mieux connaître encore l'ensemble de ces dispositions; les travaux qui y figurent formaient la défense du plateau de Villejuif, et servaient d'ouvrages avancés aux forts de Bicêtre et d'Ivry. Ils étaient défendus par la division de Maud'huy, qui occupait la droite, et par la division Pothuau, établie sur la gauche, en avant de Vitry. Ces troupes offraient une grande force de résistance : presque toutes les nuits, les reconnaissances que l'ennemi envoyait pour tenter de prendre en défaut le service de nos tranchées étaient repoussées avec perte; il y avait donc sur ce point, pour nos soldats, une alerte presque continuelle.

Les travaux du plateau de Villejuif avaient été entrepris sur la proposition du général du génie

Tripier, dans un but offensif qui a déjà été ci-dessus détaillé. Mais l'ennemi ayant eu recours aux mêmes moyens de défense et aucune attaque n'ayant été dirigée par lui de ce côté, jusqu'au 29 novembre, ces travaux n'avaient pas jusqu'alors donné le résultat qu'on en attendait. Toutefois, ils ont puissamment aidé à la prolongation de la résistance. Non-seulement ils rendaient impossible une attaque régulière sur les forts de Bicêtre et d'Ivry, mais ils empêchaient les batteries destinées à battre le fort de Montrouge de dépasser l'Hay. La batterie des Hautes-Bruyères notamment n'a cessé de flanquer ce fort de la manière la plus efficace.

Les travaux exécutés pour relier la rive gauche de la Bièvre à la Seine, de Cachan à Issy, avaient un but exclusivement défensif, un tracé différent et d'autres appuis. Ils étaient destinés d'abord à couvrir la communication entre les forts, puis à protéger les batteries qui les soutenaient, enfin à empêcher l'ennemi de passer entre deux forts pour en investir un en l'isolant de l'enceinte. En avant de Montrouge, se trouvaient les ouvrages de la maison Millaud établis avec des batteries ayant des vues sur l'Hay et sur Bourg-la-Reine. Ils étaient protégés par le chemin de fer de Sceaux, formant en cet endroit une tranchée profonde, large et escarpée. La grange Ory, occupée militairement, servait de réduit et était flanquée par une tranchée s'étendant jusqu'en avant du fort de Montrouge.

Entre ce dernier fort et celui de Vanves, la ligne des tranchées faisait des détours : elle était armée de six batteries prêtes à ouvrir leur feu. D'ailleurs, cette ligne n'était pas continue : elle s'appuyait parfois sur des murs crénelés, notamment au lieu dit la Baraque, petit hameau situé au point où la ligne de communication des forts croise la route n° 54, qui descend de Châtillon.

Entre le fort de Vanves et celui d'Issy, les tranchées formaient deux longues branches dont le saillant était fortifié d'une lunette avec parapet et fossé de campagne. Elles s'appuyaient à la gare de Clamart, que nos troupes occupaient. Plusieurs batteries étaient placées en arrière, notamment au-dessous du remblai du chemin de fer et à côté du parc des aliénés. Enfin une batterie basse, à crémaillère, était établie à côté et à l'ouest du fort de Vanves : elle a rendu de grands services pendant le bombardement.

Le fort d'Issy avait été relié à la Seine par d'autres travaux. Les principaux se trouvaient dans un cimetière placé en avant du fort et dans le parc d'Issy ; ils étaient armés de batteries puissantes d'un relief considérable et d'un profil des plus sérieux. Une tranchée rectiligne s'étendait d'Issy à la Seine et empêchait qu'ils ne fussent tournés de ce côté.

Ces ouvrages accessoires avaient une grande importance et une valeur sérieuse : leur développement considérable et leur solidité purent défier l'attaque de l'ennemi, qui n'osa jamais les aborder de vive force, ni même s'approcher de ceux qui avaient, par moments, paru un peu aventurés, tels que la maison Millaud. Mais ce qui a prouvé mieux encore la valeur réelle de ces travaux, c'est que plus tard, quand il s'est agi de reprendre à la Commune le fort d'Issy tombé en son pouvoir, il a fallu beaucoup de peine et les plus sanglants efforts pour se rendre maître des défenses de Clamart et de celles du parc d'Issy. C'est là qu'a été concentrée surtout la résistance du fort : et les travaux une fois enlevés par nos troupes, leur importance était telle, que, quarante-huit heures plus tard, la chute du fort avait suivi la leur.

Les ouvrages défensifs de la rive gauche ont été exécutés en entier par les troupes dans tout ce qu'ils avaient de périlleux et de difficile : les ouvriers civils ont seulement aidé à l'achèvement de la redoute des Hautes-Bruyères et au baraquement de celle de Moulin-Saquet. Terminés avant le 1er décembre, sur une étendue de 25 kilomètres environ, ces travaux ont rendu les plus incontestables services. On ne saurait tirer, de simples hypothèses, une conclusion absolue : aussi n'est-il pas possible de déterminer dans quelle mesure les forts ont reçu, pendant l'attaque violente qu'ils ont eu à subir, l'appui et le secours des ouvrages défensifs. Peut-être eussent-ils résisté sans eux; peut-être aussi, sans l'accroissement de force qu'ils leur ont donné, auraient-ils fini par succomber. Quoi qu'il en soit, il est évident que si les forts ont pu supporter, pendant trois semaines, un feu aussi terrible que continu et dont ils eussent été en état de soutenir l'effort durant de longs jours encore, les travaux en question ont certainement concouru d'une manière très-efficace et très-sérieuse à cet heureux résultat. Le gouverneur de Paris lui-même n'avait pas osé l'espérer, et le soir de la journée de Châtillon, le 19 septembre, ses prévisions à ce sujet étaient des plus tristes. Le chef de la troisième armée, qui, depuis ce même jour, eut à commander ces positions et dont les troupes furent employées, pendant le séjour prolongé qu'elles durent y faire, à l'exécution de ces importants travaux, est heureux de constater les résultats qui, grâce à ces communs efforts, ont été définitivement obtenus.

Les tranchées en avant des forts étaient occupées, depuis le 1ᵉʳ décembre, par la division Corréard : le général de Chamberet commandait à la maison Millaud. Un tableau inséré aux Pièces justificatives donne l'armement total de ce front. Enfin de puissantes batteries défendaient l'enceinte même : les bastions 68 et 75 notamment avaient reçu des pièces disposées de manière à pouvoir tirer sur Châtillon. Les moyens de défense en artillerie étaient donc considérables : les travaux intérieurs des forts étaient achevés, les traverses construites, les magasins à poudre et les abris terminés. La ligne entière de nos fortifications était donc parfaitement prête à supporter une attaque qui, d'ailleurs, n'allait pas tarder à se produire.

La fin de l'année 1870 et le commencement de l'année 1871 s'étaient passés sans événement notable et dans une sorte de calme relatif : le bombardement des forts de l'Est continuait sans amener d'incidents nouveaux. La physionomie de Paris, dans ces journées habituellement si remplies de mouvement et de gaieté, avait été sombre et triste. Les privations devenaient de plus en plus dures; le pain distribué aux habitants en quantité insuffisante n'était plus qu'un mélange détestable d'un peu de farine blutée avec toute espèce de substances étrangères. La viande de cheval, la seule que l'on eût encore, était elle-même mesurée à la population avec une jalouse parcimonie; le gaz avait complétement disparu et de petites lampes au pétrole laissaient les rues dans une demi-obscurité que les brumes du soir accroissaient encore; le bois était devenu très-rare et d'une excessive cherté, on avait dû également le rationner. Des coupes réglées, qui ne rapportaient que du bois vert aussi mauvais que difficile à brûler, avaient été organisées dans les parties épargnées des bois de Boulogne et de Vincennes. Le manque de combustible, pendant un hiver si rigoureux, a été l'une des plus cruelles épreuves du siége.

L'ennemi inaugura l'année nouvelle en redoublant l'intensité de son feu sur les forts de l'Est, qui d'ailleurs n'en souffrirent pas très-sensiblement. Les jours y succédaient aux jours, tristes et monotones et avec un contingent journalier assez faible de tués et de blessés auquel on s'était presque habitué.

Vers le Sud, l'ennemi déployait une activité plus inquiétante : on voyait de toutes parts ses travaux s'avancer; les monticules de terre soulevée grossissaient et les épaulements des batteries semblaient bien près d'être terminés. Pendant le jour, les forts savaient bien contrarier ces travaux en dispersant les travailleurs à coups de canon, mais la nuit permettait de les reprendre, et ils approchaient de leur achèvement. Il devenait donc urgent de protéger, contre le feu qui allait évidemment s'ouvrir d'un moment à l'autre, les garnisons nombreuses des forts de Vanves et d'Issy. Avec la précision nouvelle de l'artillerie, il fallait éviter de laisser à proximité des batteries engagées, des corps de troupes trop considérables. La très-longue distance à laquelle se commencent aujourd'hui les canonnades permettant aux défenseurs des batteries d'arriver à temps en cas d'une attaque imminente d'infanterie, on ne devait pas laisser dans un fort bombardé, à 2 ou 3,000 mètres, un seul homme inutile. Cette mesure de précaution élémentaire fut prise le 3 janvier, par ordre du gouverneur, pour les forts de Vanves et d'Issy, dont la garnison fut réduite à 1,500 hommes. Celle de Montrouge, d'un effectif plus restreint, fut conservée telle quelle.

Le 3 janvier, des nouvelles de la province furent apportées par des journaux que nous transmirent des francs-tireurs postés au Bas-Meudon. Le général en chef de la troisième armée croit devoir, à ce propos, exposer ici l'opinion qu'il a pu se faire, d'après les rapports qu'il a été obligé d'avoir avec certains corps francs agissant dans la partie du territoire où il commandait, sur l'organisation, la tenue et la valeur réelle de ces réunions autorisées de troupes irrégulières.

Les francs-tireurs du Bas-Meudon faisaient partie d'un corps organisé dans le principe par

M. de Jouvencel[1], ancien député, sous le nom de *Chasseurs de Neuilly*. A Vitry était un autre corps franc, également envoyé par l'état-major général, et qui s'intitulait *Guerrilla de l'Ile-de-France*. Ces corps n'ont jamais rendu que de fort médiocres services; ils étaient surtout mal administrés, indisciplinés et pillards. Des plaintes réitérées nous arrivaient à tout moment contre eux, et mettaient en lumière les faits les plus tristes et parfois les plus honteux. Le dernier corps que nous venons de nommer avait créé, pour échapper à tout contrôle régulier, un intendant choisi parmi les hommes qui le composaient, et au moyen du cachet fabriqué en son nom, celui-ci avait pu tirer des magasins de l'État, au profit du corps, une quantité d'effets bien supérieure à celle qui lui revenait. Il s'était aussi rendu coupable de réquisitions illégales ayant pour but de s'emparer des chevaux d'un marchand, et de divers objets de sellerie et de harnachement. Mais la fraude que ces hommes peu scrupuleux mettaient surtout en pratique consistait à se faire inscrire sur les contrôles de trois ou quatre corps différents de francs-tireurs, de façon à toucher de chacun d'eux la solde et les vivres sans y faire aucun service, et à la cumuler avec celle de 1 fr. 50 c. que recevait

---

[1] M. de Jouvencel avait quitté Paris, en ballon, dans le courant de novembre.

la garde nationale. On peut affirmer que cette immorale spéculation a été très en usage vers la fin du siége.

Nous avons dit que l'organisation de ces corps était surtout déplorable. Quelques-uns, tels que les éclaireurs Franchetti, Poulizac, Fould, les chasseurs des Ternes, ont rendu de réels services; mais il est certain qu'en général leur création n'a eu pour résultats que de soustraire à l'armée des hommes qui, incorporés dans ses rangs, auraient été de tous points meilleurs et plus utiles. Le chef de la troisième armée veut citer, comme preuve du peu d'aide qu'on devait attendre de ces corps, un exemple choisi parmi beaucoup d'autres qui ne sauraient tous être rappelés ici : ayant voulu, dans une circonstance où il crut pouvoir les utiliser, se servir des hommes du corps franc du bas Meudon, ils se refusèrent obstinément à marcher avec nos colonnes, et on saisit avec empressement cette occasion de les licencier [1].

Les résultats obtenus en province, et surtout à Paris, par l'autorisation accordée à la levée de corps de francs-tireurs, prouveront une fois de plus que ce n'est pas en vain qu'on renonce aux principes reconnus indispensables par l'expérience des siècles pour l'organisation des armées. Quand

[1] Voir aux Appendices.

une nation est obligée de lutter pour défendre son territoire envahi, toute distinction doit s'effacer parmi ses défenseurs : ce ne sont pas des gardes nationaux, des francs-tireurs ou autres corps de troupe agissant sans discipline et indépendamment les uns des autres qu'il faut organiser; c'est une armée solide et unique, composée de toutes les forces vives du pays, soumise tout entière aux mêmes obligations, astreinte aux mêmes devoirs et obéissant à un seul chef. Toute autre organisation ne peut amener que le désordre et la confusion, et conduit fatalement à l'impuissance.

Au nombre des journaux introduits par ces francs-tireurs, se trouvaient surtout des numéros du journal prussien publié à Versailles [1]. Les nouvelles qu'ils donnaient ne nous étaient pas favorables; en faisant la part de l'exagération évidente avec laquelle ils présentaient certains événements connus de nous, tels que les combats de Ville-Évrard et l'évacuation d'Avron, il fallait bien reconnaître que les autres renseignements qu'ils publiaient avaient un fonds de vérité malheureusement incontestable. Ces articles démontraient

---

[1] *Le Nouvelliste de Versailles*, devenu, après ses treize premiers numéros, le *Moniteur officiel du département de Seine-et-Oise*. Ce journal a été réimprimé depuis en deux volumes in-octavo. Paris, L. Beauvais, éditeur, 1871.

surtout que l'espoir d'un secours nous venant du dehors devait être de plus en plus écarté comme chimérique.

Le 2 janvier, l'ennemi fit sauter la Tour des Anglais à Châtillon, probablement dans le but de démasquer une batterie. Mais le feu ne s'ouvrit pas encore, et les coteaux continuèrent à demeurer silencieux. Les troupes établies plus avant firent, le 5 janvier, une reconnaissance jusqu'au Moulin-de-Pierre. Elles en chassèrent le poste bavarois qui s'y trouvait établi, et purent constater que cette position, où nous avions eu d'abord une redoute, n'était pas encore armée. Vers le matin; trois bataillons prussiens étant accourus, la reconnaissance s'était aussitôt retirée sur ses lignes. C'est à ce moment, vers huit heures du matin, qu'une canonnade très-violente se fit entendre et que l'ennemi, démasquant à la fois toutes ses batteries, ouvrit leur feu contre les forts du Sud.

CHAPITRE DEUXIÈME.

OUVERTURE DU FEU PAR LES PRUSSIENS CONTRE LES POSITIONS DU SUD.

Les batteries de l'ennemi étaient nombreuses et puissantes, aussi bien par la quantité des pièces qui les composaient que par la force de leur calibre. Leur position a peu varié pendant le reste des opérations; toutefois, celles du Moulin-de-Pierre et de la plâtrière de Châtillon n'ont été ouvertes que plus tard. Nous donnerons tout d'abord la nomenclature complète de ces batteries :

1° *Pavillon de Breteuil.* — Une batterie de six pièces dirigée contre le Point-du-Jour et ses bastions, pouvant obliquer à droite et détourner son feu sur le fort d'Issy.

2° *Château de Meudon.* — Une puissante batterie de vingt-quatre pièces était établie sur la terrasse; elle était divisée en trois parties : deux batteries de dix pièces chacune tirant sur le fort d'Issy, et une batterie de quatre pièces placée en retour e tirant contre les remparts du côté d'Auteuil.

La position était d'autant mieux choisie qu'elle est dominante, et de plus établie sur le prolongement exact du côté du polygone, qui forme en cet endroit l'enceinte de Paris.

Trois batteries placées, l'une dans le bois de Clamart, et les autres sur les coteaux en arrière, tiraient sur le fort d'Issy, ainsi que trois batteries installées sur le sommet du plateau de Châtillon, entre la redoute et le bord de la crête. La batterie du Moulin-de-Pierre, qui ne fut établie que plus tard, portait également ses feux sur Issy. Ce fort était donc attaqué par un ensemble de batteries réparties sur une ligne de hauteurs qui le dominaient ; elles avaient l'avantage de pouvoir diriger sur ses bastions un feu concentrique formidable, le périmètre qui s'étend depuis la Tour des Anglais à Châtillon jusqu'au pavillon de Breteuil étant d'environ sept mille mètres. Issy était évidemment l'objectif principal du tir de l'ennemi, qui sut habilement profiter de l'isolement dans lequel se trouve ce fort par suite de la trop grande lacune existant entre lui et le Mont-Valérien.

Les batteries de droite des Prussiens étaient dirigées surtout contre Paris ; mais elles plongeaient, en outre, avec efficacité sur Vanves et Montrouge. Vanves recevait les feux de la batterie de la plâtrière de Châtillon, d'une batterie située au-dessous du moulin de Châtillon, à l'ouest de la route, et qui pouvait aussi tirer sur Montrouge, et enfin de deux autres batteries placées sur la crête.

Quant au fort de Montrouge, il était attaqué

par une batterie très-bien dissimulée entre Bagneux et Châtillon, dans une position excellente, et par deux autres batteries établies au-dessous de Fontenay-aux-Roses.

L'ensemble de ces moyens d'artillerie peut être évalué à environ deux cents pièces. Les événements qui ont suivi le siége de Paris devaient nous obliger à étudier sur le terrain, et par leur pratique même, les batteries que nous venons de décrire. En effet, pour s'emparer du fort d'Issy occupé par les troupes de la Commune, il a fallu les armer de nouveau et reprendre le même feu que la paix avait interrompu; mais cette fois, le tir était dirigé seulement contre les défenses des forts et des ouvrages qui les appuyaient, et ne fut jamais tourné contre la ville elle-même.

La seule batterie qui fût dangereuse pour les occupants était celle de Breteuil; creusée dans le coteau, elle recevait, sans en perdre un seul, les obus lancés contre elle, et leur éclatement ne cessait de couvrir de pierres et de terre les servants de ses pièces. Elle était très-efficacement contre-battue par la batterie de la butte Mortemart, par celle des bastions 65 et 68, et surtout par le Mont-Valérien. Le coteau de Saint-Cloud la défendait bien contre les vues directes du fort, mais sans pouvoir lui éviter les effets du tir plongeant de ses pièces, dont le télégraphe du 6ᵉ secteur précisait et rectifiait la direction. Dans le courant de janvier, un obus parti du fort fit sauter le magasin à poudre de la batterie avec tous ses projectiles, et l'obligea à suspendre son feu pendant deux jours.

La plus redoutable de ces batteries, par le nombre de ses pièces et le choix judicieux de sa position, était celle de la terrasse du château de Meudon. Le tracé des communications y était fait avec une grande habileté; les abris blindés pour servir de magasins à poudre s'y trouvaient très-profonds et bien disposés. En un mot, tout y était préparé avec un soin et une intelligence extrêmes.

Les batteries établies sur Châtillon n'avaient rien de remarquable, sinon que la communication établie entre deux d'entre elles était blindée. Leur position était d'ailleurs déterminée par la situation même du plateau, et ne pouvait être modifiée.

La batterie entre Bagneux et Montrouge était fort habilement placée : tout en voyant très-bien le fort par-dessus le village de Bagneux, elle en était à peine vue. Il était donc très-difficile, pour ne pas dire à peu près impossible, de l'atteindre en lui ripostant et de régler le tir dirigé contre elle.

Cependant, plusieurs de ces batteries ont été

très-efficacement contre-battues : le feu des pièces du rempart a fait sauter deux magasins à poudre de l'ennemi, et une batterie de mortiers placée en arrière du chemin de fer, à la station de Clamart, a obligé à se taire absolument la batterie du Moulin-de-Pierre.

Il est donc certain que l'ennemi a souffert des ripostes de notre feu : son matériel a subi des pertes sérieuses et une usure très-considérable. Son grand parc de siége était établi sur le plateau de Villacoublay, en arrière de la ferme de ce nom : il renfermait encore, au mois de mai, vingt-trois pièces de rebut sans doute détériorées pendant le bombardement. Le feu de l'ennemi avait été dès le premier jour très-vif et nourri; dans certains moments il fournit jusqu'à cinq et six coups par minute, ce qui représente environ un coup par pièce et par demi-heure et en moyenne 10,000 projectiles par jour. Le calibre était d'une grosseur inusitée, la portée inattendue, et sous ce double rapport le siége de Paris a offert le spectacle d'opérations militaires des plus nouvelles.

Bien que la violence du tir ne se ralentît guère, il y avait pourtant dans la journée des heures où elle redoublait, d'autres au contraire où elle était moins grande. C'était surtout vers le milieu du jour qu'avait lieu son intensité la plus vive : il y avait plus d'intermittence entre les coups, dans la matinée et vers le soir. A minuit, la canonnade reprenait avec la plus grande force, puis cessait un peu avant le jour, pour recommencer avec lui. Le tir de jour était plus particulièrement dirigé sur les forts et sur les ouvrages de défense et le tir de nuit sur la ville. Pour résister aux effets de la concentration de ce bombardement continu, le feu de la place et des forts était sans cesse déplacé. Quand un des forts, comme Issy et Vanves, se sentait trop éprouvé et avait besoin de soulager sa garnison, il faisait arrêter le feu et prévenir les batteries extérieures, qui agissaient alors à leur tour. Aussitôt, suivant le principe, toujours vérifié, que le feu appelle le feu, le tir des Prussiens se détournait des forts pour se porter sur les batteries qui venaient d'ouvrir leur canonnade. Quand celles-ci éprouvaient le besoin de cesser le combat, l'enceinte et les canonnières se mettant de la partie attiraient sur elles les efforts de l'ennemi. Ainsi en déplaçant constamment la lutte, on pouvait la supporter plus facilement et sans de trop grandes pertes. Dans ce formidable duel d'artillerie, les canonnières ont rendu de réels services par la facilité avec laquelle elles pouvaient se déplacer soit pour se porter en avant, soit pour se replier. Il n'était pas commode de diriger un tir régulier contre elles à cause de cette mobilité même, à moins de pouvoir prendre d'enfilade, au moyen d'une batterie basse, la rivière où elles se trouvaient. L ennemi n'a jamais pu faire taire leur feu ni leur faire subir les avaries que notre artillerie leur a infligées plus tard, alors que la Commune a voulu les utiliser.

La distance moyenne du tir de plein fouet variait entre 2,000 et 4,000 mètres : elle a atteint un minimum de 1,100 mètres et la distance de Breteuil aux remparts donne un maximum qui n'a pas dépassé 5,000 mètres. Le tir à toute volée a atteint une portée extrême qui s'est élevée jusqu'à 7,000 et 7,500 mètres. Mais à une si grande distance c'est presque toujours le hasard seul qui décide du résultat.

CHAPITRE TROISIÈME.

BOMBARDEMENT DE LA RIVE GAUCHE.

Pendant la journée du 5 janvier le feu dirigé contre les forts du Sud était arrivé à une grande violence. Combien nous devions alors regretter de n'avoir pas, dès le premier jour, tenté par tous les moyens possibles de reprendre Châtillon! Que de tristes retours nous pûmes faire sur le passé, surtout quand nous vîmes, le soir de cette même journée, les projectiles de l'ennemi venir s'abattre au delà du rempart, jusqu'au milieu des quartiers les plus populeux de Paris!... Le bombardement de la grande capitale avait donc commencé : il portait sur les 7e, 8e et 9e secteurs et sur une petite partie du 6e. La limite extrême, qu'il n'a pas atteinte tout de suite, car les artilleurs prussiens ont été en augmentant sans cesse la distance à laquelle ils tiraient, peut être déterminée par une ligne partant de la Muette et traversant la Seine au pont d'Iéna en passant par le Trocadéro et le cimetière de Passy; cette ligne se dirigeait ensuite sur l'esplanade des Invalides, qu'elle traversait de biais pour aller rejoindre, par l'église Saint-Sulpice plusieurs fois touchée, la Seine au jardin des

Plantes et arriver enfin aux fortifications en arrière d'Ivry. Pendant ce tir, le fort de Bicêtre reçut quelques éclaboussures qui ne lui étaient certainement pas destinées.

Dans la ville, les effets du bombardement ne produisirent pas sur la population l'impression décourageante que l'ennemi avait certainement en vue. Beaucoup de célèbres monuments furent frappés, ainsi que des établissements scientifiques et hospitaliers : le jardin des Plantes, l'hôpital de la Pitié, le Panthéon, le Val-de-Grâce, l'Observatoire, l'église Saint-Sulpice, l'hôtel des Invalides, etc... Plusieurs incendies éclatèrent; ils étaient dus surtout aux projectiles au pétrole inaugurés par les Prussiens, mais ils furent presque aussitôt éteints. Quant aux victimes faites par le bombardement, parmi les habitants ne prenant pas une part directe à la défense, leur nom était publié chaque jour au *Journal officiel*. D'après ce relevé quotidien, le chiffre des personnes atteintes a été, pour toute la durée de la crise, de 375, savoir :

Tués :   97, dont 31 enfants et 23 femmes.
Blessés : 278, dont 36 enfants et 90 femmes.

On ne saurait rendre trop de justice à la population de Paris sur son attitude pendant les tristes journées de ce cruel bombardement : elle ne montra point de faiblesse, encore moins de forfanterie ou de bravades; il n'y eut pas de fuites honteuses, et chacun fit son devoir. Beaucoup d'habitants quittèrent les quartiers menacés pour se réfugier dans ceux que le feu de l'ennemi ne pouvait atteindre. Vaugirard, Grenelle, Montrouge, le Luxembourg, les Gobelins, eurent surtout à souffrir. Cependant, ce mouvement d'évacuation eut lieu sans désordre, même parmi la population ordinairement si tumultueuse de ces quartiers; personne ne manifesta d'opinion démoralisante, et il n'y eut pas à craindre d'émeute ayant pour but de hâter la reddition qui eût mis fin à la dure épreuve que l'on subissait. Les sentiments de la population furent au contraire exaltés au suprême degré par l'accroissement subit du danger. Bien loin d'avoir donné lieu à des actes de faiblesse, le péril commun enflamma au delà de toute mesure le désir de la résistance poussée à ses dernières limites. Il fallut écouter ce vœu unanime, s'y rallier, déclarer même qu'on l'approuvait, qu'on le partageait, et c'est alors que, le 6 janvier, deuxième jour du bombardement, le gouverneur de Paris affirma, dans une proclamation demeurée célèbre, « qu'il ne capitulerait pas ».

Nous n'énumérerons pas, jour par jour, les efforts considérables de la défense pour contrebattre le feu de l'ennemi. Les forts ont soutenu la lutte avec une constante vigueur, perdant tous les jours du monde sans en perdre cependant beaucoup, puisque la moyenne n'a été que de 5 à 6 hommes, tant tués que blessés, par journée. Le fort dont la garnison a le plus souffert est celui de Montrouge, à cause de la résistance énergique qu'il a faite et de l'activité de son feu, qui n'a pas diminué. A la fin du bombardement, l'une de ses casernes avait brûlé, l'autre était très-endommagée, enfin plusieurs casemates avaient été défoncées et percées par les projectiles. Beaucoup de pièces y furent atteintes, ainsi qu'on le verra plus loin en détail, et même une brèche y avait été faite à la face du bastion n° 4 de la gorge. Elle était praticable, mais comme elle se trouvait à la partie du fort qui regarde l'enceinte, elle ne pouvait être attribuée qu'à un coup de hasard, de telle sorte que l'ennemi ne s'en était même pas aperçu. D'ailleurs elle avait été réparée en deux nuits en déblayant le pied du mur encombré par les éboulements et en creusant à cet endroit le fond du fossé. Nous ne quitterons pas le fort de Montrouge sans signaler la fermeté et l'intelligence non moins que le sang-froid et l'activité de son énergique commandant, le capitaine de vaisseau Amet.

Les batteries de la maison Millaud, poste des plus avancés, préoccupaient vivement le général de Chamberet. Il craignait que l'artillerie de ce point, moins appuyé que d'autres, ne fût sérieusement compromise. On put cependant le conserver jusqu'au dernier jour.

Le fort de Vanves, très-dominé par le feu de l'ennemi, n'avait cependant pas souffert autant que sa position pouvait le faire craindre. La batterie basse, placée au pied des glacis, lui rendit de grands services ; elle tira presque sans discontinuer et perdit cependant peu de monde. Toutefois les casernes du fort furent défoncées, mais sans incendie complet ; peu à peu les projectiles les démolirent tout à fait, en les émiettant, pour ainsi dire, par morceaux. Quant aux casemates, elles avaient été percées à jour en beaucoup d'endroits. Ce fort est peut-être celui dont l'ennemi se soit approché le plus près, car la batterie de la plâtrière de Châtillon et la tranchée qui la garde se trouvent seulement à 1,000 mètres de ses portes. Aussi a-t-il reçu bon nombre de balles tirées par des fusils de rempart.

Les troupes de tranchées entre Issy et Vanves, appartenant à la division Corréard, ont reçu plusieurs fois des balles explosibles envoyées par l'armée allemande. Deux de ces projectiles, dont l'un avait éclaté, furent apportés au commandant en chef. Des balles provenant de fusils de rempart furent aussi tirées en grand nombre sur ces mêmes troupes. Le chef de la troisième armée n'a pas jugé à propos de protester officiellement contre l'emploi fait par les Prussiens des balles explosibles : leurs états-majors nous auraient sans doute répondu, comme ils l'avaient déjà fait ailleurs, par une simple dénégation, sans ordonner aucune enquête sérieuse. Quand on veut soulever de semblables questions, il faut être le plus fort, sinon le meilleur parti à prendre, pendant tout le temps que dure la lutte, c'est de garder le silence, en se réservant pour l'avenir le droit de signaler publiquement l'inhumanité et la mauvaise foi des troupes qui ont recours à de tels procédés.

Le fort d'Issy, principal objectif de l'ennemi, est celui qui a le plus souffert du bombardement. Une grande partie de ses pièces fut mise hors de service, et il eut ses escarpes très-endommagées. Dans la journée du 15 janvier, les Prussiens commencèrent à battre en brèche la courtine faisant face à leurs positions. Nous eûmes de vives craintes dès le début de cette attaque : deux casemates furent défoncées, laissant intacte, entre elles, une troisième casemate que, par un simple hasard, les obus ne touchèrent même pas. Or, cette casemate renfermait 8,000 projectiles chargés, et si elle avait été atteinte comme ses voisines, et ainsi d'ailleurs qu'elle le fut plus tard, il n'est pas douteux que les munitions qui s'y trouvaient rassemblées en si grand nombre n'eussent fait explosion. Cet accident, s'il se fût produit, aurait ouvert une brèche immense et, on peut le dire, irréparable dans la courtine du fort. Elle aurait donné aux Prussiens l'occasion unique pour eux dans cette guerre, de tenter enfin un assaut! Aussi l'alarme fut-elle grande et l'anxiété des chefs incessante : mais le secret fut si bien gardé que les journaux pas plus que la ville ne purent le soupçonner. Aussitôt 4,000 travailleurs furent envoyés au fort pour opérer à la nuit le déchargement de la poudrière. Dans cette première nuit de travail 80 tonneaux de poudre furent enlevés ainsi que la moitié des projectiles chargés. La poudre fut transportée en arrière, dans l'église d'Issy, où une explosion était moins à redouter et ne pouvait avoir, en tout cas, d'aussi désastreuses conséquences. Le plus grand danger était ainsi évité, mais ce ne fut que pendant la nuit suivante que le déchargement de la poudrière put être achevé, le froid et le verglas ayant contrarié et même arrêté les travailleurs.

Les casernes du fort avaient brûlé sous l'effet des projectiles incendiaires; presque toutes les casemates de la courtine du front d'attaque étaient défoncées, et une brèche, praticable à un homme seulement, était aussi faite de ce côté. Néanmoins le fort tint bon jusqu'au bout, grâce à l'énergie de son chef, le colonel Guichard, à qui sa belle résistance mérita le grade de général; grâce aussi à l'appui efficace qu'il reçut des ouvrages extérieurs, notamment de ceux du parc et du cimetière. Les batteries du 7ᵉ secteur lui rendirent également les meilleurs services, et il le constata dans plusieurs dépêches.

Il y aura lieu d'indiquer plus tard les dispositions qui avaient été prises par le commandant en chef pour repousser une attaque dans le cas où l'ennemi l'aurait tentée, et pour résister encore, même si le fort avait été réduit en poussière sous l'action destructive de l'artillerie. L'attaque n'eut pas lieu, et le fort eût pu tenir longtemps encore, au grand étonnement des généraux et officiers ennemis, qui, lorsqu'ils vinrent l'occuper, déclarèrent qu'ils l'avaient jugé beaucoup plus près de sa chute qu'il ne l'avait été réellement. Il faut donc tirer de ce fait cette conclusion que le bombardement à grande portée n'a pas sur des ouvrages bien construits un effet très-considérable, et n'est pas suffisamment précis pour faire une brèche réelle et praticable. Quand on voudra réduire une place par la force et non pas seulement par le blocus et la famine, il faudra donc avoir recours aux anciens procédés et, comme par le passé, se livrer aux classiques travaux d'approche.

Les batteries du parc et du cimetière d'Issy avaient aussi très-bien soutenu le feu : la seule batterie dont elles avaient eu à souffrir était celle de la station du chemin de fer, à Meudon. Dans la journée du 11 notamment, les embrasures avaient été détériorées, et le général Corréard avait réclamé d'urgence, vers deux heures du soir, des pelles et des pioches pour les réparer pendant la nuit. Toutes les ressources et moyens du génie ayant été donnés à la deuxième armée, la troisième armée en manquait complétement, et elle dut, pour se procurer ces outils indispensables, s'adresser au gouverneur de Paris lui-même. Un officier muni d'un ordre écrit de sa main se présenta à l'état-major du génie territorial, où il éprouva des difficultés tant pour les formalités de la réception des outils que pour leur envoi, qui, de même qu'à l'affaire de l'Hay, le 29 novembre, finit par ne pas avoir lieu. Nous avons déjà insisté à propos de cette dernière affaire, et nous insistons ici de nouveau sur la nécessité de centraliser entre les mains d'une armée tous les services indispensables à la bonne efficacité de son action.

Pendant ces jours de bombardement, les troupes avaient dû rester dans l'inaction. Le commandant de la troisième armée aurait voulu, toutefois, qu'une tentative énergique fût faite pour enlever les batteries de Châtillon, en même temps qu'en avant du Mont-Valérien une sortie aurait eu lieu dans la direction de Versailles. Le gouverneur adopta tout d'abord cette idée, et indiqua même le jour de sa mise à exécution; puis il renonça à une partie du projet, parce que de nouveaux renseignements parvenus sur les positions qui défendaient les abords de Versailles lui avaient fait connaître que cette ville était protégée par une enceinte avancée de fortifications formidables. Il admit, d'autre part, que l'enlèvement des batteries de Châtillon serait une opération des plus utiles, et un conseil de guerre, auquel assistèrent les généraux de la deuxième armée, fut réuni à cet effet au quartier général de la troisième armée dans la nuit du 6 au 7 janvier.

La discussion qui s'éleva dans le conseil fit ressortir tout d'abord les difficultés que présentait l'opération. Les tranchées étant éloignées de l'ennemi, on ne pouvait sortir de jour pour attaquer, la concentration des troupes devant les exposer avant l'action à un feu des plus meurtriers qui jetterait inévitablement le désordre dans leurs rangs. Si l'on faisait une sortie de nuit, elle n'offrait pas moins d'inconvénients; les mouvements de troupes ne pouvaient s'opérer qu'avec difficulté, et il était à craindre qu'en cas d'alerte ou simplement de trouble survenant au milieu des dispositions prises, les hommes ne se fusillassent entre eux pendant l'obscurité. Plusieurs généraux se montrèrent tout particulièrement opposés à une entreprise de nuit contre les batteries; les autres n'admirent pas qu'une attaque de jour fût possible, et le conseil de guerre se sépara sans avoir rien résolu. La suite de la délibération fut remise au lendemain soir, 7 janvier, et eut lieu cette fois au Louvre, chez le gouverneur de Paris. La majorité des avis y fut contraire au projet d'attaque par Châtillon ; mais elle se rallia en principe à la pensée d'une sortie sur le plateau de Bougival, qui fut proposée au conseil par le général Schmitz. Ce projet fut aussitôt mis à l'étude ; mais son exécution fut longtemps différée, et n'eut lieu que douze jours plus tard, le 19 janvier.

Le 8 janvier, le froid, qui avait persisté depuis le 21 décembre, c'est-à-dire pendant dix-neuf jours, cesse enfin. Le dégel qui survient diminue les souffrances des troupes, et amortit l'effet des obus percutants de l'ennemi. Ce retour à une température plus douce permet d'espérer l'arrivée de pigeons porteurs de nouvelles de la province. On sait que cet oiseau voyageur ne remonte pas vers le nord quand la gelée est trop vive, la souffrance que le froid lui fait endurer dominant l'instinct qui le ramène aux lieux d'où il est parti. Cet espoir ne fut pas trompé : le 9 janvier, un pigeon nous apporta la nouvelle de l'avantage remporté par l'armée du Nord à Bapaume, et celle du mouvement de l'armée de l'Est qui devait avoir une issue si désastreuse. Ces nouvelles, annoncées avec certains détails évidemment exagérés, étaient accueillies avec une trop confiante crédulité par la population, qui attendait toujours des sauveurs.

Le vent du sud, qui soufflait avec violence, apportait jusque dans le centre de Paris le bruit des détonations de l'artillerie prussienne établie à Châtillon, et l'horreur du bombardement s'en trouva comme augmentée : la nuit du 9 au 10 janvier fut particulièrement bruyante et sinistre. Le 9, dans la journée, un fait assez grave s'était passé à nos avant-postes de la presqu'île de Gennevilliers, en face d'Argenteuil. Deux officiers de la garde mobile des Côtes-du-Nord et un officier de la garde nationale s'étaient laissé entraîner à parlementer, de leur propre autorité, avec l'ennemi. Celui-ci, par un acte dont la loyauté est contestable, avait enlevé ces officiers et les avait gardés comme prisonniers. Le gouverneur de Paris condamna par un ordre du jour justement sévère ces sortes de trêves partielles que se permettaient parfois les détachements envoyés en reconnaissance, et il déclara qu'elles seraient désormais l'objet de la répression la plus rigoureuse. L'ennemi, d'ailleurs, ne se gênait point pour nous tendre souvent des piéges de cette nature, et il employait même les ruses les plus grossières, au point de vue de leur invention, pour attirer nos officiers jusque dans ses lignes. Le commandant de Moulin Saquet reçut un jour une lettre écrite avec une orthographe et dans un style des plus étranges, et par laquelle le signataire, se disant « officier d'ordonnance au 6ᵉ corps d'artillerie prussien », lui demandait une entrevue[1]. Les renseignements que nous recueillîmes plus tard nous firent connaître qu'il n'y avait jamais eu au corps indiqué un officier portant le nom qui figurait sur la lettre. Si l'un des nôtres s'était rendu à de semblables invitations, offrant d'autant moins de garanties qu'elles n'étaient point signées d'un nom connu, ou que souvent encore elles étaient anonymes, il eût certainement subi le sort des officiers enlevés à Gennevilliers. Une vigilance extrême dut être exercée aux avant-postes pour prévenir ces actes d'insigne déloyauté, contre lesquels, ainsi que nous l'avions fait au sujet de l'emploi des balles explosives, il ne fut pas alors protesté. Ces tentatives ne firent d'ailleurs que peu de dupes, et ne servirent qu'à démontrer une fois de plus qu'aucun moyen, même parmi les moins avouables, ne répugnait à l'ennemi pour arriver à ses fins.

Dans la nuit du 9 au 10 janvier, le colonel Porion exécuta une reconnaissance dans le but de contrarier les travaux que l'ennemi exécutait au Moulin-de-Pierre. Un poste de Bavarois du 6ᵉ régiment, fort de 21 hommes, fut rapidement

[1] Voir aux Appendices.

enlevé; mais la destruction des travaux aurait demandé un temps et surtout des moyens d'action que nous n'avions malheureusement pas. Le gouverneur, prévenu tardivement de cette petite opération, qui en somme n'avait été qu'un coup de main tenté à cause de l'occasion, la désapprouva par une dépêche où il disait : « Je regrette cette » reconnaissance, qui va avertir l'ennemi ; il valait » mieux ne rien reconnaître cette nuit, et aller à » fond dès que la batterie aurait été armée. La » destruction des obturateurs avec la mise hors de » service des pièces en aurait été la conséquence. »

Toutefois, la reconnaissance ayant réussi, le gouverneur décida qu'elle serait renouvelée dans la nuit du 13 au 14 janvier. Le chef de la troisième armée aurait au contraire désiré employer cette nuit à des travaux de contre-approche, qu'il faisait exécuter autour du fort d'Issy dans l'intention d'appuyer le fort si l'ennemi lui faisait subir de trop graves avaries : il obtint d'abord que l'opération serait ajournée; mais dans la soirée du 12, un ordre nouveau et positif lui parvint, ordonnant la sortie pour le moment d'abord indiqué[1].

Le 13 janvier, les généraux Blanchard et Corréard, convoqués à neuf heures du soir au quartier général de la troisième armée, y reçurent leurs dernières instructions. Mais le secret de l'opéra-

---

[1] Voir aux Appendices

tion avait bien vite été ébruité dans tout Paris, puis discuté et commenté dans les clubs : il devenait donc dès lors douteux que la tentative, dont la première condition de succès était que le silence le plus absolu serait gardé sur ses préparatifs, réussît comme on l'avait désiré. Le gouverneur avait prescrit d'y employer quelques bataillons de garde nationale mobilisée; mais dans une affaire de ce genre, la présence d'une telle troupe ne pouvait qu'ajouter aux difficultés de l'entreprise. Les attaques de nuit demandent non-seulement beaucoup de solidité, mais encore d'expérience de la part des soldats qui y sont engagés, et ces qualités manquaient par-dessus tout à la garde nationale, composée d'éléments fort peu militaires. La reconnaissance partit vers minuit de la gare de Clamart, à l'abri de laquelle les troupes avaient été massées; mais leur concentration se fit trop bruyamment pour que l'ennemi ne fût pas aussitôt confirmé dans les appréhensions qu'avaient pu lui faire concevoir les rumeurs déjà répandues. Aussi à peine les troupes avaient-elles commencé leur mouvement, qu'elles furent accueillies par la canonnade et la fusillade de l'ennemi, qui les mirent sur-le-champ en déroute. Les mobiles de la Seine reculèrent les premiers, entraînant avec eux la garde nationale, qui se rejeta sur les autres troupes. Le général du génie Javain, qui chercha à arrêter ce mouvement de retraite, fut renversé violemment et foulé aux pieds des soldats, sans parvenir à les ramener en avant. Le désordre ayant ainsi dispersé la tête de colonne, les troupes plus solides, qui auraient pu faire une meilleure résistance, se trouvèrent dans l'impossibilité d'agir, et il fallut que la reconnaissance tout entière se repliât sur les tranchées.

Sur un autre point des avant-postes, en avant de Vitry, l'amiral Pothuau réussit à enlever, dans une petite sortie improvisée, un officier et quelques hommes du 11e régiment prussien (6e corps).

Cependant, le dégel survint encore le 15 janvier. C'est alors que la grande opération projetée dans le dernier conseil de guerre fut étudiée de nouveau. La discussion fut rouverte à ce sujet dans une première réunion qui eut lieu le 16 janvier, de neuf heures à onze heures du matin, puis dans une seconde le 17 janvier, et enfin le 18, dans une troisième séance, où furent arrêtées les dispositions définitives. Ce même jour commença le mouvement des troupes qui devaient prendre part à l'action, et vers une heure de l'après-midi on pouvait voir la division Bellemare défiler tout entière dans la rue de Rivoli, puis remonter les Champs-Élysées.

La bataille de Montretout fut livrée le lendemain. Avant de faire connaître les ordres qui

furent donnés et les dispositions prises, il y a lieu
d'examiner quel était le terrain où le combat allait
avoir lieu et par quels obstacles l'ennemi l'avait
fortifié. Les mouvements du 13ᵉ corps et ceux de
la troisième armée nous ont conduits déjà sur une
grande partie du périmètre de Paris depuis Bondy,
par Avron, Montmesly, Choisy, Chevilly, l'Hay,
Bagneux, Châtillon, jusqu'à Meudon; mais le terrain en avant du Mont-Valérien n'a pas encore
été étudié ici. Nous ferons donc précéder le récit
de la dernière bataille qu'allait engager la défense,
d'une courte inspection des travaux que l'ennemi
avait accumulés de ce côté pour défendre l'accès
de Versailles, où résidait l'état-major général de
ses armées.

CHAPITRE QUATRIÈME.

BATAILLE DE MONTRETOUT.

L'attaque du général Ducrot sur la Malmaison, le 21 octobre, avait jeté l'alarme au quartier général prussien à Versailles et déterminé le départ précipité des bagages de l'armée du roi Guillaume.

L'ennemi, pour éviter à l'avenir une semblable alerte, s'était attaché depuis lors à fortifier sa position par des travaux défensifs de toute nature que nous avons pu étudier en détail, lors de la concentration de notre armée à Versailles, après l'insurrection du 18 mars.

Nous rejetons aux Appendices la description minutieuse de cette ligne de circonvallation, nous bornant à indiquer rapidement ici quelques-uns des nombreux travaux qu'elle comprenait et qui étaient destinés à repousser toute attaque des assiégés contre la principale position des Prussiens.

La ligne des avant postes s'étendait depuis le bord de la Seine, près de la Malmaison, jusqu'à la redoute de Montretout et de là à l'extrémité de Sèvres. Elle était assez faible, sauf cependant en avant de la Malmaison, où des ouvrages établis sur le coteau de la Jonchère et dans le ravin de Saint-Cucufa lui servaient de réduit.

La seconde ligne allait du château de Beauregard à la Bergerie, et tournait au sud pour atteindre le parc de Saint-Cloud à la porte de Villeneuve, passant par l'Étoile-de-Chasse et gagnant enfin la Lanterne, que l'ennemi avait fait sauter, on ne sait trop dans quelle intention. C'est là que se trouvaient les ouvrages les plus solides et les plus puissants moyens de défense : les redoutes du Haras-Lupin et de l'Étoile-de-Chasse étaient surtout très-fortes.

Une troisième ligne, passant en arrière de Ville-d'Avray, était établie entre Vaucresson et Chaville. Elle était moins redoutable que la seconde. Quant à Versailles, qui se trouvait à 3 kilomètres en arrière, il n'avait pas été mis en état de résister. Le gouverneur de Paris, qui avait paru si convaincu, dans l'un des derniers conseils de guerre, des moyens de défense que, d'après ses renseignements particuliers, il supposait exister en avant de Versailles même, avait donc été trompé par de faux avis.

Les Prussiens avaient fait usage, pour fortifier ces trois lignes, d'abord des murs crénelés et des abatis, pour lesquels ils semblent avoir une prédilection toute spéciale, et aussi, sur certains points, des tranchées et redoutes en terre. Les parapets de leurs redoutes avaient à peu près les mêmes profils que les nôtres, sauf une modification sans importance. Les épaulements des batteries avaient moins d'épaisseur que celle que nous leur donnons, et en général leurs ouvrages étaient plus grossiers et moins finis que les nôtres, mais ils étaient bien tracés et d'un usage peut-être plus pratique; ils avaient profité surtout, pour les utiliser, avec beaucoup d'habileté, des nombreuses sinuosités du terrain. L'emplacement de leurs batteries était presque partout bien choisi; rarement ils les avaient placées sur des points culminants, mais toujours en arrière des crêtes ou dans des sinuosités de terrain, de telle sorte qu'il était très-difficie de régler avec précision le tir des pièces qui devaient leur répondre. Ils avaient dérobé avec le même soin, à la vue de leurs adversaires, leurs ouvrages principaux : ainsi les deux grandes redoutes de l'Étoile-de-Chasse et du Haras ne pouvaient être aperçues des hauteurs qui font face à Montretout, quoiqu'elles fussent placées de manière à battre très-efficacement le terrain qui se trouvait devant elles. Les batteries fortifiées étaient dirigées contre les coteaux qui s'étendent depuis la Maison du Curé jusqu'à la redoute de Montretout, comme si l'ennemi avait pu prévoir qu'il avait à craindre une surprise de ce côté.

Aujourd'hui que les circonstances ont permis d'étudier complétement ces ouvrages, il est facile de se bien rendre compte de la force des positions ennemies qui furent attaquées le 19 janvier. La ligne d'avant-postes ne présentait une grande résistance que du côté de la Jonchère; la seconde ligne était beaucoup plus sérieuse; elle avait cependant son point faible dans la tranchée qui s'étend de l'hospice Brézin à la Bergerie. Un mouvement tournant, venant de Garches et dirigé vers l'ouest, prenait à revers toutes les magnifiques défenses du Haras sans avoir à rencontrer d'autres empêchements que la tranchée et un mur crénelé. Le seul ouvrage qui pût alors faire obstacle était le Butard, mais il était facile de passer, sans l'enlever, en descendant du Clos-Toutain pour déboucher sur le plateau de Jardy dans le bois des Hubies. Dès lors, la troisième ligne, tournée par sa gauche, tombait sans résistance possible.

Des mouvements aussi compliqués auraient-ils pu être tentés? Fallait-il espérer que des défaillances se produiraient dans les troupes ennemies sur une ligne de défense aussi étendue, et faciliteraient l'attaque? Une discussion sur ce point serait actuellement sans intérêt; d'ailleurs nous allons exposer les dispositions qui furent prises en vue d'une opération qui avait précisément pour objectifs les divers travaux que nous venons de décrire, et raconter les tristes péripéties de la dernière bataille livrée avant la fin du siége.

Le texte officiel des instructions données pour le combat du 19 janvier figure aux pièces justificatives de ce livre. Elles peuvent être résumées de la manière suivante :

L'armée d'attaque se composait de 84,250 hommes répartis en trois colonnes principales : la ligne de bataille présentait un front de six kilomètres. L'aile droite était placée sous les ordres du général Ducrot; elle comprenait 27,500 hommes de troupe formés de 10 régiments de ligne, 6 bataillons de la mobile et 6 régiments de la garde nationale mobilisée.

Le centre, placé sous le commandement du général de Bellemare, réunissait 34,500 hommes, comprenant 5 régiments de ligne, 17 bataillons de mobiles et 8 régiments de garde nationale mobilisée.

La gauche avait pour chef le général Vinoy : elle se composait de 22,250 hommes seulement, dont 4 régiments et un bataillon d'infanterie de ligne, 9 bataillons de mobiles et 5 régiments de garde nationale mobilisée.

L'armée qui allait être engagée comptait donc :

19 régiments de troupes de ligne;

32 bataillons de mobiles;

19 régiments de garde nationale [1].

---

[1] *Troupes d'infanterie de ligne* : Régiments n⁰ˢ 35, 42, 109, 110, de 115 à 126, 135, 136 et 139 (un bataillon).

L'aile la plus solide était assurément celle de droite, composée presque en entier de troupes de ligne ; le centre comptait l'effectif le plus fort. La colonne de droite dut se masser entre les Gibets et la maison Crochard et être partagée en deux colonnes ; l'une attaquerait le château de Buzanval, mais ne s'établirait sur le plateau de Garches qu'après que la colonne de l'extrême droite, tournant par Longboyau et le ravin de Saint-Cucufa, aurait enlevé ces deux positions.

Cette direction donnée à la droite a produit de mauvais résultats : d'abord les troupes sont entrées en ligne beaucoup trop tard ; puis, pour opérer le mouvement qui leur était prescrit, elles devaient descendre et remonter ensuite deux hauteurs opposées en se trouvant toujours sous le feu de l'ennemi. Ce mouvement eût été incontestablement d'une exécution plus facile si la colonne de droite avait été rassemblée sous le Mont-Valérien, à côté de celle du centre, et avait attaqué les ouvrages du ravin de Saint-Cucufa en les prenant de flanc. La porte de Longboyau n'aurait pu faire aucune résistance dès lors que le mouvement tournant, au lieu de partir d'en bas, serait venu d'en haut. A la réunion du conseil de guerre, le chef de la troisième armée avait présenté ces observa-

Garde nationale mobilisée : Régiments n°s 2, 3, 5, 6, 8, 9, 10, 11, 14, 16, 17, 18, 19, 20, 21, 23, 25, 34, 35.

tions, mais on n'avait pas jugé à propos de les accepter.

Le centre devait attaquer en trois colonnes : l'une marcherait contre les murs de Buzanval et s'emparerait de la maison Craon ; la seconde occuperait le point 155[1], et la troisième la maison du Curé. Pendant ce temps l'aile gauche enlèverait la redoute de Montretout, puis les villa Pozzo-di-Borgo et Zimmermann. Enfin, une deuxième colonne prendrait les maisons de Béarn et Armengaud. Les têtes de colonne de toutes les troupes devaient être arrivées et prêtes à se porter en avant à six heures du matin. Trois coups de canon tirés à la même heure par le Mont-Valérien, après le silence qu'il aurait observé toute la nuit, donneraient le signal de l'attaque.

La nuit du 18 au 19 janvier fut pluvieuse ; l'obscurité était profonde. Les troupes en marche, pour gagner leur point de ralliement, étaient retardées à tout moment par l'exiguïté des passages laissés au milieu des barricades répétées qui encombraient la large avenue de Neuilly. L'armée traversa la Seine sur trois points : au pont de Neuilly et aux deux ponts d'Asnières, le pont Bineau, dans l'ancien parc, ayant été détruit dans les premiers jours du siége. A Asnières, le pont du chemin de fer subsistait seul ; la voie ferrée

[1] Voir la carte de l'état-major.

servait à amener des troupes ainsi que des wagons blindés qui devaient appuyer l'action. Diverses causes, jointes à l'inconvénient extrême d'une nuit exceptionnellement noire, firent encore différer le moment de l'attaque, qui fut d'abord remis à six heures et demie, puis enfin à sept heures du matin.

Le jour se leva brumeux et humide : le dégel avait profondément détrempé la terre, circonstance favorable en ce qu'elle nuisait à l'éclatement des obus percutants, qui nous feraient par conséquent moins de mal, mais qui devait avoir aussi pour nous le grave désavantage de paralyser l'action de notre artillerie et surtout d'entraver son mouvement. Le général de Beaufort, qui dirigeait la colonne de gauche, mit ses régiments en marche au signal donné : le centre s'ébranla au même instant, et bientôt une vive fusillade retentit de tous côtés, notamment à la redoute de Montretout, à la maison du Curé et dans le petit bois qui l'avoisine. Les troupes peu nombreuses qui occupaient la redoute nous opposèrent la plus vigoureuse résistance, se multipliant et faisant face, sur tous les points, aux nuées de tirailleurs qui venaient les assaillir. Il fallut même, pour les obliger à nous abandonner l'ouvrage, canonner ses défenseurs en les prenant de revers et d'écharpe. Bientôt en effet ils prirent la fuite, se

26.

reformèrent plus loin, puis marchèrent encore sur nous, pour se retirer de nouveau et disparaître enfin tout à fait; soixante-dix des leurs, qui s'étaient cachés dans les casemates inachevées, restèrent entre nos mains; ils appartenaient au 58ᵉ régiment, faisant partie du 11ᵉ corps, commandé par le général Kirbach.

La colonne qui devait enlever les villas de Béarn et Armengaud avait également réussi dans son mouvement, sans avoir éprouvé de grandes pertes. Elle s'avança jusqu'à l'église de Saint-Cloud, et son premier soin fut d'organiser de solides barricades dans les maisons qu'elle allait occuper. Les villas Pozzo-di-Borgo et Zimmermann étaient également tombées entre les mains de nos soldats. L'attaque du centre avait eu un égal succès. Les troupes du général de Bellemare s'étaient emparées de la maison du Curé, du point 155 et de la partie est du parc de Buzanval; elles avaient aussi poussé jusqu'à la maison Craon fortement occupée, et venaient alors s'attaquer à la Bergerie. Quelques troupes plus intrépides, des zouaves et même des gardes nationaux, avaient même pénétré dans le village de Garches, et de là elles avaient organisé une fusillade très-nourrie contre le parc de Saint-Cloud. Cependant, autour de la Bergerie l'ennemi se défendait avec beaucoup de vigueur; le combat y devint bien vite très-vif et sanglant de part et d'autre, et il devait arrêter pendant tout le jour les efforts des troupes du centre. Il était alors dix heures du matin : le début de la bataille était des plus favorables, puisque les positions désignées comme objectifs à la gauche et au centre avaient été enlevées ; mais il fallait à tout prix poursuivre ces avantages et se mettre en mesure de les conserver. Or il était de toute nécessité d'armer sur-le-champ la redoute de Montretout ainsi que la crête qui s'étend depuis ses murs jusqu'au point 155. Le commandant de l'aile gauche, qui reçut à cet effet les ordres du gouverneur [1], ne put les mettre à exécution, parce que la seule route par laquelle il aurait pu faire arriver son artillerie, et qui conduit du Mont-Valérien à la redoute, était encombrée par celle du général de Bellemare, qui défilait pour se rendre à la ferme de la Fouilleuse. Ce défilé interminable, qui ne dura pas moins de deux heures, s'accomplissait au moment même où l'armement de la redoute était encore possible ; quand il fut terminé, l'occasion favorable était perdue pour nous, car vers midi l'ennemi ouvrit sur Montretout un feu des plus violents qui nous interdit d'utiliser efficacement, faute de pièces installées pour répondre, l'ouvrage si important que nous avions pu reprendre. En outre, les bat-

[1]. Voir aux Appendices.

teries mises à la disposition des colonnes étaient toutes des calibres 12 ou 7, le gouverneur n'ayant pas voulu que les batteries de 4 fussent employées dans cette journée, où cependant, en raison de leur légèreté, elles nous auraient été bien utiles. En effet, elles auraient pu passer dans les terrains glissants et boueux où les pièces de 12 et de 7 s'embourbèrent au point de ne plus pouvoir être traînées par leurs attelages. En vain les chevaux avaient-ils été doublés, tous les efforts furent d'autant plus impuissants pour les faire avancer que ces animaux, affaiblis eux aussi par la privation de leur nourriture habituelle, avaient perdu leurs qualités et leur force ordinaires. Arrêté par ces difficultés insurmontables, le général de Bellemare ne put parvenir à placer une seule batterie sur la hauteur, et l'artillerie de l'aile gauche, arrivée derrière la sienne, ainsi que nous le verrons plus loin, n'y réussit pas davantage.

Un autre incident, également bien fâcheux, vint s'ajouter à ce concours de circonstances fatales. L'aile droite, dont la marche avait subi un long retard, n'avait pu agir à l'heure déterminée ; elle n'avait donc pas concouru au mouvement offensif prononcé dès les premières heures du jour par l'aile gauche et le centre : à une heure de l'après-midi, son artillerie était arrivée seulement à la redoute des Gibets ; l'avant-poste prussien de Longboyau résistait toujours, et par suite les progrès de la lutte étaient arrêtés.

Sans pouvoir apprécier exactement ce qui se passait de ce côté, le commandant de l'aile gauche s'était cependant rendu compte des difficultés et de la lenteur qu'éprouvait l'attaque. Il ne lui était pas possible de voir l'effet de l'artillerie dont les crêtes lui dérobaient la fumée, mais il en entendait les détonations tout à fait derrière ses troupes, ce qui n'était pas un bon signe, et l'événement devait bientôt justifier les prévisions défavorables que lui fit alors concevoir le retard de l'armée du général Ducrot.

Nous ne voulons discuter ni même chercher à expliquer ici les motifs de l'arrivée tardive des troupes de l'aile droite sur le champ de bataille. Mais le gouverneur comprit aussitôt la gravité de l'incident; vers une heure de l'après-midi, il envoyait au commandant de l'aile gauche la dépêche suivante : « Appuyez énergiquement le général de » Bellemare avec votre canon et une part de vos » effectifs. Le général Ducrot, qui est à la droite » avec peu de monde, souffre beaucoup. Si vous » aidez Bellemare, Bellemare pourra aider Ducrot. »

Le combat était alors engagé sur tout le front avec une très-grande vivacité. L'ennemi, nous ne pouvions en douter, avait été surpris par notre attaque du matin, car il était resté jusqu'à dix heures sans tirer un seul coup de canon. Mais à ce moment, son artillerie entra en ligne et ouvrit successivement son feu sur tous les points. En se reportant à l'exposé des ouvrages prussiens qui figure aux Appendices, on verra qu'ils comptaient un grand nombre d'embrasures. A partir de dix heures, l'ennemi les garnit l'une après l'autre de pièces de canon, et autant qu'il a été possible d'en juger, non-seulement ils étaient tous armés à la fin de la journée, mais encore beaucoup de pièces de campagne tiraient à découvert. Le total des pièces abritées par les épaulements de la deuxième ligne de défense était de 63 : on en pouvait compter 33 dans le parc de Saint-Cloud, 20 autour de l'hospice Brézin, et 10 au Haras. Ces dernières tiraient à gauche de la Bergerie; mais les 53 autres concentraient leur feu sur l'espace compris entre la route de l'Empereur, au-dessus de Montretout et la maison du Curé, c'est-à-dire sur une étendue qui n'avait pas plus d'un kilomètre. Ce feu, qui était presque continu, rendait déjà toute cette position de la ligne de bataille très-difficile à tenir.

C'est à ce moment que le commandant de l'aile gauche, voulant faire tous les efforts humainement possibles pour se servir utilement de son artillerie, se porta à la redoute de Montretout et donna l'ordre d'y installer, coûte que coûte, quatre pièces

de 12. Elles furent aussitôt dirigées sur la redoute, où la situation s'aggravait à tous moments sous l'action terrible d'une canonnade incessante. Les soldats s'étaient réfugiés dans les casemates, et ceux qui avaient pu se garantir au dehors échangeaient quelques coups de fusil avec l'ennemi. Les quatre pièces arrivèrent alors ; mais à trois heures, une note du général Guillemaut, qui avait été envoyé dans la redoute pour la retourner contre l'ennemi, faisait connaître que ses efforts étaient demeurés infructueux : « Le feu de l'ennemi très-
» violent, le mauvais état des chemins surtout,
» nous empêchent de monter sur les parapets les
» quatre pièces que nous avons à notre disposi-
» tion. Si on ne peut pas nous soutenir, des acci-
» dents sont à craindre. » D'autres mesures furent cependant prises pour conserver Montretout, et un bureau télégraphique fut même établi dans les caves d'une maison de campagne voisine de la redoute. Il communiquait par un fil déroulé sur le sol avec un bureau volant établi à la briqueterie du carrefour de la Croix du Roi, et de là au Mont-Valérien par le fil de la station de Suresnes. Il servit à transmettre toutes les dépêches urgentes relatives au combat, et ses employés montrèrent le plus grand zèle dans l'accomplissement de ce pénible service.

Cependant, l'artillerie n'ayant pu être mise en

batterie sur la crête ni placée dans la redoute, à cause de l'état des terres détrempées et glissantes, le commandant de l'aile gauche la fit établir en avant de la briqueterie : de ce point, elle était à très-bonne portée, dans le cas où l'ennemi attaquerait la hauteur et parviendrait à y déboucher, pour l'empêcher de s'y maintenir.

Les grosses pièces du Mont-Valérien, qui avaient tiré très-peu, pouvaient seules soutenir efficacement la ligne engagée. On lui demanda aussitôt son appui, ainsi que celui de l'artillerie du 6ᵉ secteur : l'objectif de leur tir serait le parc de Saint-Cloud, le parc de la Brosse et l'hospice Brézin. Le gouverneur refusa de faire canonner ce dernier point, « trouvant dangereux de tirer dans » cette direction par-dessus la tête de nos colonnes » du centre. » La raison d'humanité avait sans doute aussi dicté la résolution du gouverneur, et l'ennemi semblait y avoir compté, car il avait placé dans l'axe même de l'hospice deux batteries fixes armées de vingt pièces. Il n'était pas douteux que si le tir s'établissait sur ces batteries, soit de la redoute de Montretout, soit du Mont-Valérien, tous les coups un peu longs atteindraient l'hospice, qui était rempli de vieillards, et sur lequel flottait le drapeau hospitalier à la croix rouge.

En avant de la Briqueterie, l'encombrement était immense. L'artillerie avait quitté cette position, où elle avait été aussitôt remplacée par des files innombrables de voitures d'ambulance qui vinrent s'entasser avec une certaine confusion sur la route qui mène au rond-point des Bergères et sur celles qui descendent à la Seine. On y voyait aussi des camions de chemin de fer portant les caisses de vivres et de munitions de réserve de la garde nationale, qui, bien que peu engagée, avait déjà fait une grande consommation de cartouches. Ces lourdes voitures se trouvaient enfoncées dans les ornières profondes creusées par le passage des grosses pièces d'artillerie, et malgré la vigueur de leurs attelages, elles ne pouvaient parvenir à se dégager. La garde nationale, qui pour la première fois était admise à prendre part d'une façon sérieuse à une action militaire qu'elle avait réclamée sur tous les tons et appelée de tous ses vœux, commençait à trouver la journée un peu longue, et surtout périlleuse et meurtrière : déjà des défaillances partielles se produisent dans ses rangs, et des gardes nationaux n'ont pas honte de quitter le lieu du combat pour enlever d'assaut les omnibus destinés au transport des blessés et se faire ramener par eux à Paris ! Des officiers de cette même garde abandonnent leurs troupes et, sous le prétexte de blessures imaginaires, quittent aussi le champ de bataille pour retourner chez eux. Ces coupables exemples de lâcheté sont donnés surtout par des hommes appartenant aux bataillons de Belleville et autres quartiers excentriques et populeux, et qui s'étaient déjà signalés aux avant-postes par les mêmes marques d'indiscipline et de faiblesse. Les bataillons des autres quartiers de Paris ont au contraire montré, ce jour-là, devant l'ennemi une attitude réellement solide, faisant ainsi honneur, par leur conduite, à leur position sociale, et prouvant surtout que le vrai courage se développe beaucoup plus dans les milieux où règnent l'ordre et la régularité que dans ceux où domine l'habitude du désordre et des excès. Plusieurs morts des plus glorieuses et des traits d'héroïsme éclatants conserveront toujours vivante, dans le souvenir des habitants de Paris qui faisaient alors partie de la garde nationale, la mémoire de cette dure journée : les uns y trouveront à la fois un exemple et un remords ; les autres y ont déjà recueilli un encouragement.

L'heure était venue cependant où les troupes allaient encore avoir besoin de plus de fermeté et de résistance : le tir des Prussiens augmentait d'intensité en même temps que de portée ; ses obus dépassaient de beaucoup la crête et allaient éclater plus loin en arrière, là où l'ennemi supposait que devaient être placées nos réserves. Il était trois heures et demie du soir : le moment solennel de la bataille était arrivé. Satisfait d'avoir repoussé les efforts de l'aile droite, qui ne put dépasser Longboyau, l'ennemi ne voulut pas laisser nos troupes maîtresses d'une crête qui dominait une partie de ses positions de Saint-Cloud, et il se décida à un effort suprême pour nous en chasser. Il dirigea donc une attaque générale sur toute la ligne, mais principalement sur la redoute de Montretout, sur Garches et sur la maison du Curé, par la Bergerie. On vit alors les colonnes prussiennes s'avancer avec beaucoup d'ensemble, et l'on entendit bientôt leur fusillade : depuis la Bergerie jusqu'à la Seine s'élèvent d'épais nuages de fumée au milieu de laquelle disparaissent les combattants; les détonations redoublent sans cesse, et forment un roulement dont la force va toujours en augmentant. C'est sur le sommet de la crête que la lutte s'engage avec le plus de vivacité : elle offre un spectacle des plus émouvants; nos lignes fléchissent par moments, puis se reportent en avant avec une vigueur nouvelle. Trois fois de suite la partie de la crête qui s'étend entre la maison du Curé et la redoute est abandonnée, puis reprise par nos troupes. Dès le début de cette violente attaque, le chef de la troisième armée avait envoyé, comme soutien, une brigade de la division Courty, commandée par le général Avril de Lenclos; sa présence renforça la ligne et permit au général de Bellemare de secourir sa droite menacée, puisque le général Ducrot ne pouvait lui venir en aide.

Cependant la lutte persistait toujours plus vive, et il était encore difficile d'en prévoir l'issue; nos troupes, épuisées par les fatigues de cette journée succédant à une nuit passée sans sommeil, avaient eu en outre beaucoup à souffrir du feu de l'ennemi. Depuis dix heures du matin, elles étaient constamment restées exposées à ses obus : néanmoins la crête nous restait encore; mais les lignes se rapprochaient incessamment, elles n'allaient bientôt plus être séparées que par un intervalle très-faible, ce qui devait augmenter le danger, et malgré l'obscurité et la brume qui commençaient à envahir l'horizon et le champ de bataille lui-même, l'ennemi n'avait pas encore interrompu son attaque.

Le gouverneur de Paris, qui du Mont-Valérien assistait à la bataille et pouvait en apercevoir dans leur ensemble les phases diverses et la vivacité, s'y porta aussitôt de sa personne pour raffermir les troupes qui faiblissaient et les maintenir au combat. Il passa près de la Briqueterie du carrefour de la Croix-du-Roi, se dirigeant par la route la plus courte jusqu'à l'endroit où la lutte devenait surtout inquiétante et critique, c'est-à-dire aux crêtes. Là, il put être témoin des défaillances et de l'indiscipline de certains bataillons de la garde nationale;

il put aussi se renseigner auprès des divers chefs
de services et des commandants de troupes, et il
les trouva tous anxieux sur l'issue du combat. En
effet, les lignes étaient si rapprochées et l'obscurité déjà si grande, qu'un adjudant-major du
124ᵉ de ligne fut enlevé par l'ennemi à quelques
pas seulement en avant de son bataillon. Le lieutenant d'état-major de Langle, aide de camp du
gouverneur, reçut une blessure à ses côtés. Tous
les officiers que ce dernier put interroger lui ex-
posèrent qu'ils craignaient que leurs troupes, déjà
bien fatiguées, ne pussent supporter sans faiblir
la froide nuit qui se préparait, en se trouvant aussi
proches de l'ennemi, qui menaçait à tout moment
d'accentuer davantage encore son mouvement
offensif. Le gouverneur, qui avait jugé par lui-
même de la gravité de la situation et de l'imminence du péril, dut se rendre à toutes ces objections, et bien que le feu de l'ennemi parût se
ralentir et que les hauteurs nous appartinssent
toujours, il ne jugea pas à propos de continuer la
lutte. Il donna lui-même l'ordre de la retraite au
général Noël, qu'il chargea de former l'arrière-
garde et de faire replier les troupes qui occupaient
Montretout, puis il retourna au Mont-Valérien.

Cependant, à l'heure même où la retraite allait
être ordonnée, l'attaque des Prussiens diminuait
de violence : leurs colonnes, dès qu'elles avaient

paru sur la crête, avaient été accueillies par le feu concentré de toutes nos pièces placées entre la Briqueterie et la ferme de la Fouilleuse. Cette formidable canonnade avait arrêté momentanément l'effort de l'ennemi, et il avait même dû reculer en perdant beaucoup de monde. La nuit était venue tout à fait et, comme la veille, l'obscurité était des plus profondes : la fusillade cessa alors peu à peu des deux côtés, et le silence qui lui succéda ne fut plus interrompu que par quelques coups de feu isolés provenant surtout d'alertes soudaines qui se produisaient au milieu du mouvement de retraite, lequel commença à se dessiner vers sept heures du soir. L'ennemi aurait pu le contrarier gravement s'il avait été en mesure de le faire; mais il avait dû lui-même rentrer dans ses lignes à la suite de la solide résistance que nous avions opposée à son attaque contre les hauteurs, et d'ailleurs il ne pouvait voir qu'avec satisfaction la résolution que nous avions prise de nous retirer.

La retraite de notre armée s'opéra avec beaucoup de peine, et fut entravée par des difficultés de tout genre. Il fallut d'abord faire partir toute l'artillerie du centre et de la gauche par un seul et même chemin, celui qui passe sous le Mont-Valérien, pour rejoindre le rond-point des Bergères, au-dessus de la station de Suresnes. Une partie de cette artillerie était concentrée autour de la ferme de la Fouilleuse, et l'autre auprès de la Briqueterie. Les quatre canons de 12 amenés à la redoute de Montretout en étaient sortis vers 4 heures 50 minutes du soir, et aucune pièce n'avait été laissée en arrière; mais la route qu'il fallait suivre était encombrée outre mesure de voitures d'ambulances et de fourgons portant des munitions et des vivres. Ces voitures, qui se touchaient toutes et parfois s'enchevêtraient, les roues de l'une entrant dans celles de l'autre, étaient si nombreuses et si serrées qu'un cavalier pouvait à peine s'y frayer un passage pour rétablir l'ordre. La nécessité de faire rebrousser chemin à cette véritable cohue de transports devenus plus nuisibles qu'utiles demanda un certain temps, et ce ne fut que vers huit heures du soir que la route devint libre. L'artillerie put alors opérer avec régularité sa retraite sur Courbevoie et Neuilly. Le général de Beaufort demeura à la Briqueterie jusqu'à onze heures du soir, et il put enfin télégraphier à cette heure « que toute l'artillerie était » partie. » — « J'attends, ajoutait-il, à peu près » seul à la Briqueterie. » L'ordre lui fut alors envoyé de rentrer à son quartier général à Neuilly, et le chef de la troisième armée demeura seul, à la station de Suresnes, avec quelques bataillons de la division Courty pour surveiller la fin de ce long mouvement.

L'obscurité avait rendu la transmission des ordres très-difficile, à ce point que ceux qui avaient prescrit la retraite n'étaient point parvenus à tout le monde. Ainsi, vers une heure du matin, un officier de la garde nationale se présentait à Suresnes, au quartier général de la troisième armée, et annonçait que la colonne Mosneron-Dupin, forte d'environ trois mille hommes, occupait encore les villas de Béarn et Armengaud, d'où elle avait soutenu la fusillade pendant toute la journée. Cette colonne, absolument isolée, allait se trouver très-compromise. Elle reçut aussitôt l'ordre de se replier, et elle exécuta très-habilement sa retraite en suivant la voie du chemin de fer. Un autre bataillon, celui des mobiles de la Loire-Inférieure, était également resté oublié dans la maison Zimmermann, circonstance dont ne fut pas informé le chef de la troisième armée, que la dépêche du général de Beaufort avait rassuré sur le sort de l'armée tout entière, et cette troupe, ainsi que nous le verrons plus loin, tomba le lendemain entre les mains de l'ennemi.

À une heure, la lune s'étant levée, la retraite s'acheva dans de meilleures conditions; la gelée reprit, et au temps brumeux et tiède de la journée succéda aussitôt une nuit claire et froide. Le silence le plus complet s'étendit sur le champ de bataille : il n'était troublé que par les lointaines détonations des batteries de Meudon et de Châtillon, qui continuaient à bombarder Paris.

La journée du 19 janvier ne fut pas aussi meurtrière que pouvaient le faire supposer la longue durée du combat, la violence du feu de l'artillerie ennemie pendant le jour, et la vivacité de la fusillade qui termina la bataille. Mais Paris tout entier fut frappé d'une profonde et indicible stupeur à la lecture d'une dépêche du gouverneur prescrivant « de parlementer d'urgence à Sèvres pour un armistice de deux jours », et déclarant qu'il fallait « du temps, des efforts et beaucoup de brancardiers. » Cette dépêche, non moins alarmante qu'exagérée, devait jeter un trouble douloureux dans la population, qui avait vu partir pour le combat qui venait de se livrer un grand nombre de ses enfants. Cependant le chiffre des hommes tués ou blessés ne dépassait pas 3,000, et c'était là une perte relativement peu considérable pour une lutte où près de 85,000 hommes avaient été engagés.

20 janvier.

Le jour se leva enfin, éclairant ce triste champ de bataille; le combat était tout à fait terminé, et l'ennemi, qui avait déjà fait réoccuper les hauteurs par ses avant-postes, ne paraissait pas disposé à reprendre l'offensive. Vers le milieu de la journée un armistice fut négocié et le drapeau parlementaire permit aux ambulances de ramasser les morts et les blessés. Un peu plus tard, et seulement à 4 h. 25 m. du soir, le général en chef de la troisième armée recevait du général Noël une dépêche [1] qui l'informait que le bataillon des mobiles de la Loire-Inférieure, sous les ordres du commandant de Lareinty, était demeuré dans la maison Zimmermann, où l'ennemi l'avait cerné. Comme cette colonne n'avait plus ni vivres ni munitions, il était à craindre qu'elle ne fût obligée de se rendre. La veille, s'il eût reçu cet avis à temps, le général en chef aurait pu secourir utilement le bataillon ainsi aventuré : il était alors bien tard pour essayer de le dégager ; il voulut cependant qu'un effort sérieux fût fait, pendant la nuit suivante, pour tenter de le délivrer. Il appela à lui les francs-tireurs dits chasseurs des Ternes, à qui le pays était bien connu et qui paraissaient remplis de bonne volonté, et il leur prescrivit de se joindre à quelques bataillons de la division Courty. Ces troupes, qui n'avaient pas donné la veille, devaient pousser à tout prix jusqu'à la maison Zimmermann la petite expédition qu'elles allaient faire. A ce moment, le général Noël, qui avait d'abord demandé avec instance que cette opération eût lieu, écrivit au commandant de la troi-

---

[1] Voir aux Appendices.

sième armée une lettre [1] dans laquelle, revenant
sur sa première opinion, il exprimait l'avis que
« cette tentative était bien délicate avec un ennemi
» sur ses gardes, — dans un terrain aussi acci-
» denté — la nuit — avec Montretout sur sa
» droite. »

Les ordres donnés pour la reconnaissance furent
néanmoins maintenus et le général Noël en reçut
lui-même le commandement. Mais de nouveaux
renseignements apportés alors par un brancardier
qui avait suivi le bataillon, firent connaître que,
n'ayant plus ni vivres ni munitions, il avait été
obligé de se rendre [2]. Un billet au crayon écrit
par son chef confirmait cette triste nouvelle · l'ennemi avait fait là, d'un seul coup, plus de 300 prisonniers.

Cependant les troupes étaient rentrées dans
leurs cantonnements, conformément à l'ordre du
gouverneur. La garde nationale était revenue à
Paris, l'artillerie s'était arrêtée à Neuilly ainsi que
la division Beaufort, et la division Courty restait
à Puteaux; Suresnes redevenait l'avant-poste du
Mont-Valérien. Le quartier général de la troisième
armée s'y trouva alors en grand'gardes. De leur
côté, les troupes des généraux de Bellemare et
Ducrot avaient opéré leur mouvement de retraite

---

[1] Voir aux Appendices.
[2] Voir aux Appendices.

sur Clichy-la-Garenne et Levallois-Perret et repris leurs anciens cantonnements. Le gouverneur de Paris, quittant le Mont-Valérien, était rentré au Louvre : tout était donc terminé sur le point qui avait vu la bataille de la veille, et le commandant de la troisième armée reçut à son tour l'autorisation de regagner son quartier général.

La bataille de Montretout porta à son degré le plus violent l'exaltation de la population parisienne. Certains bataillons de la garde nationale avaient, ainsi que nous l'avons dit, fait honorablement leur devoir; l'opinion publique, à qui les défaillances et l'inconduite des autres furent d'abord habilement dissimulées, les comprit tous dans l'approbation unanime qu'elle donna aux Parisiens qui s'étaient battus pour la défense de la grande ville. Chacun demeura convaincu que des efforts surhumains avaient été faits dans la journée du 19 par l'armée régulière et surtout par la garde nationale. Enfin l'exagération qui fut aussi répandue sur le chiffre des pertes que nous avions éprouvées ajouta encore à cette effervescence insensée. Dès lors, cette même opinion publique se retourna tout entière contre les chefs qui avaient ordonné et dirigé la bataille, et elle déclara que s'ils n'avaient pas su vaincre avec d'aussi merveilleux soldats, c'est que évidemment ils avaient préféré trahir! C'est surtout contre le gouverneur de

Paris que se déchaîna la vindicte générale. Le parti avancé exploita avec habileté ce sentiment irréfléchi : la tradition révolutionnaire, qui inspirait ses actes, enseigne en effet que lorsqu'un chef militaire n'a pas été heureux, c'est qu'il est un traître, et de là à demander sa tête il n'y avait pas loin !... En même temps, ces mêmes bataillons de la garde nationale qui avaient fui lâchement devant l'ennemi avant la fin du combat, oubliant que moins que personne ils avaient le droit de pousser à la continuation d'une lutte d'où ils avaient toujours soin de se retirer à l'heure du péril, criaient plus fort encore que les autres, qu'il fallait résister à outrance. La résistance à outrance ! c'était là comme le mot d'ordre des meneurs que répétait partout la foule, sans se demander une seule fois, par exemple, si résister était encore possible !...

La journée du 21 se passa dans l'inaction. Un conseil de guerre réuni dans l'après-midi discuta la question de savoir s'il y avait, oui ou non, lieu de modifier une fois encore l'organisation de l'armée. Mais tous furent d'accord pour reconnaître qu'à un moment où la situation était si grave et si tendue, toute mesure de ce genre ne pouvait être que dangereuse et compromettante. D'ailleurs, l'agitation extrême qui régnait dans toute la population et surtout dans les quartiers éloignés donnaît à craindre quelque nouveau mouvement populaire. La capitulation de Sedan avait amené la révolution du 4 septembre; l'affaire du Bourget avait donné lieu à l'échauffourée du 31 octobre, journée où fut prononcé pour la première fois ce mot devenu si odieux de Commune, dont la plupart ne comprenaient même pas le sens; l'échec de Montretout devait, lui aussi, être aggravé par un soulèvement qui allait même ensanglanter la ville. Au conseil de guerre succéda une réunion des membres du gouvernement, où les maires de Paris furent appelés à venir donner leur avis.

A l'extérieur, tous nos avant-postes nous signalaient que les Prussiens ne cessaient d'activer leurs travaux; on les voyait partout fortifiant encore leur ligne de défense et augmentant leurs moyens d'action. Le bombardement continuait, toujours incessant, mais sans que son intensité se fût accrue : seule, la portée des pièces s'allongeait chaque jour et leur feu atteignait de nouveaux quartiers. Les forts du Sud souffraient beaucoup, ceux de l'Est, pressés moins vivement, ripostaient avec plus d'efficacité : l'attaque était également ouverte du côté de Saint-Denis.

Telle était la situation à la date du 21 janvier; et à ce bombardement terrible, à ces défaites décourageantes, à ces causes permanentes de troubles et d'agitation, venait encore s'ajouter la privation des premières nécessités de la vie, qui, chaque jour, allaient diminuant malgré le rationnement impitoyable imposé à la population. Une nouvelle émeute paraissait imminente et la catastrophe finale approchait.

APPENDICE.

PREMIÈRE PARTIE.

RETRAITE DE MÉZIÈRES

I.

MINISTÈRE DE LA GUERRE.
Cabinet du ministre.

Paris, 28 août 1870.

Ministre de la guerre au général Vinoy.

Vous allez quitter Paris avec votre corps pour vous rendre sur la rive gauche de l'Aisne, à la hauteur de Berry-au-Bac, station du chemin de fer. Vous prendrez toutes les dispositions nécessaires pour occuper les positions les plus avantageuses entre Berry-au-Bac, Vassogne et Craonne, pouvant vous concentrer à Craonne, le cas échéant. Vous vous tiendrez en communication avec la ville de Reims, où se trouve déjà une de vos divisions, et où vous ne laisserez qu'un seul régiment. Vous aurez soin de faire éclairer au loin par votre cavalerie la communication entre Reims et Rethel, ainsi que la plaine qui s'étend entre ces deux villes.

L'objet de votre mission n'est pas de livrer un combat, mais d'inquiéter, par votre présence, le flanc de l'armée du prince royal de Prusse dans sa marche sur le nord-ouest. Vous aurez soin de faire maintenir la communication du chemin de fer entre Reims et Rethel, et de faire rétablir les rails qui pourraient être enlevés. Dans le cas où l'ennemi se dirigerait de votre côté, vous ferez sauter le pont de Suippe, afin de retarder sa marche, et vous vous retirerez sur Laon ou sur Soissons, suivant les circonstances de guerre qui viendraient à se produire.

Tenez-moi au courant chaque jour, par le télégraphe, des événements qui surviendraient. Prévenez-en également le maréchal Mac Mahon, si vous pensez que les communications avec lui soient demeurées libres. A cette fin, je vous autorise à disposer d'un crédit proportionnel au péril de la mission à remplir.

Si le maréchal vous appelle à lui, vous vous rendrez à ses ordres, en me prévenant immédiatement.

Laissez, jusqu'à nouvel ordre, à Épernay les deux bataillons qui s'y trouvent. Vous les rappellerez à vous dans le cas où vous recevriez des ordres du maréchal Mac Mahon, ou bien s'ils se trouvaient en présence de l'ennemi en force.

L'ordre est donné de conserver à Épernay le matériel suffisant pour enlever de suite les deux bataillons, s'il y avait urgence.

Telles sont les seules instructions que j'aie à vous donner pour le moment. J'ai pleine confiance en celui qui est chargé de les mettre à exécution.

Signé, comte DE PALIKAO.

II.

MINISTÈRE DE LA GUERRE.
Cabinet du ministre.

Paris, 28 août 1870.

Ministre de la guerre au général Vinoy.

Suspendez votre départ, et veuillez vous trouver demain à huit heures du matin dans mon cabinet.

Signé, comte DE PALIKAO.

III.

Tableau de la marche de l'armée de Châlons du 21 au 30 août.

21 août.	1er corps.	Du camp de Châlons	à Cormontreuil.
—	5e —	do	à Courcelles.
—	7e —	do	à Sillery.
—	12e —	do	à la gauche du 15e.
22 août.	Séjour.		
23 août.	1er corps,	de Cormontreuil	à Saint-Hilaire-le-Petit
			à Béthenivillc.
—	5e —	de Courcelles	à Pont-Faverger.
			à Selles-sur-Suippe.
—	7e —	de Sillery	à Doutrieu.
			à Saint-Martin.
—	12e —	de Reims	à Heutrégiville.
24 août.	1er corps.	Des bords de la Suippe	à Juniville
—	5e —	do	à Rethel.
—	7e —	do	à Semide.
—	12e —	do	à Rethel.
25 août.	1er corps,	de Juniville à Attigny.	
—	5e —	de Rethel à Amagne.	
—	7e —	de Semide à Vouziers.	
—	12e —	reste à Rethel.	
26 août.	1er corps,	d'Attigny à Semuy, de Voncq à Mongon.	
—	5e —	d'Amagne au Chesne.	
—	7e —	reste à Vouziers. L'ennemi lui est signalé à Grand-Pré.	
—	12e —	de Rethel à Tourteron.	

C'est à la date du 26 août, c'est-à-dire quand l'armée est réunie sur la rive droite de l'Aisne, que la division d'Exéa (1re du 13e corps) arrive à Reims ; l'ordre de départ lui est donné le 25, et elle arrive le 26 par les voies ferrées. Elle doit servir à protéger les communications de l'armée de Châlons.

27 août. 1er corps, de Voncq à Quatre-Champs, par les Alleux et Terron. Reprend ses positions de la veille.
— 5e — du Chesne à Boult-au-Bois, à Briquenay à 10 h. du matin. Engagement à Buzancy. Bivouaque à Châtillon.
— 7e — de Vouziers à Grand-Pré. Retourne sur ses pas. Bivouaque à Quatre-Champs.
— 12e — de Tourteron à Chesne-Populeux.

28 août. 1er corps, de Voncq au Chesne.
— 5e — de Châtillon à Belval. Engagement léger.
— 7e — Boult-au-Bois [1].
— 12e — du Chesne à Grand-Champt, Stonne.
  Lacretelle,   la Besace.
  3e Vassogne,   la Besace.
  Cavalerie : Fénélon,   Beaumont.
  — Lichtlin. —

29 août. 1er corps, du Chesne à Raucourt.
— 5e — de Belval à Nouart, Champy, Beaumont. Combat à Bois-les-Dames de deux divisions.
— 7e — du Boult-au-Bois à Oches.
— 12e — de la Besace et Stonne à Mouzon. Droite, route de Stenay ; gauche, route de Carignan.

30 août. 1er corps, de Raucourt à Carignan, par Remilly, Tetaigne, Douzy.
— 5e — de Beaumont rejeté sur Mouzon et la Meuse. Combat désastreux.
— 7e — d'Oches à Stonne et Remilly, passe de nuit la Meuse.
— 12e — Combat à Mouzon. Marche de nuit par Amblimont, Mairy et Douzy sur Bazeilles.

[1] V. Failly, p. 40 ; V. Wimpffen, p. 113 ; V. Ducrot, p. 92.

IV.

BUREAU DE MÉZIÈRES.
N° 1589.
Expédiée le 31 août à 10 h. 35 m. du matin.

DÉPÊCHE TÉLÉGRAPHIQUE.

Sedan, 31 août 1870, 10 h. 5 m. du matin.

Au général Vinoy.

J'ai vu votre aide de camp. Les Prussiens s'avancent en force, concentrez toutes vos troupes dans Mézières.

NAPOLÉON.

V.

BUREAU DE MÉZIÈRES.
Expédiée le 1er septembre 1870, à 9 h. 25 m. du matin.

DÉPÊCHE TÉLÉGRAPHIQUE.

Paris, 1er septembre 1870, 8 h. 30 m. du matin.

Commandant d'état-major à général Vinoy.

. . . .

Phrases insignifiantes sur des situations à fournir.....
Je pars ce matin à onze heures avec le général commandant la 2ᵉ division.

VI.

MINISTÈRE DE L'INTÉRIEUR.
DIRECTION GÉNÉRALE DES LIGNES TÉLÉGRAPHIQUES.
Bureau de Mézières. — N° 1624.
Expédiée le 1er septembre, à 4 h. 50 m. du soir.   (*Textuel.*)

DÉPÊCHE TÉLÉGRAPHIQUE.

Paris, 1er septembre 1870, 5 h. 40 m. du soir.

Le ministre de la guerre au général commandant le 13ᵉ corps. — Mézières.

Dans les circonstances actuelles, je vous laisse maître de vos mouvements en ce qui touche le 13ᵉ corps. Faites évacuer les fuyards sur Laon. J'arrête tous les envois de matériel sur Mézières. —. Je compte que Mézières saura tenir.

Laissez-y en approvisionnements et en munitions ce qui sera nécessaire.

Pour copie conforme,
Le chef de station, Signé, Oudon.

VII.

MARLE.

DÉPÊCHE TÉLÉGRAPHIQUE.

Laon, 4 septembre 1870, 9 h. 35 m. matin.

Général Maud'huy à général Vinoy.

Général Exéa m'informe qu'il a opéré sa retraite sur Soissons; dois-je, pour ne pas encombrer la voie ferrée, faire commencer le mouvement de retraite de ma division par chemin de fer?

VIII.

Laon, 4 septembre 1870, à 9 h. 40 m. matin.

Guerre à général Maud'huy pour remettre au général Vinoy dès qu'il pourra.

Savez-vous quelles sont les forces qui vous poursuivent? Avez-vous combattu? Voilà le général d'Exéa qui se dirige sur Soissons. Ne vous serait-il pas possible de faire front et de bousculer la tête des colonnes de l'ennemi?

IX.

Général Maud'huy à général Vinoy. Marle.

Laon, 4 septembre 1870.

Votre convoi de vivres partira, avec un certain nombre de voitures destinées aux éclopés, à onze heures de Laon.

APPENDICE. 433

X.

DEPECHE TÉLÉGRAPHIQUE.

Laon, 4 septembre 1870, 10 h. 55 m. du matin.

Général Maud'huy à général Vinoy. Marle. Urgence.

Proclamation des ministres dit : Armée Mac-Mahon a capitulé à Sedan. L'empereur est prisonnier. On concentre des forces à Paris et sur la Loire. Le général d'Exéa, qui est à Soissons, réclame des ordres de vous.

XI.

MINISTÈRE DE L'INTÉRIEUR.
DIRECTION GÉNÉRALE DES LIGNES TÉLÉGRAPHIQUES.
Bureau de Marle. — N° ....
Expédiée le .. ...., à ... h... m. du ...

DÉPÊCHE TÉLÉGRAPHIQUE.

Paris, le 4 septembre 1870, 5 h. 20 m. soir.

Guerre à général Vinoy, commandant 13ᵉ corps d'armée.
Marle, Aisne.

La révolution vient de s'accomplir dans Paris. Revenez avec votre corps d'armée vous mettre à la disposition du gouvernement qui s'établit.

XII.

BUREAU DE LAON.
N° 2074.
Expédiée le 4 à 8 h. 25 m. du soir.

DÉPÊCHE TÉLÉGRAPHIQUE.

Soissons, 4 septembre 1870, 8 h. 10 m. du soir.

Intendant militaire de la 4ᵉ division au général Vinoy.

Je crois devoir appeler votre attention sur la situation de Soissons. Cette ville n'a que faiblement l'approvisionnement prescrit par l'état de siège.

Par conséquent, difficulté pour assurer les subsistances à une garnison de 12,000 hommes. Cependant, si je connaissais vos intentions et le chiffre des troupes, je ferais appel aux habitants, tant à l'intérieur qu'à l'extérieur, et j'aurais bientôt un approvisionnement suffisant pour satisfaire à tous les besoins pour l'effectif et la durée que vous m'assigneriez.

Prière de me répondre par le télégraphe.

XIII.

BUREAU DE PARIS.
N° 41,262.
5 septembre, 11 h. 40 m. du soir.

DÉPÊCHE TÉLÉGRAPHIQUE.

Général d'Exéa à général Vinoy. Paris.

Ce matin, sur l'avis du chef de gare à Soissons que les communications étaient interrompues avec Laon, et sur l'ordre du ministre de revenir à Paris, je n'ai pas hésité à me mettre en route; cependant le matériel ne permettant pas l'embarquement des chevaux et des batteries, j'ai dirigé par fraction la 1re division sur Dammartin, où elle sera réunie demain au soir. Après-demain je reprendrai ma route sur Paris. C'est sur l'avenue de la Grande-Armée que le 13e corps doit s'établir.

Signé : D'Exéa.

XIV.

BUREAU DE PARIS.
N° 41,807.
Expédiée le 6 septembre, à 11 h. 42 m. du soir.

DÉPÊCHE TÉLÉGRAPHIQUE.

Dammartin, le 6 septembre 1870.

Général d'Exéa à général Vinoy. Paris.

Demain ma division sera réunie à Livry. Après-demain, 8 septembre, arrivera par terre à son emplacement.

XV.

BUREAU DE PARIS.
Expédiée le 7 septembre, à 5 h. 35 m. du matin.
N° 41,903.

DÉPÊCHE TÉLÉGRAPHIQUE.

Tergnier, le 6 septembre 1870, à 11 h. 30 m. du soir.

Général Blanchard à général Vinoy. Paris.

Toute la troupe va être embarquée, et le dernier convoi partira pour Paris à onze heures du soir. Je pars par ce dernier train. Il serait utile qu'à son arrivée chaque régiment connût sa destination.

XVI.

MINISTÈRE DE LA GUERRE.
Cabinet du ministre.

COPIE D'UNE DÉPÊCHE TÉLÉGRAPHIQUE.

Dammartin, 6 septembre.

Général d'Exéa à général Trochu.

Je corresponds avec Villers-Cotterets, dix-sept kilomètres au delà de Crépy. Les Prussiens n'y ont pas paru; il y a sans doute confusion dans la dépêche envoyée de Paris : il doit s'agir de Crépy-Couvron, près Laon, et non de Crépy en Valois. A moins de nouveaux ordres, je ne quitterai Dammartin que demain à sept heures, la cavalerie et les chevaux d'artillerie étant très-fatigués.

DEUXIÈME PARTIE.

SIÉGE DE PARIS.

I.

Situation de l'effectif des troupes le 20 septembre.

DIVISION DE MAUD'HUY.

Artillerie.	12 offic.	415 homm.	334 chevaux.
Génie.	3 —	142 —	16 —

Brigade Dumoulin.

Infanterie.	9ᵉ de marche.	48 —	2,851 —	26 —
	10ᵉ —	36 —	2,488 —	23 —

Brigade Blaise.

11ᵉ —	39 —	2,463 —	21 —
12ᵉ —	46 —	2,582 —	20 —
Total. . . .	184 —	10,941 —	440 —

DIVISION BLANCHARD.

Artillerie.	11 offic.	449 homm.	417 chevaux.
Génie.	3 —	109 —	11 —

Brigade Susbielle.

Infanterie.	13ᵉ de marche.	42 —	2,437 —
	14ᵉ de marche.	35 —	2,300 —

Brigade Guilhem.

35ᵉ de ligne. .	62 —	2,090 —	
42ᵉ —	61 —	1,669 —	
Total. . . .	214 —	9,054 —	428 —

APPENDICE.

DIVISION D'EXÉA.

Artillerie.	13 offic.	465 homm.	450 chevaux.
Génie.	3 —	140 —	

Brigade Mattat.

Infanterie. 5ᵉ de marche.	50 —	2,609 —	
6ᵉ —	39 —	2,419 —	

Brigade Daudel.

7ᵉ —	43 —	2,328 —	
8ᵉ —	31 —	2,352 —	
Total.	179 —	10,313 —	450 —

DIVISION CORRÉARD (Garde mobile).

Aisne.	1ᵉʳ bataillon,	23 officiers,	490 hommes.
Hérault.	3ᵉ —	26 —	1,175 —
Loire-Inférieure.	1ᵉʳ —	23 —	843 —
—	2ᵉ } 3ᵉ } Détachés au Mont-Valérien.		
Seine-et-Marne.	2ᵉ —	26 —	1,400 —
—	3ᵉ —	26 —	1,202 —
—	4ᵉ —	24 —	1,343 —
Seine-et-Oise.	1ᵉʳ —	28 —	949 —
—	2ᵉ —	25 —	1,053 —
—	3ᵉ —	23 —	801 —
Tarn.	1ᵉʳ } 2ᵉ } 3ᵉ } Détachés à Montreuil dès le 30 septembre.		
Vendée.	1ᵉʳ } 2ᵉ } — 80 — 3,000 — 3ᵉ }		
Total.		304 —	12,256 —

Récapitulation des forces employées à la défense de la rive gauche.

Fort d'Issy.	75 officiers,	2,611 hommes.
Fort de Vanves.	57 —	2,234 —
Fort de Montrouge.	49 —	1,680 —
Fort de Bicêtre.	53 —	1,900 —
Fort d'Ivry.	49 —	1,871 —
Total de la garnison des cinq forts.	283 —	10,296

Division de Maud'huy.	184 officiers,	10,941 hommes,	440 chevaux.
Division Blanchard...	214 —	9,054 —	428 —
Total des troupes..	398 —	19,995 —	868 —
Division Corréard : mobiles en réserve...	304 —	12,256 —	

TOTAL GÉNÉRAL.

Garnison des cinq forts.	283 officiers,	10,296 hommes.	
Troupes de ligne....	398 —	19,995 —	868 chevaux.
Mobiles........	304 —	12,256 —	
	985 officiers,	42,547 hommes,	868 chevaux

II.

ORDRE.

15 septembre 1870.

L'ennemi se montre, assure-t-on, en force à Joinville-le-Pont.

Faites vos dispositions pour vous porter, par les voies les plus courtes, entre Vincennes et l'enceinte, en appuyant votre droite à Charenton, la gauche vers Vincennes.

Vous me rendrez compte du moment où ce mouvement sera terminé.

Pour copie conforme,

Général DE VALDAN.

III.

N° 347.   Paris, le 16 septembre 1870.

Général Trochu au général Vinoy.

Mon cher Général,

J'ai l'honneur de vous informer que j'ai nommé au commandement des 13° et 14° corps M. le général de division Ducrot. Je fais appel à tous les sentiments de patriotisme que vous inspire la situation grave dans laquelle nous sommes, pour vous inviter à faciliter à cet officier général l'accomplissement de la tâche que je lui ai confiée.

Veuillez agréer, mon cher général, l'assurance de mes sentiments les plus affectueux.

Le Président du gouvernement de la défense nationale,
Signé : Général Trochu.

III bis.

Général Trochu à général Vinoy.

Cher Général,

Le gouvernement vient de faire une nomination que je vous prie de ne pas juger avant de m'avoir entendu. Il s'agit d'un grand intérêt public qui doit être sauvegardé, toute préoccupation de personnes cessant. Je vous donnerai à cet égard des explications confidentielles nécessaires.

Votre dévoué camarade.

Signé : Général Trochu.

16 septembre.

IV.

Paris, le 27 septembre 1870.

Général Trochu à général Vinoy.

Mon cher Général,

Ceci n'est point une lettre officielle, c'est un exposé que je vous fais, dans un intérêt public dont vous êtes préoccupé comme moi, des difficultés spéciales qui viennent s'ajouter à chaque instant aux difficultés générales de ma situation. Les unes et les autres forment autour de moi un perpétuel conflit que ne peuvent pas trancher les moyens ordinaires, lesquels sont aujourd'hui impuissants.

Il me faut pour en sortir le concours des bons esprits, et je réclame tout particulièrement le vôtre.

L'idée que vous avez eue de renforcer par votre artillerie attelée les points faibles de notre enceinte ou de nos dehors était assurément juste, et je n'ai pu que l'approuver; mais je pensais que vous vous borneriez à prescrire le placement des pièces, en utilisant la préparation existante, sans percer d'embrasures et sans modifier la forme du rempart.

En opérant autrement, vous avez blessé, sans le vouloir, et troublé dans ses responsabilités spéciales le général de Bentzmann, qui commande l'artillerie de cette partie de l'enceinte. C'est un excellent homme, autant qu'excellent officier, qui, atteint d'une maladie incurable, a voulu consacrer un reste de vie à la défense de Paris. Il s'est achevé en efforts de toute sorte pour préparer, avec des moyens tout à fait insuffisants, l'armement de la zone de l'enceinte où il opère. Douloureusement affecté par les faits que j'ai rappelés ci-dessus, il paraissait disposé à se retirer. J'ai l'espoir que le général Guiod apaisera ses préoccupations, et qu'elles n'auront pas d'autre suite fâcheuse pour nos affaires.

Mais je vous demande instamment de ménager avec soin des susceptibilités qui sont respectables, parce qu'elles ont pour origine des sentiments de dévouement à la chose publique supérieurs aux susceptibilités d'arme spéciale, auxquelles d'ailleurs le règlement donnerait raison dans le cas présent.

Assuré d'être bien compris, je n'insiste pas, et vous renouvelle, mon cher général, l'assurance de mes sentiments dévoués.

Signé : Général Trochu.

V.

DÉPÊCHE TÉLÉGRAPHIQUE.

De Paris pour Mont-Parnasse.

Déposée le 28 septembre à 3 h. 20 m. du soir.
Arrivée le 28 septembre à 3 h. 40 m. du soir.

Gouverneur Paris à général Vinoy. Paris.

Ne faites le mouvement que pour demain. Il faut ce temps pour prévenir tout le monde. Je vous prie de venir demain à huit heures chez moi.

VI.

ORDRE.

La reconnaissance offensive que le général Vinoy, commandant le 13e corps, effectuera demain matin à la pointe du jour, comprendra le quadrilatère formé par les forts de Bicêtre et d'Ivry, le village de l'Hay, et la ville de Choisy-le-Roi, qui en sera l'objectif.

La base de cette petite opération sera le terrain dissimulé aux vues de l'ennemi, dont le front est marqué par le village de Vitry, l'ouvrage du moulin Saquet, le village de Villejuif et l'ouvrage des Hautes-Bruyères. C'est en arrière de ce front qu'arriveront et se formeront les colonnes.

La colonne de droite, une brigade, cheminant en avant de l'ouvrage des Hautes-Bruyères, sa droite appuyée aux hauteurs de la Bièvre, aura pour mission d'occuper l'Hay, point que j'ai lieu de croire très-solidement défendu par des levées de terre, de l'artillerie et de l'infanterie. Cette brigade s'y tiendra pendant tout le cours de l'opération, qu'elle est essentiellement chargée de couvrir contre des retours venant de la droite par la route de Sceaux.

Une seconde colonne, qui pourra être d'un régiment seulement, occupera Chevilly, qui est à peu près dans les mêmes conditions de défense que l'Hay, et devra également y demeurer pendant toute l'opération. Une colonne spéciale, débouchant de Villejuif par la grand'-route, ira occuper le point où cette grand'route coupe le chemin de Chevilly à Choisy-le-Roi par Thiais. Il y a là une patte d'oie qu'il faut tenir. Le reste des troupes disponibles, moins la brigade gardée en réserve, formera une grosse colonne dont l'objectif sera Thiais et Choisy-le-Roi. Cette colonne cheminera par le plateau en avant du moulin Saquet, s'appuyant aux pentes de gauche. Aucune colonne ne sera engagée sur la route de Vitry à Choisy-le-Roi, qui est enfilée par l'artillerie. — Il a été entendu avec le général Vinoy, que l'ensemble de ces troupes serait formé par la division Maud'huy, une brigade du général Blanchard, une brigade du général d'Exéa, et les bataillons de mobiles disponibles. Des ordres de détail très-précis, où entreront la fixation des heures et le calcul de la durée de la marche de chaque groupe, seront donnés à la réunion qui aura lieu aujourd'hui chez le général Vinoy. Les brigades des divisions Blanchard et d'Exéa, qui concourront à l'entreprise, devront faire leur mouvement, sans bruit, ce soir à la chute du jour, les chemins reconnus et les vivres pris. Elles coucheront toutes deux à portée de leur débouché du lendemain. La brigade de la division d'Exéa sera tenue en réserve, pendant toute la durée de l'opération, en un point convenablement choisi. La brigade restant au général Blanchard devra se borner à faire, par des tirailleurs convenablement soutenus, une reconnaissance telle que celles qu'on exécute journellement sur les hauteurs de Châtillon. La brigade restant au général d'Exéa et sa cavalerie se tiendront pendant l'opération en avant du fort de Charenton, la droite du côté de Maisons-Alfort, la gauche vers Créteil, chargée d'enlever la ferme des Mèches, qui paraît seule occupée par l'ennemi. La cavalerie battra la plaine, en évitant de se masser. Le général d'Exéa ne pourrait pousser plus loin dans la plaine, du côté de Choisy-le-Roi, sans compromettre très-inutilement son effectif, par le feu des défenseurs de ce dernier point et de Montmesly. Son opération latérale, comme celle du général Blanchard, n'est qu'une démonstration à distance.

Observations générales

Des renseignements qui se succèdent autour de moi, il résulte que l'ennemi occupe très-solidement la ligne de l'Hay à Choisy-le-Roi, en passant par Chevilly, la ferme de la Saussaie et Thiais. C'est une sorte *de ligne fortifiée* qui couvre les grands mouvements de troupes et de convois que l'armée prussienne fait entre Villeneuve-Saint-Georges et Versailles. Il y a donc tout lieu de croire que cette ligne sera difficile à enlever par des troupes qui se présentent devant elles sur un plateau découvert. Des pertes considérables et hors de proportion avec le but de l'opération peuvent s'ensuivre. J'ai donc décidé qu'elle ne serait abordée qu'après que le feu de tous les forts et ouvrages qui ont des vues sur ces villages aurait eu son cours pendant *une demi-heure*, à la pointe du jour. Des ordres précis seront donnés en conséquence, par le général Vinoy, au fort de Charenton, qui battra

Choisy-le-Roi; au fort d'Ivry, qui voit à présent le pont de Choisy-le-Roi; au fort de Montrouge, qui a des vues sur l'Hay; enfin aux ouvrages du moulin Saquet et des Hautes-Bruyères, qui utiliseront pour cet objet leurs pièces de 12.

Après une demi-heure (montre en main) de ce feu d'artillerie, qui ne devra pas être précipité, l'infanterie commencera son mouvement, *ne montrant que des tirailleurs et des canons,* gardés par des détachements couchés. Les masses seront dissimulées derrière les plis de terrain, et je répète qu'elles ne pourraient être montrées sur ce plateau découvert sans courir la chance de pertes très-considérables.

L'opération devra être rapidement conduite; la retraite devra se faire en bon ordre, le terrain à parcourir étant très-peu étendu. Les troupes désignées à l'avance pour cet objet réoccuperont en passant le moulin Saquet, Villejuif et les Hautes-Bruyères, avec le canon qui garnit les positions.

Paris, le 29 septembre 1870.

Le Gouverneur de Paris,
Signé : Général TROCH

VII.

N° 607.   Paris, le 2 octobre 1870.

Gouverneur de Paris à général Vinoy.

Des renseignements certains m'apprennent que l'ennemi est en masses très-compactes, évaluées à 50,000 hommes, dans l'espace compris entre Châtillon, Bagneux, Bourg-la-Reine et Sceaux.

Il serait peut-être possible de l'inquiéter avec la grosse artillerie des forts de Montrouge et de Vanves.

Je sais de plus que les dernières maisons de Châtillon servent d'embuscades à l'ennemi pour tirer sur nos avant-postes; il serait bon de l'en débusquer avec le canon de Vanves.

Il est bien entendu qu'on ne devra tirer qu'avec la plus grande mesure, et lorsque l'on sera assuré de l'efficacité du feu. Je désire que les instructions que vous donnerez à ce sujet ne soient pas *transmises par le télégraphe.*

Recevez, etc.

Signé : Par ordre, Schmitz.

P. S. Les troupes ne sont pas, en général, dans les villages, elles sont en arrière; c'est ce qui a lieu principalement à Bagneux, derrière lequel il y a beaucoup de monde.

VIII.

Général Tripier à général Vinoy.

Paris, 6 octobre 1870

Je regrette beaucoup de ne vous avoir pas rencontré hier soir. Je voulais vous entretenir des travaux à exécuter en avant de la ligne du Petit-Vitry au fort de Montrouge. M. le gouverneur les a admis, et il n'y a guère que l'occupation de la maison Plichon, à la rencontre de la route d'Orléans et de la route de Bagneux, contre laquelle vous faites quelques objections, qui reste indécise.

Ces travaux ont pour but de donner une grande sécurité à cette partie de la fortification de Paris. Vous savez, comme moi, qu'à Sébastopol les grandes parallèles qui enveloppaient la place avaient beaucoup de puissance d'action. C'est le moyen que nous voulons employer, et je crois qu'il n'y en a pas d'autre, aussi bien pour l'attaque que pour la défense; dans le moment il ne s'agit que de la défense; mais si l'on voulait marcher en avant, l'emploi de ces grandes lignes éviterait les grandes pertes que l'on a éprouvées lorsqu'on s'est porté sur l'Hay, Chevilly et Choisy.

Je vous prie de donner des ordres pour que l'on mette à ma disposition des ouvriers militaires pour l'exécution de la partie de ces travaux adoptée par le gouverneur. Quant à ce que vous croyez ne pas devoir occuper, nous attendrons que vous ayez pris une décision à cet égard.

L'occupation de Cachan est une nécessité; il y a là des ouvertures de souterrains de carrières pour aller au-dessous du fort de Montrouge, dont il faut être maître. L'aqueduc reste toujours une partie de l'enceinte, et Cachan en est la défense avancée indispensable. Cette occupation est admise par le gouverneur.

Je vous prie donc de mettre demain les ouvriers militaires nécessaires pour exécuter les travaux.

Agréez, etc.

Signé : J. TRIPIER.

IX.

GÉNIE.
Rive gauche. — Rue Brezin, 11.
N° 55.

Général Javain à général Vinoy.

Paris, le 6 octobre 1870.

La reconnaissance que j'ai faite depuis deux jours, en exécution des instructions de M. le général de Chabaud, des dispositions défensives à prendre dans l'intérêt .es communications entre l'enceinte et les forts extérieurs de la rive gauche et des forts entre eux, m'a permis de constater que presque partout des travaux d'organisation avaient été entrepris. Sur quelques points ces travaux sont assez complets, mais sur le plus grand nombre ils sont imparfaits, et leur achèvement satisfaisant ne sera praticable qu'autant que les corps occupants seront pourvus des ressources matérielles qui leur manquent aujourd'hui et que je crois pouvoir leur procurer. A cet effet, j'ai l'honneur de vous offrir mon concours, en vous priant de me faire connaître les noms des chefs de corps compris en avant des 7e, 8e et 9e secteurs de l'enceinte, et de m'autoriser à déléguer près d'eux les officiers du génie sous mes ordres, qui auront pour mission spéciale d'imprimer aux travaux d'organisation des lignes en question une marche systématique uniforme, et de lever toutes les difficultés matérielles de nature à entraver leur prompte exécution.

Agréez, etc.

Signé : Général JAVAIN,
Commandant la 3e circonscription du génie.

X.

GÉNIE.
Rive gauche, — 3e circonscription.
N° 56.

Général Javain au général Vinoy.

Paris, le 7 octobre 1870.

Veuillez bien croire qu'en vous proposant de concourir à l'organisation défensive des communications occupées par les troupes du 13e corps sur la rive gauche, il n'est jamais entré dans ma pensée de modifier ou de compléter les travaux en cours d'exécution sans m'être préalablement assuré de votre adhésion. Pour le moment, il ne s'agit que d'étudier la question de rédiger des croquis, avec rapports à l'appui, indiquant l'ensemble et au besoin quelques détails des dispositions définitives à arrêter. Aussitôt que ces études préparatoires seront achevées et approuvées par M. le général commandant supérieur du génie, j'aurai l'honneur de les soumettre à votre examen et de prendre vos instructions en ce qui concerne leur exécution; aujourd'hui même j'avais l'intention de me présenter à votre quartier général pour vous donner à ce sujet toutes les explications et tous les renseignements de nature à vous intéresser; mais ayant reçu l'ordre d'accompagner le général de Chabaud-Latour, qui se propose de passer en revue les travaux de l'enceinte, je me vois contraint à remettre à demain la visite que je comptais vous faire à l'occasion des reconnaissances relatives aux communications extérieures.

Agréez, etc.

Signé : Général JAVAIN.

XI.

Confidentielle.

Gouverneur de Paris à général Vinoy.

J'ai pu me convaincre par moi-même de l'insuffisance de la surveillance de garde, tant en ce qui concerne l'infanterie que l'artillerie, sur les points des Hautes-Bruyères et du moulin Saquet; c'est ainsi que la plupart des hommes sont livrés à eux-mêmes, en dehors de la présence des officiers, qui sont rarement avec leurs soldats. On a laissé passer en vue des Hautes-Bruyères des convois ou des troupes sans les inquiéter.

Je ne veux pas entrer dans plus de détails, mais il est

constant que cette partie de la défense a besoin d'être rappelée par vous à une surveillance plus efficace.

. . . .

Depuis l'affaire du 30 septembre, l'ennemi s'est parfaitement rendu compte des travaux que nous faisions en avant de notre front, pour relier entre elles les positions de Saquet, Villejuif, les Hautes-Bruyères, etc., et mon sentiment a toujours été qu'un jour ou l'autre il tenterait une attaque sérieuse sur nous de ce côté.

Je me rends parfaitement compte de la difficulté qu'il aurait à se maintenir dans ces positions sous le canon de nos forts, mais il pourrait tenter un grand effort pour chercher à nous enlever l'artillerie de campagne qui les défend en ce moment, et ce n'est que par une surveillance des plus actives que nous pouvons nous mettre à couvert contre de pareilles entreprises.

Dans la prévision qu'une pareille attaque pourrait se produire, j'ai pensé qu'il y aurait avantage à ce que vous appelassiez sur les lieux l'amiral Pothuau et le général de Maud'huy, dans le but de leur donner des instructions tout à fait précises sur le rôle que chacun d'eux serait appelé à jouer, en raison des circonstances qui se reproduiraient.

. . . .

Ne pensez-vous pas qu'il y aurait lieu d'établir des commandants de place au moulin Saquet et aux Hautes-Bruyères, ainsi que cela existait pendant la première occupation de ces positions?

Recevez, etc.

Signé : Général TROCHU.

(Cette lettre, sans date ni numéro, est du 7 ou du 8 octobre 1870.)

XII.

Gouverneur de Paris à général Vinoy.

Vous avez été informé ce soir du mouvement de troupes très-considérable que l'ennemi a fait de votre côté. Il y a là des menaces d'accord avec les bruits qui courent dans le public, et aussi avec les dires des prisonniers, dont il faut absolument tenir compte. J'ajoute qu'indépendamment de ces mesures, dont la réalisation peut être immédiate, il convient de ne pas oublier que l'anniversaire de la bataille d'Iéna arrive dans trois jours (le 14 octobre), et que les Prussiens ont à un haut degré la croyance des anniversaires.

Ainsi je vous recommande la vigilance plus encore que je ne vous l'ai recommandée hier. Je vous prie de donner dans ce sens à tout votre monde les ordres les plus précis. A partir de demain matin, le général Maud'huy devra entretenir, à poste fixe, deux veilleurs armés de bonnes lunettes dans le clocher de Villejuif, et il devra vous tenir constamment informé.

Si vous devez être attaqué, ce sera comme toujours avec un maximum d'artillerie et des masses très-considérables, mais qui, comme toujours aussi, ne se montreront guère. Elles franchiront probablement de nuit le plateau sur lequel, de jour, elles seraient exposées à vos coups, et enfin elles s'efforceront d'agir par les points où elles peuvent cheminer à couvert en tournant vos positions, c'est-à-dire par la vallée de Bièvre et par le bas de Vitry.

Vous avez actuellement d'Issy à Port-à-l'Anglais à peu près 35,000 hommes; c'est suffisant pour tenir cette ligne, si étendue qu'elle soit, parce qu'il nous faut, nous aussi, ne montrer de masses nulle part. C'est avec un maximum d'artillerie, et en occupant opportunément tous les points de la ligne que nous avons rendus défensifs, qu'il faut tenir tête à cet orage, s'il vient.

Préoccupez-vous donc, dès demain, de l'établissement de vos deux divisions et de vos bataillons de mobiles sur cette ligne défensive, chacun des points de cette ligne, qui ne devra pas être épaisse et représentera une sorte de ligne de tirailleurs, ayant à sa portée des réserves particulières convenablement postées et convenablement abritées.

A tout cet ensemble, je donnerai pour réserve l'une des divisions du général Renault, que je vous enverrai dès demain.

Quant à votre artillerie, je la renforcerai : 1° par l'artillerie divisionnaire provenant du 14ᵉ corps ; 2° par sept batteries de 12 prises à la réserve de Paris, le tout formant un ensemble de vingt-deux batteries, soit cent trente-deux pièces de canon où le 12 figure pour une grande part. En y ajoutant l'action des forts et l'effet moral qu'ils produisent, il y aura là un appareil de bataille défensive que je considère comme formidable, si les troupes bien postées font leur devoir.

Demain matin, de bonne heure, quatre batteries de 12, partant des Tuileries et de l'École-Militaire, chemineront vers vous par la chaussée du Maine, la route d'Orléans, prendront à gauche par Arcueil et arriveront en arrière des Hautes-Bruyères, où vous aurez un officier qui les postera. L'emplacement utile pour ces vingt-quatre pièces me paraît être entre les Hautes-Bruyères et Villejuif, derrière l'épaulement, car il pourra y avoir là un grand effort d'artillerie à faire. Mais cette ligne sera mince, et il faudra qu'elle soit soutenue, 1° par une forte réserve abritée en arrière et à droite de la redoute des Hautes-Bruyères, dans la dépression que vous connaissez ; 2° par une autre forte réserve postée en avant et près du fort de Bicêtre, dans une dépression qui doit exister près du glacis. Celle-là sera un peu éloignée, mais je ne crois pas qu'il y ait de couvert plus rapproché. Vous aurez d'ailleurs, à l'entrée de Villejuif, une troisième réserve qui pourrait se porter sur le plateau à sa droite, s'il en était besoin. Celle-là ne sera pas vue.

La division du général Renault arrivera dans l'après-midi, de bonne heure, je pense, sur l'avenue qui est en avant de la porte d'Italie, à hauteur du fort de Bicêtre. En réalité elle aura fait une étape, et il faudra la mettre au bivouac à son arrivée. Vous aurez là un ou deux officiers pour la recevoir et l'installer dans les terrains à droite et à gauche de l'avenue, qui devra rester libre pour ses trois batteries.

Enfin trois batteries de 12, formant votre complément d'artillerie, partant également du bois de Boulogne, traverseront la Seine au pont de la Concorde, et suivront les quais de la rive gauche jusqu'à la porte de la Gare, sortiront de l'enceinte et s'arrêteront à hauteur du Port-à-l'Anglais, sur la grande avenue. Des batteries de la division de renfort, stationnées route d'Italie, comme des trois batteries de 12 stationnées à hauteur du Port-à-l'Anglais, le général d'Ubexi disposera pour la défense de vos positions (concurremment avec ses propres batteries), depuis Villejuif jusqu'au Port-à-l'Anglais, en passant par le moulin Saquet et Vitry. Il faudra avoir des officiers pour donner à tout cet ensemble, qui sera compliqué, les emplacements utiles pour la défense.

Toute la journée de demain, jusqu'à la nuit, devra être consacrée à cette organisation défensive, à laquelle je vous prie de donner tous vos soins. Il faudra la perfectionner les jours suivants si l'ennemi ne prononce pas l'attaque attendue.

Le général Blanchard, immédiatement prévenu, devra prendre, dans sa zone, toutes les dispositions défensives qui le concernent avec son canon et son infanterie.

Recevez, etc.

Signé : Général Trochu.

(Cette lettre est arrivée à minuit, dans la nuit du 10 au 11 octobre.)

XIII.

N° 738.

Gouverneur de Paris à général Vinoy.

Les renseignements qui me parviennent ce soir tendraient à me faire croire que le grand mouvement de concentration qui s'est fait ces jours derniers aurait peut-être pour but une expédition en province.

Afin de nous renseigner sur ce point, veuillez donner des ordres au général Blanchard pour qu'il fasse demain une grande reconnaissance jusque sur le plateau de Châtillon ; il a à sa disposition tous les moyens nécessaires pour tâter fortement l'ennemi sur ces positions.

Veuillez me faire connaître l'heure à laquelle le général Blanchard se mettrait en route.

Agréez, etc.

Signé : Général Trochu.

(Lettre arrivée le 13 octobre à minuit un quart, à deux heures au général Blanchard, à quatre heures aux généraux Susbielle et La Mariouse.)

XIV.

DÉPÊCHE TÉLÉGRAPHIQUE.

Paris, le 13 octobre 1870, 1 h. 50 m. du soir.

N° 341.
Arrivée le 13 octobre à 1 h. 58 m. du soir.

Gouverneur de Paris à M. le général Vinoy.
Fort de Montrouge.

Blanchard tiendra dans le bas de Châtillon, sans dépasser la route de Clamart. Je lui annonce que vous le soutiendrez de Bagneux par votre canon, qui devra tirer entre le télégraphe et le haut de Châtillon. Sous cette protection, Blanchard fera sa retraite quand il le jugera convenable ou quand vous le lui direz.

Recevez, etc.

Signé : L'employé, BÉGLON.

XV.

Commandant des gardiens de la paix
au général Vinoy.

Vanves, le 14 octobre 1870.

En réponse à votre note en date de ce jour, je m'empresse de vous informer que de l'avis de mon corps d'officiers, que j'ai réuni à cet effet, et de l'assentiment unanime des hommes de mon bataillon, il n'y a pas lieu de faire en ce moment de propositions de récompenses. Tous les gardiens placés sous mes ordres sont heureux d'avoir fait leur devoir et d'avoir pu donner une preuve de leur dévouement ; ils espèrent qu'à la première occasion, qu'ils désirent ardemment, ils feront davantage pour la défense de la patrie.

Pour être l'interprète de leurs sentiments auprès de vous, j'ai l'honneur, mon général, d'appeler votre bienveillante attention sur les veuves de nos malheureux camarades tombés sous les coups de l'ennemi.

Veuillez agréer, etc.

Signé : Véret.

M. Lerminier, sous-lieutenant, tué; Robert, gardien, tué.

XVI.

Confidentielle.

LETTRE.

Gouverneur de Paris au général Vinoy.

Paris, le 20 octobre 1870.

En réponse à votre lettre du 19 octobre, n° 566, j'ai l'honneur de vous faire connaître que toute l'artillerie est d'accord pour reconnaître l'insuffisance de la roche-à-feu comme matière incendiaire. Il y a d'autres moyens beaucoup plus efficaces pour détruire, par le feu, les villes et les villages. Mais j'en ai rigoureusement interdit l'emploi, parce que dans la lutte qui s'établirait entre l'ennemi et nous, dans cet ordre de faits, Paris aurait beaucoup à craindre, et lui très-peu.

Je veux parler du pétrole et de ses différentes variétés. Par cette raison, qui est décisive, il faut quant à présent nous borner à l'emploi des moyens ordinaires, c'est-à-dire des obus.

Recevez, etc.

Signé : Général Trochu.

XVII.

Lettre du gouverneur de Paris au général Vinoy.

Paris, le 20 octobre 1870.

Le général Ducrot doit faire, demain, une entreprise d'artillerie vers la Malmaison et Buzanval, en avant de Rueil, dans le but de canonner fortement les positions de l'ennemi vers la Jonchère, Bougival et les bois de la Celle-Saint-Cloud.

L'action doit commencer à une heure après-midi, au signal de trois coups de canon tirés, à trente secondes d'intervalle, du Mont-Valérien.

Je désire que les troupes du 13ᵉ corps fassent un mouvement, partant d'Arcueil comme centre et s'étendant à gauche jusqu'à Ivry et jusqu'à Issy à droite; elles devront se tenir en deçà de la route stratégique. Les pièces du général Blanchard qui sont établies au fort d'Issy prendront leurs vues vers Bellevue et Sèvres, de manière à fouiller les points sur lesquels des concentrations ennemies pourraient s'opérer.

On fera tirer quelques coups des Hautes-Bruyères sur Chevilly et l'Hay, pendant que l'action sera engagée chez le général Ducrot. Il ne se fera dans le 13ᵉ corps aucun mouvement d'artillerie attelée, l'infanterie seule se mettra en route vers onze heures et devra rentrer dans ses bivouacs lorsque le feu du général Ducrot sera éteint, c'est-à-dire vers la tombée de la nuit.

Vous donnerez avis de vos dispositions aux commandants des secteurs de la rive gauche.

Recevez, etc.

Signé: P. O. SCHMITZ.

XVIII.

20 octobre 1870. — N° 573.

Général de Maud'huy à général Vinoy.

NOTICE SUR LES OUVRAGES DE CAMPAGNE EXÉCUTÉS PAR L'ENNEMI EN AVANT DE LA DEUXIÈME DIVISION.

Première ligne.

A. Au sud-ouest du village de l'Hay, batterie sur un ressaut du plateau du versant, enfilant la vallée de la Bièvre et les rampes du village vers Cachan et Bagneux; sa position, non vue exactement du plateau de Villejuif, est indiquée sur le croquis et sera ultérieurement précisée de Montrouge.

L'Hay, suivi de la Rue, accouplement de deux villages allongés, dont les trois entrées principales de notre côté sont barricadées. La grande rue qui le traverse est coupée de plusieurs barricades, correspondant à des enceintes successives formées par des murs de jardins crénelés perpendiculairement à cette rue. Les maisons sont aussi crénelées, et plusieurs d'entre elles fournissent deux et trois étages de feux. Le commandant des villages, probablement un colonel, habite une des dernières maisons de la Rue. Garnison : 1,500 hommes environ pour les deux villages et défenses accessoires.

B. En avant du village, les travaux interrompus et la prise d'eau de la Vanne présentent une série de levées de terre figurée par des traits rouges et organisée en parapets défensifs. Cette levée, avec des murs crénelés, couvre l'Hay et l'unit à Chevilly, gros village organisé défensivement, comme le précédent, avec des barricades et succession de murs crénelés se prolongeant tout le long du parc, au sud-est. Garnison : 1,000 hommes environ.

C. Petite levée en terre, en forme de redan, à la croisée des routes (point 94), pour une compagnie prussienne (250 hommes environ).

D. Observatoire, avec escalier et banc en bois, sur la pièce d'eau alimentée par la machine de Choisy, remise en mouvement par l'ennemi et fournissant seulement les villages occupés par lui (ce point n'est donc pas à ménager).

E. Deux maisons et un grand hangar, avec deux longs murs de jardins en briques, crénelés, et une barricade à embrasures et avec flancs sur la route.

F. Batterie enterrée, avec parapets fort bas, ayant 60 mètres de long environ. Cette batterie est celle qui a tiré ces jours-ci, et ce matin encore, des obus sur la tranchée en voie d'exécution du général Tripier. Thiais, village organisé défensivement.

G. Levée de terre (peut-être une batterie) recouverte de gazonnement.

H. Série de quatre épaulements échelonnés pour deux pièces chacun; la batterie, ainsi exposée, ne peut être ni enfilée ni écharpée dans tous ses éléments à la fois, les épaulements successifs faisant traverse pour les pièces en arrière.

De plus, la batterie, disposée sur un espace plus large, a de meilleurs feux convergents; au besoin, les pièces peuvent tirer par les côtés, les hommes à couvert; elles peuvent facilement se porter en avant ou se retirer par échelons, la garde de la batterie se couvrant derrière ses épaulements pour aider à la retraite. Garnison probable de Thiais : 1,000 hommes.

Soit, pour la première ligne : 4,000 hommes et deux batteries environ.

Deuxième ligne.

J. Gros ouvrage de forme indéterminée, mais semblant avoir des flanquements aux angles, comparable, pour le relief et le développement, au moulin Saquet. Garnison possible : 2,500 à 3,000 hommes. — On ne sait pas si l'ouvrage est fermé à la gorge. Cet ouvrage couvre Frêne-lez-Rungis et bat la trouée entre l'Hay et Chevilly, ainsi que les débouchés de ces villages.

K. Autre gros ouvrage de la même importance que le premier, à peu près (inachevé ; on y travaillait hier). Cet ouvrage couvre Rungis et bat l'espace entre Chevilly et Thiais et paraît adossé à la Vanne. Garnison possible : 2,000 hommes environ.

La Belle-Épine. Grosse ferme organisée défensivement, avec barricade sur la route.

La défense de cette ligne comporte de 8 à 10,000 hommes et quatre batteries.

L'ensemble de ces deux lignes est couvert à droite par Choisy, gros village très-fortement organisé pour la défense, avec une barricade en M, des abatis devant le mur d'enceinte, et une avancée en N, grand bâtiment rouge du chemin de fer. Garnison probable : 3,000 hommes.

Ces positions présentent trois lignes distinctes, correspondant aux dispositions tactiques habituelles aux Prussiens : des avant-gardes pouvant soutenir un effort puissant sur la ligne d'Hay-Chevilly, Thiais, Choisy. 4,000 hommes environ.

Le gros sur la deuxième ligne, avec deux redoutes J et K, à la Belle-Épine et dans les villages voisins de

Frêne-lez-Rungis, Rungis et Orly; et enfin les réserves, qui ne peuvent être au-dessous de 5 à 6,000 hommes et trois ou quatre batteries, à Wissous, Paray, la Vieille-Poste, Villeneuve-le-Roi et Villeneuve-Saint-Georges. Cette dernière ligne semble être devenue leur ligne de communication préférée autour de Paris; c'est un bon chemin de communication.

Il semble résulter de la faiblesse des ouvrages de la première ligne, comparés à ceux de la deuxième, que l'ennemi s'est préparé devant nous un champ de bataille purement défensif, et qu'il ne songe nullement à prendre l'offensive, puisqu'il a même détruit par la mine la ferme de la Saussaye, qui aurait pu lui servir de point d'appui.

Signé : DE MAUD'HUY.

P. S. La majeure partie du corps du général Tumpling, dont le quartier général est à Villeneuve-le-Roi, semble donc être devant nous, savoir : 20,000 hommes d'infanterie, quelques milliers d'hommes d'artillerie et du génie, et enfin plusieurs régiments de cavalerie, sans doute, en arrière.

Signé : DE MAUD'HUY.

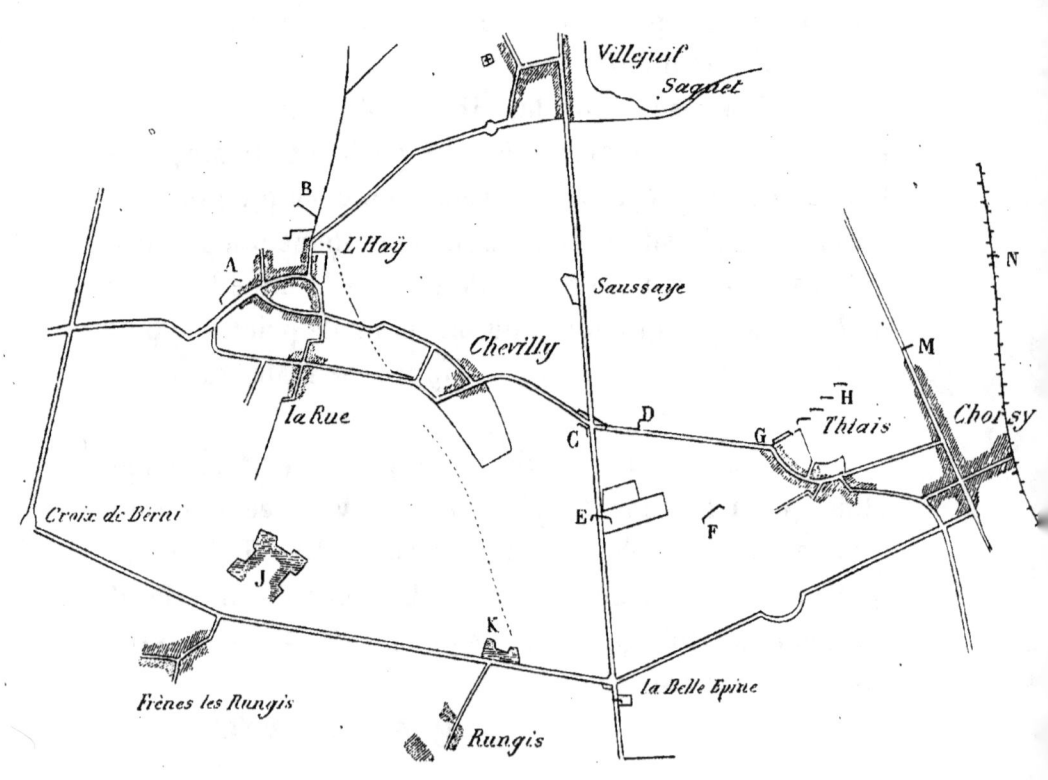

XIX.

LETTRE.

Général de Maud'huy à général Vinoy.

1ᵉʳ novembre 1870.

Pour faire suite à ma dépêche du 20 octobre et pour compléter les renseignements que j'avais l'honneur de vous fournir, j'ai fait explorer, par un agent dont j'ai pu disposer, les villages en arrière des lignes de défense prussiennes. Il semble résulter des renseignements que j'ai pu acquérir, que Juvisy est fortement occupé par de l'infanterie et pourvu de défenses accessoires; — qu'il en est de même d'Ablon; — que la Cour-de-France n'est pas occupée, mais seulement les environs, notamment Viry-sur-Seine. Par contre, la Cour-de-France a été pourvue de mines; celui qui me fournit ce renseignement y a lui-même travaillé.

Enfin Montlhéry, Arpajon et Brétigny sont occupés, et servent de magasins de vivres et de fourrages.

Je suis, etc.

Signé : DE MAUD'HUY.

XX.

ORDRE.

Officiers, sous-officiers et soldats du 13ᵉ corps d'armée, gardes mobiles et troupes de toutes armes de la défense de la rive gauche de la Seine, placés sous mon commandement.

Vous savez maintenant, et tous, comme moi, vous déplorez profondément les événements qui ont eu lieu à l'Hôtel de ville. Une minorité factieuse, et malheureusement trop connue par son passé, a surpris les membres du gouvernement de la défense nationale au moment où ils délibéraient sur les affaires du pays; elle les a violentés et retenus prisonniers une partie de la nuit, en proclamant devant eux le gouvernement de la commune.

Le 13ᵉ corps, placé tout entier aux avant-postes, n'a pas connu et n'a donc pu prévenir ni empêcher cette violation flagrante des droits de la société; mais il se doit à lui-même et à l'honneur de l'armée d'empêcher le retour de pareils événements.

Si des faits aussi affligeants devaient se reproduire, votre général en chef n'hésiterait pas à appuyer les bataillons de la garde nationale et ceux de la garde mobile qui pensent comme lui.

Pour que les amis de l'ordre, qui sont ceux du pays tout entier, n'en doutent pas, proclamons, à notre tour, que nous ne reconnaitrons d'autre gouvernement que celui de la défense nationale, et que nous combattrons sans merci tous ceux qui tenteraient d'en établir un autre par la violence.

Soldats du 13ᵉ corps, comptez donc sur votre général en chef comme il compte sur vous; ses mesures sont assurées pour la défense de l'ordre intérieur, comme elles l'ont toujours été contre les attaques extérieures. Attendez avec confiance; je veille.

Au quartier général, à Paris.

Le général de division commandant en chef le 13ᵉ corps et la défense de la rive gauche,
Signé : Vinoy.

Par ampliation,
Le général chef d'état-major général,
De Valdan.

XXI.

COMPOSITION NOUVELLE DE L'ARMÉE DE PARIS.
6 NOVEMBRE 1870.

PREMIÈRE ARMÉE : Général CLÉMENT THOMAS.

266 bataillons de marche de garde nationale, organisés à 500 hommes chacun, soit 183,000 hommes.

DEUXIÈME ARMÉE : Général DUCROT.

Chef d'état-major : Général APPERT.
Sous-chef : Colonel WARNET.
Commandant de l'artillerie : Général FRÉBAULT.
Commandant du génie : Général TRIPIER.
Intendant général : Intendant WOLFF.

1er CORPS D'ARMÉE : Général BLANCHARD.

Chef d'état-major : Colonel FILIPPI.
Commandant de l'artillerie : Général D'UBEXI.
Commandant du génie : Général DUPOUET.
Intendant : Intendant VIGUIER.

1re DIVISION : Général DE MALROY.

Chef d'état-major : BIDOT, chef d'escadron.

1re *brigade :* Général MARTENOT.

	Officiers.	Hommes.
1er, 2e, 4e bataillons d'Ille-et-Vilaine, colonel DE VIGNERAL[1].	77	3,309
3e.	26	1,235
1er, 2e, 3e, 4e bat. de la Côte-d'Or, colonel DE GRANCEY[2].	115	4,457
Total.	218	9,001

2e *brigade :* Général PATUREL[3].

	Officiers.	Hommes.
121e de ligne, lieutenant-colonel MAUPOINT DE VANDEUIL.	33	1,598
122e de ligne, lieutenant-colonel BARBE.	36	1,447
Total.	69	3,045

Total de la division, 287 officiers, 12,046 hommes.

---

[1] Blessé le 2 décembre. — [2] Tué le 2 décembre. — [3] Blessé le 18 mars.

APPENDICE.

2e DIVISION : Général DE MAUD'HUY.

Chef d'état-major : MEUSNIER, chef d'escadrons.

1re brigade : Général VALENTIN.

109e de ligne, colonel MIQUEL DE RIU[1].	72	3,175
110e de ligne, colonel MIMEREL.	71	2,970
2e, 3e, 4e, 5e bat. du Finistère, colonel DE LA VILLEBRET.	109	4,332
Total.	252	10,377

2e brigade : Général BLAISE[2].

111e de ligne, lieutenant-colonel SCHOLLER.	67	3,019
112e de ligne, lieutenant-colonel LESPIEAU.	65	3,104
Total.	132	6,123

Total de la division : 384 officiers, 16,500 hommes.

3e DIVISION : Général FARON.

Chef d'état-major : Lieutenant-colonel BOUDET.

1re brigade : Colonel COMTE.

113e de ligne, lieutenant-colonel POTTIER	74	2,683
114e de ligne, lieutenant-colonel VANCHE[3].	82	3,029
1er, 2e, 3e bat. de la Vendée, lieutenant-colonel AUBRY[4].	71	2,155
Total.	227	7,867

2e brigade : Général DE LA MARIOUSE.

35e de ligne, lieutenant-colonel MARTINAUD.	100	2,614
42e de ligne, lieutenant-colonel CHARPENTIER.	100	2,892
Total.	200	4,906

Total de la division : 427 officiers, 12,773 hommes.

Total du 1er corps d'armée : 1,029 officiers, 38,274 hommes.

2e CORPS D'ARMÉE : Général RENAULT[5].

Chef d'état-major : Général FERRI-PISANI.
Artillerie : Général BOISSONNET[6].
Génie : Colonel CORBIN.
Intendant : Intendant BAILLOD.

1re DIVISION : Général SUSBIELLE[7].

1re brigade : Général DE LA CHARRIÈRE[8].

115e de ligne, lieutenant-colonel BENEDETTI..	59	1,750
116e de ligne, lieutenant-colonel PANIER DES TOUCHES. .	61	1,970
Total.	120	3,720

---

[1] Blessé le 30 septembre. — [2] Tué le 21 décembre. — [3] Blessé le 13 octobre. — [4] Blessé le 2 décembre. — [5] Tué le 2 décembre. — [6] Blessé le 2 décembre. — [7] Blessé le 13 octobre. — [8] Tué le 30 novembre.

APPENDICE.

2ᵉ brigade : Général LECOMTE[1].

117ᵉ de ligne, lieutenant-colonel MONTARU.	66	1,855
118ᵉ de ligne, lieutenant-colonel DE BEAUFORT.	51	1,889
Total.	117	3,744

Total de la division : 237 officiers, 7,464 hommes.

2ᵉ DIVISION : Général BERTHAUT.

Chef d'état-major : RÉGNIER, chef d'escadrons.

1ʳᵉ brigade : Général BOCHER.

19ᵉ de ligne, lieutenant-colonel CHOLLETON.	64	1,938
120ᵉ de ligne, lieutenant-colonel HUQUET.	58	1,973
Total.	122	3,911

2ᵉ brigade : Colonel BOUTIER.

2ᵉ, 3ᵉ, 4ᵉ, 5ᵉ bataillons du Loiret, colonel DE MONTBRISON.	104	3,258
1ᵉʳ, 4ᵉ, 5ᵉ bataillons de la Seine-Inférieure, 2ᵉ bataillon de la Drôme, colonel BALETTE.	105	3,897
Total.	209	7,155

Total de la division : 331 officiers, 11,066 hommes.

3ᵉ DIVISION : Général DE MAUSSION.

Chef d'état-major : CARRÉ, chef d'escadrons.

1ʳᵉ brigade : Général COURTY.

23ᵉ de ligne, lieutenant-colonel DUPUY DE PODIO . . .	74	2,595
124ᵉ de ligne, lieutenant-colonel SANGUINETTI.	65	2,326
Total.	139	4,921

2ᵉ brigade : Général AVRIL DE L'ENCLOS.

125ᵉ de ligne, lieutenant-colonel JOURDAIN.	79	2,282
126ᵉ de ligne, lieutenant-colonel NELTNER.	59	2,581
Total.	138	4,863

Total de la division : 277 officiers, 9,784 hommes.

3ᵉ CORPS D'ARMÉE : Général D'EXÉA.

Chef d'état-major : Colonel DE BELGARRIC.
Artillerie : Général PRINCETEAU
Génie : Colonel RAGON.
Intendant : DE PRÉVAL.

[1] Tué le 18 mars.

APPENDICE.

1re DIVISION : Général DE BELLEMARE.

Chef d'état-major : BEAUGEOIS, chef d'escadrons.

1re *brigade :* Colonel FOURNÈS.

4e de zouaves, lieutenant-colonel MÉRIC.	75	2,700
136e de ligne, lieutenant-colonel ALLARD.	61	2,264
Total.	136	4,964

2e *brigade :* Colonel COLONIEU.

1er, 2e, 3e, 4e bataillons de Seine-et-Marne, lieutenant-colonel FRANCESCHETTI.	114	5,005
1er, 2e, 5e bataillons du Morbihan.	80	3,098
Total.	194	8,103

Total de la division, 330 officiers, 13,067 hommes.

2e DIVISION : Général MATTAT.

Chef d'état-major : MONTELS, chef d'escadrons.

1re *brigade :* Colonel BONNET.

105e de ligne, colonel GALLAND.	63	2,405
106e de ligne, colonel DUGUINY.	60	2,132
1er, 2e, 3e bat. du Tarn, 3e Seine-Inférieure, col¹ REILLE.	118	3,782
Total.	241	8,319

2e *brigade :* Général DAUDEL.

107e de ligne, lieutenant-colonel TARAYRE.	64	1,990
108e de ligne, lieutenant-colonel COIFFÉ.	59	2,222
Total.	123	4,212

Total de la division : 364 officiers, 12,531 hommes.

DIVISION DE CAVALERIE : Général DE CHAMPÉRON.

Chef d'état-major : ROSMORDUC, chef d'escadrons.

1re *brigade :* Général DE GERBROIS.

1er régiment de marche de dragons.	38	511
2e régiment de marche de dragons.	38	498
Total.	76	1,009

2e *brigade :* Général COUSIN.

1er de chasseurs.	41	665
9e de chasseurs.	38	630
Total.	79	1,295

468 APPENDICE.

Colonel ALLAVÈNE.

1er régiment de gendarmerie.   49   687

Total de la division : 2,040 officiers, 2,991 hommes.

TROISIÈME ARMÉE : Général VINOY.

Chef d'état-major : Général DE VALDAN.

1re DIVISION : Général SOUMAIN.

1re brigade : Général D'ARGENTOLLE.

Garde républicaine à pied.   60   2,104
Régiment de gendarmerie, 1re légion de gendarmerie.   78   2,283
Gendarmerie de l'Est.   8   153
                                         Total. 146   4,540

2e brigade.

Forestiers.   62   1,113
Douaniers.   99   3,809
Dépôt du 29e de ligne.   8   656
Dépôt du 59e de ligne.   6   586
                                         Total. 175   6,164

Total de la division : 321 officiers, 10,704 hommes

2e DIVISION : Général DE LINIERS.

Chef d'état-major : DE MORLAINCOURT, chef d'escadrons.

1re brigade : Colonel FILHOL DE CAMAS.

1er, 2e, 3e, 4e bataillons des Côtes-du-Nord. 130   5,593
1er, 2e, 3e bataillons de l'Hérault.   70   2,887
                                         Total. 200   8,480

2e brigade : Colonel DE CHAMBERET.

1er, 2e, 3e, 4e, 5e, 6e bataillons de Seine-et-Oise. . . 167   6,361

Total de la division : 367 officiers, 14,841 hommes.

2e DIVISION : Général DE BEAUFORT-D'HAUTPOUL.

Chef d'état-major : LECOQ, chef d'escadron.

1re brigade : Général DUMOULIN.

1er, 2e, 3e bataillons de l'Aube.   90   3,511
1er, 2e, 3e bataillons de Saône-et-Loire.   77   3,537
                                         Total. 167   7,048

APPENDICE.

2e *brigade* : Capitaine de frégate D'ANDRÉ.

2e, 3e, 4e bataillons de l'Ain.	79	3,497
1er, 2e, 3e bataillons de la Vienne.	82	3,503
Total.	161	7,000

Total de la division : 328 officiers, 14,048 hommes.

4e DIVISION : Général CORRÉARD.

Chef d'état-major : VIAL, chef d'escadrons.

1re *brigade* : Lieutenant-colonel CHAMPION.

1er, 2e, 3e bataillons de la Loire-Inférieure.	50	2,677
1ers bataillons de l'Aisne, de l'Indre, du Puy-de-Dôme.	91	4,310
Total.	141	6,987

2e *brigade* : Colonel PORION.

1er, 2e, 3e, 5e bataillons de la Somme.	101	3,609
1er bataillon de la Marne.	31	1,204
Total.	132	4,813

Total de la division : 273 officiers, 11,800 hommes.

5e DIVISION : Général D'HUGUES.

1re *brigade* : Capitaine de frégate DE BRAY.

5e bataillon d'Ille-et-Vilaine.	26	1,148
6e, 7e, 8e bataillons de la Seine. (environ)	80	3,246
Total.	106	4,394

2e *brigade*.

137e de ligne.	60	2,198
4e bataillon de la Vendée.	25	1,087
1er bataillon du Finistère.	26	1,140
Total.	111	4,425

Total de la division : 217 officiers, 8,819 hommes.

6e DIVISION : Contre-amiral POTHUAU

Chef d'état-major : BESAUCÈLE, chef d'escadrons

1re *brigade* : Lieutenant-colonel LEMAINS.

128e de ligne.	72	2,419

2e *brigade* : Capitaine de vaisseau SALMON.

Troupes de marine.		5,000
Total.		7,419

Total général de la troisième armée : 67,000 hommes.

CAVALERIE : Général BERTIN DE VAUX.

1re *brigade* : Général DE BÉRNIS.

2e *brigade* : Lieutenant-colonel BLONDEL.

DEUXIÈME ARMÉE.

1er CORPS D'ARMÉE : Général BLANCHARD.

1re division MALROY.	218	9,001
2e division DE MAUD'HUY.	384	16,500
3e division FARON.	427	12,773
Total.	1,029	38,274

2e CORPS D'ARMÉE : Général RENAULT.

1re division SUSBIELLE.	237	7,464
2e division BERTHAUT.	331	11,066
3e division MAUSSION.	277	9,784
Total.	845	28,314

3e CORPS D'ARMÉE : Général D'EXÉA.

1re division BELLEMARE.	330	13,067
2e division MATTAT.	364	12,531
Division de cavalerie CHAMPÉRON. . .	204	2,991
Total.	898	28,589

Total de l'effectif de la deuxième armée : 2,772 offic., 95,177 h.

Artillerie : environ 10,000 hommes.

TROISIÈME ARMÉE : Général VINOY.

1re division, général SOUMAIN.	321	10,704
2e division, général DE LINIERS. . . .	367	14,841
3e division, général DE BEAUFORT. . .	328	14,048
4e division, général CORRÉARD.	273	11,800
5e division, général D'HUGUES.	217	8,819
6e division, contre-amiral POTHUAU. .	192[1]	7,419
Total.	1,698	67,631

Ces effectifs sont extraits d'une situation donnée à la fin du siége; ils sont donc un peu inférieurs à la vérité, et ce document ne pourrait servir comme pièce comptable. Il donne cependant un résumé suffisamment exact de la nouvelle formation.

[1] Environ.

XXII.

GOUVERNEUR DE PARIS.
ÉTAT-MAJOR GÉNÉRAL. — N° 1244.

ORDRE.

Paris, le 28 novembre 1870.

Le 29, au jour, dès que les objectifs seront bien visibles, les forts et les batteries de position ouvriront un feu très-lent, mais continu et soigneusement pointé sur les premières positions de l'ennemi, savoir :

Sur la *Maison-Blanche, Villa-Evrard, Neuilly-sur-Marne, Brie-sur-Marne,* le bois du *Plant,* bois l'*Huillier,* village de *Champigny,* pointe nord du plateau de *Chennevières,* à l'ouest et au-dessus de *Cœuilly.*

Pendant ce temps, les diverses colonnes s'avanceront sans cependant se trop démasquer et surtout sans gêner l'action de l'artillerie, et elles disposeront leurs tirailleurs, qui resteront couchés ou bien embusqués; après une canonnade d'une heure et demie environ, sur l'ordre donné par le général Ducrot, il sera tiré du fort de Nogent (bastion sud-ouest) cinq fusées de couleur.

Pendant le tir des forts et batteries de position, l'artillerie de campagne placée sur la rive droite de la Marne et dans la boucle aura reconnu ses emplacements, les occupera et entrera en action. Au signal des cinq fusées, le feu dirigé sur *Neuilly-sur-Marne, Brie,* les bois du *Plant* et l'*Huillier,* le village de *Champigny,* cessera immédiatement; les colonnes, précédées de leurs tirailleurs, s'élanceront sur leurs premiers objectifs; après dix minutes d'arrêt, notre artillerie reprendra son feu avec une grande vivacité sur les objectifs suivants, c'est-à-dire sur *Noisy-le-Grand, Villiers, Cœuilly, Chen-*

nevières. Le feu durera exactement une heure, montre en main, puis il cessera, et les colonnes s'élanceront sur les seconds objectifs.

A partir de ce moment, nos batteries devront chercher à bien suivre le mouvement des troupes, en les observant avec de bonnes longues-vues ; elles se borneront à les soutenir sur leurs flancs, et en fouillant le terrain en avant à une certaine distance, de manière à ne pas les inquiéter.

Il est bien entendu que si les batteries ennemies en position et en rase campagne ouvraient le feu, toute notre artillerie concentrerait sur elles son action, et nos colonnes ne s'avanceraient que quand le feu de l'ennemi serait à peu près éteint ; alors notre propre artillerie recommencerait à battre les objectifs désignés.

Paris, le 28 novembre 1870.

Le gouverneur de Paris,
Signé : Trochu.

XXIII.

ORDRE.

Opération du sud sous le commandement du général Vinoy.

Le général commandant la troisième armée prendra, pour la journée du 29 novembre, le commandement spécial de toute la rive gauche de la Seine, depuis Issy jusqu'au Port-à-l'Anglais.

Les troupes qui seront réunies sur ces positions sont celles dont le détail suit, savoir :

La division de Maud'huy, qui conservera sa position à Saquet et aux Hautes-Bruyères ;

Trois bataillons mobiles de Seine-et-Oise, quatre bataillons mobiles de la Somme (général Corréard), Montrouge, Vanves, Issy;

Un groupe de quatre bataillons mobiles Indre, Puy-de-Dôme, Marne, Somme, à Ivry et Vitry.

Ces quatre bataillons seront placés sous les ordres de l'amiral Pothuau.

En sus de ces troupes, le gouverneur enverra au général commandant la troisième armée quelques bataillons de guerre de la garde nationale, qui seront également sous les ordres du contre-amiral Pothuau. Enfin cet officier général fera sortir des forts d'Ivry, Bicêtre, Montrouge, tous les marins qu'il pourra rendre disponibles, dans le but de concourir à l'opération dont l'indication sera donnée ci-après.

DISPOSITIF D'ARTILLERIE.

Les batteries dont le détail suit sont établies, armées et approvisionnées depuis Vitry jusqu'à Issy.

PIÈCES DE POSITION.

Vitry.

1° Batterie du chemin de fer (Vitry), trois obusiers de 0^{m}22 sur affûts marins (obusiers en fonte de 80);

2° Batterie de la Pépinière (Vitry), six obusiers de 0^{m}22 sur affûts marins.

Ensemble complété par les deux canons de 0^{m}14 sur truc blindé, par le feu des canonnières et par les sept pièces de droite (deux de 0^{m}19, trois de 0^{m}16 et deux de 24) voyant Choisy, Thiais et les hauteurs en arrière du fort de Charenton.

Moulin-Saquet.

1° Quatre pièces de 24 court;
2° Six pièces de 12 de siége.

Entre le Moulin-Saquet et Villejuif.

Épaulements prêts pour des batteries divisionnaires.

Villejuif.

A la barricade, au bout du village, emplacement pour deux pièces divisionnaires.

Entre Villejuif et les Hautes-Bruyères.

1° Six pièces de 12 de siége;
2° Mitrailleuses divisionnaires.
(Avec des vues sur Chevilly, entre Chevilly et l'Hay, et entre Chevilly et Thiais.)

Hautes-Bruyères.

1° Six pièces de 24 court;
2° Trois pièces de 0ᵐ16 de la marine;
3° Six pièces de 12 de siége.
(Avec des vues directes sur Thiais par une pièce de 0ᵐ16 et des pièces de 24, sur Chevilly, l'Hay et un peu à droite.)

Épaulement à droite du fort et au-dessous du flanc droit, pour pièces divisionnaires voyant la partie déclive de l'Hay.

Batterie de l'aqueduc d'Arcueil.

Deux pièces de 24 court prenant à revers l'Hay et voyant la vallée de la Bièvre, Bourg-la-Reine et Sceaux.

Rive gauche de la Bièvre, en avant de la maison Millaud.

Épaulement pour six pièces divisionnaires.

APPENDICE.

Cavalier pour trois pièces divisionnaires ayant des vues sur l'Hay, Sceaux et Bourg-la-Reine.

Sur les glacis de Montrouge, une batterie de six pièces en voie d'exécution.

Entre Montrouge et Vanves.

Deux batteries de trois pièces chacune armées de 24 long, ayant des vues sur Bagneux et Châtillon.

Entre Vanves et Issy.

1° Batterie de six pièces armée de 24 long (batterie crémaillère dépendant de Vanves) ayant des vues sur Bagneux et Châtillon;

2° Batterie de six pièces 24 long de la station de Clamart, dite batterie du chemin de fer, dépendant d'Issy, (mêmes vues).

A droite du fort d'Issy.

1° Batterie du cimetière, deux pièces de 24 long (même objectif;

2° Batterie du château d'Issy, trois embrasures, deux pièces de 24 court (vues sur Meudon et Brimborion).

Le général commandant la troisième armée prendra toutes les dispositions nécessaires pour attaquer la Gare-aux-Bœufs de Choisy-le-Roi et le village de l'Hay, le 29 novembre au point du jour.

Cette attaque, faite avec les troupes et l'artillerie dont le détail a été donné ci-dessus, sera appuyée en outre par deux pièces de marine de 0^m19, établies au fort de Charenton et ayant des vues sur Choisy, Thiais et les positions en avant, ainsi que par des canonnières blindées remontant la Seine.

L'administration du chemin de fer d'Orléans organise deux pièces blindées accouplées sur wagons, qui seront amenés sur la voie du chemin de fer, de manière à arriver en avant de Vitry.

L'opération d'attaque des positions par les troupes sera précédée par une canonnade des plus vives et des plus intenses de toutes les batteries établies sur le parcours de Vitry à Issy, de manière que les points occupés par l'ennemi aient été écrasés de feux avant l'entrée en ligne de l'infanterie.

L'attaque n'aura lieu que par le déploiement de bandes de tirailleurs qui se porteront, le plus rapidement possible et sans tirer, sur les points à occuper. Ces tirailleurs seront soutenus par une première réserve, *qui se tiendra en arrière de la ligne déployée* et hors de la portée des premiers feux de l'ennemi. Elle sera placée cependant de manière à pouvoir appuyer le mouvement de la première ligne ; on devra profiter de tous les plis du terrain pour la masquer, et en particulier du chemin un peu encaissé qui va directement de la droite des Hautes-Bruyères à l'Hay.

Les secondes réserves seront tout à fait hors de la portée du feu.

En résumé, ce n'est que par un effort successif de tirailleurs que l'occupation des points signalés doit avoir lieu. C'est en s'abstenant de montrer des masses à découvert et de les établir dans des villages et des groupes de maisons où le feu de l'ennemi arrive, qu'on évite les grandes pertes.

Les troupes s'installeront à la Gare-aux-Bœufs et à l'Hay, après s'en être emparées, et s'y mettront immédiatement en état de défense, en employant pour cet objet les batteries divisionnaires du général de Maud'huy.

La division Faron quittera ses positions le lundi 23 novembre après la soupe du matin, et la division Malroy le même jour à la nuit close.

Il importe, en conséquence, que le général commandant la troisième armée donne des ordres aux généraux de Maud'huy et Corréard et au contre-amiral Pothuau, pour qu'ils aient à observer ce mouvement et à se placer en temps opportun sur les positions évacuées.

Les troupes de la troisième armée devront prendre position au milieu des troupes de la division Malroy, dès le lundi matin 28 novembre.

Paris, le 26 novembre 1870.

Signé : Général TROCHU.

Opération dans la presqu'île de Gennevilliers.

INSTRUCTIONS POUR LE GÉNÉRAL DE LINIERS ET LE GÉNÉRAL DE BEAUFORT.

L'armement de la presqu'île de Gennevilliers est composé ainsi qu'il suit :

Moulin-Gibet, quatre pièces de gros calibre.

La Folie (Manufacture), quatre pièces de gros calibre.

Charlebourg, quatre pièces de gros calibre.

Dans le but de faire une opération contre Bezons et Argenteuil, cet armement devrait être complété par :

Quatre mortiers dans les deux batteries à droite et à gauche du pont d'Argenteuil.

Quatre pièces de 4 dans la batterie de la Reine-Henriette.

Deux pièces de 4 dans la batterie de la redoute du Moulin

Deux pièces de 4 dans la redoute du Petit-Colombes.

Cent cinquante fusées dans les petites batteries de la digue, à portée d'Argenteuil et de Bezons.

Pendant la soirée du 28 novembre, on ouvrirait le feu de toutes les batteries sur Argenteuil, le château du Marais, Bezons, Houilles.

Des tirailleurs garniront la digue, et on fera, pendant la nuit, un gabionnage sur le chemin de fer de Rouen, près du pont des Anglais.

On mettra quelques barques à l'eau dans le canal de l'île Marante, sur laquelle on ferait une tranchée-abri.

On fera également une tranchée-abri dans l'île que traverse le chemin de fer de Rouen et on se logera sous les arches du pont.

Opération du Mont-Valérien.

AVIS POUR LE GÉNÉRAL DE LINIERS.

Mardi au point du jour, le général Noël fera, avec les moyens mis à sa disposition par le général Beaufort, une opération vers Buzanval et occupera la hauteur au-dessus de Malmaison, au kiosque du bois Préau appelé montée Maria, si ses forces le lui permettent.

Le général de Liniers se mettra constamment en communication avec le général de Beaufort, qui occupe le terrain de la presqu'île à sa gauche.

Paris, le 28 novembre 1870.

Signé : P. O. SCHMITZ.

XXIV.

ORDRE.

TROISIÈME ARMÉE.

Deuxième mouvement.

Les quatre bataillons des Côtes-du-Nord établis à Saint-Ouen passeront la Seine à l'île Saint-Denis et sur le chemin de fer d'Asnières lundi 28 novembre, après la soupe du matin; ils entreront dans la presqu'île de Gennevilliers et occuperont les positions suivantes :

Un bataillon à Gennevilliers.

Deux bataillons à Colombes.

Un bataillon à la redoute de Charlebourg.

Il y aura déjà sur les lieux :

Un bataillon de Seine-et-Oise à Charlebourg.

Un bataillon de l'Aisne à la manufacture de produits chimiques dite la Folie.

Le commandement du général de Liniers aura pour limite, à l'ouest, le chemin de fer de Rouen se prolongeant en courbe jusqu'à Asnières.

Le capitaine de frégate Coudein, qui commande la batterie de Saint-Ouen, sera commandant en deuxième du général de Liniers pour le temps que durera l'occupation de la presqu'île, et dirigera, en particulier, les batteries qui sont établies dans cette partie de la presqu'île.

Bataillon de l'Hérault à Aubervilliers.

Bataillon de Saône-et-Loire à Pantin, sous le commandement momentané de l'amiral La Roncière.

(Ces ordres seront donnés par l'amiral La Roncière.)

Mardi matin, les bataillons de l'Hérault se déploieront

sur leur droite, entre le fort d'Aubervilliers et Bobigny; ceux de Saône-et-Loire entre Bobigny et le canal, ces derniers avec le bataillon d'éclaireurs Poulizac.

(Ordre à donner par le général Vinoy, qui informera le général Bertin qu'il sera, pour les journées des 28 et 29 novembre, sous les ordres de l'amiral La Roncière.)

Mardi matin, la division de cavalerie aux ordres du général Bertin se placera entre Aubervilliers et le canal, en arrière de l'infanterie et répartie sur les routes numéros 2-24.

Elle se rendra sur ses positions le lundi, après la soupe du matin, et y bivouaquera.

Division de Beaufort-d'Hautpoul.

Le général de Beaufort détachera, mardi 29 novembre au point du jour, trois bataillons au rond-point de Courbevoie, qui s'avanceront sur la route de Bezons.

Trois bataillons au rond-point des Bergères, où ils recevront des ordres.

Il y aura déjà sur les lieux ou environs le colonel Balette avec trois bataillons (Drôme, Loiret, Seine-et-Marne), et trois autres (Côte-d'Or, Ille-et-Vilaine, Côtes-du-Nord) placés au rond-point des Bergères.

Le général Noël sera commandant en deuxième du général de Beaufort, et sera sous ses ordres pour les opérations des prochains jours.

Il conservera le commandement personnel du Mont-Valérien qui lui a été confié.

Paris, 26 novembre 1870.

Signé : P. O. SCHMITZ.

XXV.

N° 1241.

NOTE.

Il est expressément recommandé au commandant supérieur de l'artillerie de donner des ordres pour que les batteries extérieures aux forts de Montrouge, Vanves, Issy, ne prennent pas part à la canonnade du 29 au matin.

Il est en effet d'un intérêt de premier ordre que ces batteries, construites en vue d'une attaque venant de Châtillon, ne soient démasquées qu'au moment où le feu de l'ennemi s'ouvrirait.

Il en sera de même pour les pièces de marine placées sur l'enceinte, et dont l'objectif est Châtillon.

Paris, 27 novembre, soir.

Signé : P. O. SCHMITZ.

XXVI.

LETTRE N° 35.

Comme complément à toutes les dispositions prises pour la journée du 29, j'ai l'honneur de vous informer :

1° Que 3,000 hommes des bataillons de guerre de la garde nationale, dirigés par des officiers d'état-major de la garde nationale, se réuniront à la barrière d'Enfer, vers huit heures du matin, le 29 novembre courant ;

2° Que 3,000 hommes également de la garde nationale se réuniront au carrefour d'Italie, le 29 au matin.

Les officiers qui conduiront ces bataillons se rendront demain à votre quartier général pour recevoir vos instructions.

Vous voudrez bien prescrire à ces 6,000 hommes de sortir de Paris dès qu'ils seront réunis.

Les uns pour se porter vers Arcueil, Cachan, Montrouge et Vanves, selon que vous le jugerez convenable.

(3,000 en arrière de la grange Ory.)

Les autres pour se porter depuis Ivry jusqu'aux Hautes-Bruyères, selon les instructions que vous leur donnerez.

(3,000 en avant du Port-à-l'Anglais.)

Vous placerez ces bataillons de guerre sous les ordres du contre-amiral Pothuau et du général Corréard.

Vous en disposerez du reste comme vous le jugerez convenable, sans vous astreindre à conserver 3,000 hommes de chaque côté.

Ils devront se trouver le plus possible en vue de l'ennemi, mais en réserves formant rideau, pour faire croire à des forces supérieures, et au besoin, s'il y avait lieu, servir d'extrême réserve.

Vous ne sauriez donner des instructions trop détaillées à ces troupes, qui montrent une très-bonne volonté, mais beaucoup d'inexpérience.

Il est indispensable que les officiers qui seront réunis chez vous demain soient parfaitement au fait des devoirs qu'ils auront à remplir, de l'itinéraire qu'ils doivent suivre, des postes qu'ils auront à occuper.

Ces bataillons ne seront pourvus que d'un jour de vivres qu'ils se seront procurés eux-mêmes, et de soixante-douze cartouches; ils devront rentrer le soir.

En cas de besoin, vous donneriez l'ordre d'urgence aux secteurs 7, 8 et 9 de vous fournir des cartouches de fusil à tabatière et autres

Paris, le 27 novembre 1870.

Signé : **P. O. Schmitz.**

XXVII.

NOTE.

Le général Vinoy est invité à faire porter son chiffre sur une des positions télégraphiques du champ de bataille de demain et à correspondre le plus souvent possible avec le quartier général du gouverneur.

Il est prié de donner des instructions au général Corréard et aux commandants de tous les forts de la rive gauche, pour qu'on ne néglige aucune occasion d'envoyer des dépêches au quartier général.

Paris, le 28 novembre 1870.

Signé : P. O. Schmitz.

XXVIII.

Mouvement du 26 novembre.

Général DE LINIERS.		Palais de l'Élysée.	Saint-Ouen...	
1er bataillon de Saône-et-Loire.	Au Point-du-Jour après la soupe.	Paris, avenue du Bel-Air.	Pantin.	Ces six bataillons sont placés sous les ordres de l'amiral La Roncière momentanément 2e division.
2e — —	—	Boulevard Mazas.	—	
3e — —	—	Caserne Popincourt.	—	
1er bataillon de l'Hérault.	Après avoir été remplacés par Saône-et-Loire.	Pantin.	Aubervilliers.	
2e — —		—	—	
3e — —		—	—	
1er bataillon des Côtes-du-Nord.		Boulevard de Courcelles.	Saint-Ouen...	
2e — —		—	—	
3e — —		—	—	
5e — —		—	—	
Général DE BEAUFORT.		Palais-Royal.	Rue de Ludre, 7, Neuilly.	3e division.
2e bataillon de l'Ain.		Caserne Napoléon.	Clichy.	—
3e — —		Caserne Penthièvre.	—	
4e — —		Boulevard de Batignolles.	—	
1er bataillon de la Vienne.		Boulevard Rochechouart.	Neuilly.	
2e — —		—	—	
3e — —		Boulevard de Clichy.	—	
1er bataillon de l'Aube.		Gare de Lyon.	Boulogne.	
2e — —		—	—	
Général CORRÉARD.		Luxembourg.	Vanves.	4e division.
1er bataillon de l'Indre.		Boulevard des Gobelins.	Vitry.	—
1er bataillon du Puy-de-Dôme.		Boulevard Saint-Marcel.	—	
1er bataillon de la Marne.		Esplanade des Invalides.	—	
6e bataillon de la Somme.		Arcades d'Auteuil.	—	
1er — —		Quai d'Orsay.	Montrouge.	
2e — —		Esplanade des Invalides.	—	
5e — —		—	Vanves.	
3e — —		—	Issy.	

Mouvement du 27 novembre.

GARDE NATIONALE.				
106e bataillon, commandant IBOS.	10 heures du mat.	Paris.	Bicêtre.	A la disposition du contre-am. Pothuau.
116e bataillon, commandant LANGLOIS.	—	—	—	

Mouvement du 28 novembre.

82e bataillon, commandant FALTOT.				
Bataillon de Versailles et Saint-Cloud, commandant DENNAT.		Paris.	Bicêtre.	—
127e bataillon, commandant MARTIN.				
17e bataillon, commandant CRISENOY.		Paris.	Ivry ou Vitry.	

Mouvement du 29 novembre.

111e bataillon (postes), commandt LOISEAU.		Paris.	Château d'Issy.	

XXIX.

Général Valentin au général Vinoy.

Tout est engagé, moins une compagnie de mobiles appuyée à la route de l'Hay aux Hautes-Bruyères; la droite et le centre sont entrés dans l'Hay; la gauche tient encore; il ne reste donc plus qu'une compagnie en réserve.

29 novembre, 7 h. 50 m. du matin.

Signé : VALENTIN

Ce billet est écrit au crayon sur le champ de bataille.

XXX.

DÉPÊCHE TÉLÉGRAPHIQUE.

Général Vinoy à gouverneur. Paris.

Nous sommes dans l'Hay, quoique vigoureusement défendu. Le génie n'a pas envoyé les outils que j'avais demandés. Il sera peut-être difficile de s'y maintenir. Les réserves ennemies arrivent.

Hautes-Bruyères, 29 novembre 1870.

Signé : VINOY.

Ce billet a été écrit chiffré.

XXXI.

DÉPÊCHE TÉLÉGRAPHIQUE.

BUREAU DES BRUYÈRES. — N° 202.
Expédiée le 29 novembre, à 8 h. 30 m. du matin.

7ᵉ secteur, 29 novembre, 6 h. 13 du m.

Amiral commandant 7ᵉ secteur à général Vinoy.

Je suis prévenu que l'on bat la générale à Belleville, au Temple et au Panthéon.

XXXII.

DÉPÊCHE TÉLÉGRAPHIQUE.

BUREAU DES BRUYÈRES.
29 novembre, 7 h. 35 m. du m.

Paris, 29 novembre, 7 h. 30 m. du m.

Général Schmitz à général Vinoy, amiral La Roncière, généraux Beaufort, de Liniers.

Le général Schmitz reçoit la dépêche suivante du gouverneur :

Prévenez Vinoy, La Roncière, Beaufort, Liniers, que la grande opération est ajournée par suite de crue de la Marne et rupture de barrage. — La suite de leur opération doit se mesurer sur cet incident. — Ils seront juges ; adressez-leur cette dépêche.

XXXIII.

DÉPÊCHE TÉLÉGRAPHIQUE.

999	138983
Mots 197	T015
Gouverneur 2	Bicêtre
9 50	10 h. 7 m. 29 nov.
Pelloutier.	M (illisible).

Bruyères, Paris, 29 novembre, 9 h. 40 m.

Chef d'état-major à Vinoy, aux Hautes-Bruyères.

Je reçois du gouverneur la dépêche suivante :
Opération transformée que je souhaitais a été trouvée impraticable, par suite de l'impossibilité de faire parvenir des instructions coordonnées à la masse des troupes réunies sur la Marne. Nous restons dans nos positions, prêts à agir du côté d'Avron, où la présence d'une nom-

breuse artillerie peut nous engager. Je pense qu'il y a lieu de vous maintenir sur vos positions jusqu'à ce que ce mouvement se dessine. Il serait trop regrettable d'avoir fait en pure perte les efforts qui vous ont conduit à l'Hay.

XXXIV.

DÉPÊCHE TÉLÉGRAPHIQUE.

Vitry, Redoute d'Ivry, 30 novembre 1870, 1 h. 10 m. soir.

Commandant Krantz à amiral Pothuau et général Vinoy, au pont du chemin de fer.

Je crois que nos troupes quittent Montmesly.

XXXV.

DÉPÊCHE TÉLÉGRAPHIQUE.

Vitry, redoute de Saquet, 30 novembre 1870, 12 h. 54 m. du s., arrivée 1 h. 10 m. du s.

Général de Maud'huy à général Vinoy.

Je suis au Saquet et j'organise la brigade Blaise pour la porter sur Choisy.

XXXVI.

DÉPÊCHE TÉLÉGRAPHIQUE.

N° 41,629.
1er décembre, 12 h. 50 m. du s.

Paris, le 1er décembre 1870, 12 h. 15 m. du m.

Le gouverneur au général Vinoy. Paris.

J'envoie les trois bataillons de l'Hérault d'urgence par le chemin de fer dans la boucle de la Marne, à la disposition du général Favé, pour défendre les batteries de position.

XXXVII.

DÉPÊCHE TÉLÉGRAPHIQUE.

BUREAU D'IVRY.
1er décembre.

Paris, le 1er décembre 1870, 1 h. 25 m. du soir.

Général Schmitz à général Vinoy.

Tenez-vous au courant du moment de l'attaque à Champigny, et lorsque vous entendrez les premiers coups de canon, faites une forte démonstration sur tout votre front. Prévenez Bicêtre, Montrouge et autres.

XXXVIII.

MINISTÈRE DE LA GUERRE.
Cabinet du ministre.

LETTRE.

Paris, le 2 décembre 1870.

Général Leflô à général Vinoy.

Les neuf pièces de 12 que vous avez placées à la maison Millaud, outre que je les trouve un peu en l'air et à peu près inutiles désormais sur cette position, nous seraient au contraire d'une sérieuse utilité ici; donnez des ordres sur-le-champ pour qu'elles rentrent en ville; vous les ferez établir à l'école de dressage de Montrouge, où artilleurs et chevaux trouveront à se loger.

Signé : Général LEFLÔ.

Un combat violent semble engagé sur les positions en avant de Joinville, et je suis loin d'être parfaitement tranquille sur le résultat. Concentrez le plus que vous pourrez vos troupes, celles du sud particulièrement, afin de les avoir sous la main.

XXXIX.

Instruction pour le général Vinoy, commandant en chef de la troisième armée.

Le général Vinoy ira s'établir demain, 19 décembre, au fort de Rosny. Il commandera les positions en avant du front, s'étendant à gauche jusqu'à la redoute de Montreuil et à droite sur les bords de la Marne jusqu'à Nogent.

Il aura à sa disposition sur ces différents points :

La division d'Hugues déjà établie sur le plateau d'Avron, un ensemble de batteries de position comprenant environ soixante pièces, sous les ordres du colonel d'artillerie Stoffel.

Quatre bataillons de la brigade Blaise, tirés du Moulin-Saquet.

Huit bataillons de garde nationale mobilisée au village de Rosny, lesquels détacheront un bataillon dans chacune des redoutes de Montreuil et de la Boissière.

Quatre bataillons de même troupe au château de Montreau.

Dix bataillons au village de Neuilly-sous-Bois.

Huit bataillons à Fontenay-sous-Bois.

Huit bataillons à Nogent.

La division de cavalerie de la troisième armée entre Rosny et Fontenay, à la place qu'indiquera le général Vinoy.

Le général Vinoy se relie, à droite à la position de Poulangis occupée par la brigade d'André, et à gauche à celle de Noisy, commandée par l'amiral Saisset, par la redoute de Montreuil.

L'un et l'autre de ces commandants de troupes recevront avis de ces dispositions.

Des explications verbales échangées ont précisé le genre d'opération que doit faire le général commandant la troisième armée.

Des ordres directs ont été adressés aux généraux de Beaufort et de Liniers.

Le général Blanchard, commandant le corps de la rive gauche, recevra du général Vinoy des instructions pour le rôle tout défensif qu'il aura à jouer pendant les journées qui vont suivre.

A partir d'après-demain 20 décembre, le gouverneur sera, de sa personne, au fort d'Aubervilliers.

Signé : P. O. SCHMITZ.

P. S. Le général est invité à se mettre en communication avec le général Clément Thomas, pour qu'il n'y ait pas d'à-coup dans le placement des bataillons de garde nationale.

Les huit bataillons de Nogent devront être rendus sur ce point demain soir ; les autres y seront seulement le 20 au soir.

Le général Vinoy fera venir auprès de lui les colonels Guillemaut du génie, Stoffel de l'artillerie, Devèze, lieutenant-colonel du génie, qui commandent ces services à Avron.

Signé : P. O. SCHMITZ.

XL.

Paris, le 20 décembre 1870.

Lettre du gouverneur de Paris au général Vinoy.

Le commandant de Champlouis de mon état-major, qui a eu à l'occupation du plateau d'Avron la part la plus utile et qui connaît bien le terrain où vous allez opérer, part pour aller se mettre à la disposition de l'amiral Saisset, qui n'a pas d'état-major, pour la direction de l'opération qui lui est confiée.

Je charge le commandant de Champlouis de vous faire lire la lettre spéciale que j'écris au commandant de l'artillerie du plateau d'Avron, pour lui faire connaître le rôle très-complexe et très-important qu'il est appelé à jouer pendant le cours de la triple opération dont le plateau est le point d'appui, notamment pour vous et pour Saisset.

Je considère que n'ayant pas ou n'ayant que très-peu d'artillerie de campagne, votre action offensive doit être conduite avec beaucoup de mesure, selon le degré d'efficace préparation qu'elle recevra d'Avron. Telle qu'elle sera, elle aura une importance de premier ordre, en éveillant les craintes de l'ennemi du côté de son passage au pont de Gournay, de Chelles, de Montfermeil et de tout le centre de la forêt de Bondy, où il a son quartier général. Il craindra évidemment d'être tourné par là, pendant que la deuxième armée cheminera en avant dans la plaine, en s'échelonnant par la droite, après l'occupation du Bourget.

Pendant que vous menacerez Neuilly-sur-Marne, Ville-Évrard, la Maison-Blanche, Gagny (il est possible que vous occupiez Maison-Blanche et Ville-Évrard), l'amiral Saisset menacera le plateau du Raincy par devant alors que votre marche le menacera par derrière, en sorte que l'ennemi n'y sera pas en sécurité.

Me confiant entièrement à vous pour le choix et l'exécution des dispositions qui assureront le mieux la réussite des vues générales que je vous expose ici, je vous renouvelle, mon cher général, l'assurance de mes sentiments dévoués.

Signé : Général Trochu.

XLI.

DÉPÊCHE TÉLÉGRAPHIQUE.

Général Vinoy à gouverneur de Paris.

20 décembre, à 9 h. du soir

Je compte attaquer les hauteurs du Raincy en les prenant à revers par Gagny, pour battre avec mon artillerie le Val-de-Livry. Je me tiendrai sur la hauteur le plus longtemps possible, pour protéger le mouvement de la deuxième armée. Prière de faire connaître l'heure de votre mouvement pour déterminer celle du mien.

(Cette dépêche a été envoyée en chiffres).

XLII

DÉPÊCHE TÉLÉGRAPHIQUE.

rosny. — N° 1095.
20 décembre, 11 h. 40 m. du soir.

Aubervilliers, 20 décembre 1870, 10 h. 5 m. du soir.

Gouverneur à général Vinoy.

Vous ne pouvez pas, quant à présent, prendre le Raincy pour objectif. Je crois l'entreprise possible, mais elle porterait le plus grand trouble dans l'opération principale, et nos troupes y seraient assommées par notre artillerie de position, dont tous les feux convergent sur la forêt de Bondy. Je répète que votre premier objectif est Ville-Évrard et Maison-Blanche, d'où vous menacerez directement le pont de Gournay, qui est le passage de toutes les masses ennemies et de tous les convois ennemis. Vous verrez si vous pouvez aller jusque-là et détruire le pont. Ce serait d'une immense importance; mais il faudrait vous y tenir, car je le crois en pierre. Il faut avertir Avron de cette entreprise possible et l'inviter à vous aider quand vous avancerez et quand vous prononcerez votre retraite. Nous serons en ligne probablement à partir de huit heures.

P. S. Défendez expressément au colonel Stoffel de tirer sans but dès le matin; cela révélerait la puissance de son artillerie au grand dommage de nos affaires; il ne tirera que successivement au fur et à mesure que l'ennemi démasquera ses batteries ou montrera ses groupes.

(Cette dépêche était chiffrée.)

XLIII.

DÉPÊCHE TÉLÉGRAPHIQUE.

ROSNY. — N° 1116.
22 décembre, à 12 h. 12 m. du m.

Aubervilliers, 21 décembre 1870, 11 h. 35 m. du soir.

Gouverneur à général Vinoy.

J'ai eu à me réjouir de votre occupation de Neuilly, Ville-Évrard et Maison-Blanche. De notre côté, celle de Groslay, Drancy et berge du chemin de fer en avant avait bien inauguré la journée. L'insuccès de l'attaque sur le Bourget, amené par un concours de circonstances imprévues, a privé notre ligne de bataille de son point d'appui de gauche et de son pivot, et paralysé notre action. Notre engagement a été comme le vôtre un engagement de canons, et nos pertes sans importance, mais celles du corps d'armée de Saint-Denis à l'attaque du Bourget ont été sérieuses. Vous ne continuerez pas l'occupation des points dominés où sont vos avant-gardes; demain matin vous ferez retraiter vos troupes et attendrez mes ordres.

XLIV.

DÉPÊCHE TÉLÉGRAPHIQUE.

ROSNY. — N° 1112.
21 décembre 1870, à 7 h. 15 m. du s.

Neuilly-sur-Marne, 21 décembre 1870.

Général Malroy à général Vinoy.

L'ennemi attaque en force Ville-Évrard. Je crains d'être obligé de nous replier.

XLV.

DÉPÊCHE TÉLÉGRAPHIQUE

ROSNY. — N° 1114.
21 décembre, 10 h. 5 m. du s.

Avron, le 21 décembre 1870, 9 h. 55 m. du s.

Général d'Hugues à général Vinoy.

Le poste télégraphique d'Avron ne communique plus avec Neuilly-sur-Marne. Je suppose que général Malroy envoie ses dépêches par cavalier à Nogent pour vous être télégraphiées, cette voie étant beaucoup plus courte. Vous savez sans doute ainsi si le général Blaise tient à Ville-Évrard. Quelques fuyards affolés de cette brigade arrivent à nos grand'gardes, disant avoir été surpris. Je n'entends plus la fusillade. Rien de nouveau à Maison-Blanche, où j'ai deux compagnies. Brigade Salmon double ici ses grand'gardes par précaution.

XLVI.

DÉPÊCHE TÉLÉGRAPHIQUE.

64. — ROSNY.
21 décembre, 11 h. 10 m. du s.

Avron, 21 décembre 1870, 11 h. 5 m. du s.

Général d'Hugues à général Vinoy.

Fusillade a repris, s'est rapprochée de la Maison-Blanche; nos deux compagnies se sont repliées. Je fais évacuer le poste du cimetière. Le général Malroy m'envoie ces mots : « Attaque vive sur Ville-Évrard ; secours » urgent pour demain, pour demain. »

Crois que cet avis remis au porteur de votre dernier télégramme vous est destiné.

XLVII.

Lettre du général Malroy au général Vinoy.

Neuilly-sur-Marne, le 22, 1 h. 30 m. du matin.

Le colonel Roger du 112ᵉ ne croyant pas pouvoir tenir plus longtemps à Ville-Évrard a essayé de se replier avec ses troupes très-réduites par le feu de l'ennemi et par des disparitions favorisées par la nuit obscure. A la sortie de la Ville-Évrard, sa colonne a été coupée par les Prussiens et s'est débandée; une partie est rentrée dans la villa et l'autre est arrivée avec le colonel à Neuilly. Il ramenait le corps du général Blaise, tué dès le début de l'attaque. La prolonge qui le portait n'a pas pu être emmenée.

L'obscurité profonde et les dispositions de mes hommes, qui redoutent de se fusiller entre eux, ne me permettent pas de tenter, avant le jour de dégager le reste des bataillons des 111ᵉ et 112ᵉ. Au jour, je porterai à la villa deux bataillons de gendarmerie, et j'en conserverai un en réserve pour garder la retraite dans Neuilly. Je ferai soutenir ce mouvement par l'artillerie, mais je le répète, ainsi que j'ai déjà eu l'honneur de vous le dire, je ne puis compter d'une manière certaine sur l'effort des hommes que j'ai encore sous mes ordres. Ils sont singulièrement impressionnés; je le constate, malgré mes efforts pour les maintenir à la hauteur de leurs devoirs.

Respectueux dévouement.

Signé : Le général DE MALROY.

P. S. Le colonel Roger estime que l'ennemi était très-nombreux. La profonde obscurité et l'étendue des bâtiments, qui forment un dédale inextricable, empêchent de bien juger des faits.

XLVIII.

DÉPÊCHE.

ROSNY. — N° 1130.
22 décembre 1870, 3 h. 15 m. du soir.

Gouverneur à général Vinoy.

Aubervilliers, 22 décembre 1870, 2 h. 52 m. du soir.

Vous pouvez renvoyer demain matin à Paris tel effectif qui vous paraîtra convenable. Il suffira qu'Avron et les positions en arrière soient gardés par un effectif suffisant. Vous pourrez aussi ne garder que la moitié de la brigade Blaise et la moitié de la garde républicaine et de la gendarmerie. Le général de Malroy dans ce cas rentrerait à Paris. Je vous prie de rester vous-même à Rosny jusqu'à nouvel ordre.

XLIX.

DÉPÊCHE.

ROSNY. — N° 1137.
22 décembre 1870, 5 h. 48 m. du soir.

Gouverneur à général Vinoy.

Aubervilliers, 22 décembre 1870, 5 h. 22 m. du soir.

J'apprends avec un vrai chagrin la mort de notre camarade Blaise. Nos hommes ont été comme toujours très-imprudents et très-peu soucieux des instructions qui prescrivent, après chaque occupation, de fouiller soigneusement les caves, où l'ennemi se rend toujours. Renouvelez ces instructions à la troisième armée. Dites-moi ce que nos gens ont tué, blessé ou pris d'hommes à l'ennemi.

L.

DÉPÊCHE.

ROSNY. — N° 1178.
24 décembre.

Gouverneur à général Vinoy.

Aubervilliers, 24 décembre 1870, 7 h. 35 m. du soir.

J'approuve toutes les opérations que vous ferez faire à la garde nationale devant l'ennemi. Son zèle lui mérite cet honneur. J'y mets cependant la condition qu'elle reçoive une direction en allant et une protection en revenant.

LI.

DÉPÊCHE.

ROSNY. — N° 1191.
26 décembre 1870, 8 h. 55 m. du matin.

Gouverneur à général Vinoy.

Aubervilliers, 26 décembre 1870, 8 h. 40 m. du matin.

Les troupes souffrant cruellement du froid et de très-nombreux cas de congélation se produisant dans nos tranchées, j'ai dû me résoudre à faire cantonner celles qui ne sont pas nécessaires à la garde de nos positions. Une division de la deuxième armée ira occuper les baraques en avant de Vincennes; une autre occupera Noisy-le-Sec et Bondy.

L'amiral Saisset est prévenu.

LII.

DÉPÊCHE.

ROSNY. — N° 1196.
26 décembre, 11 h. 16 m. du matin.

Chef d'état-major du général d'Hugues à général de Valdan.

L'opération dirigée contre le parc de la Maison-Blanche est commencée; elle a donné lieu à beaucoup de coups de fusil de notre côté, presque sans riposte, cependant, jusqu'au moment où nos tirailleurs sont arrivés à vingt pas de la tranchée du chemin de fer. Le poste ennemi paraît débusqué entièrement. On travaille à abattre le mur. Le général s'est porté à hauteur des troupes de soutien.

LIII.

DÉPÊCHE.

ROSNY. — N° 1215.
27 décembre, 8 h. 25 m. du matin.

Général d'Hugues à général Vinoy.

Avron, 27 décembre 1870, 8 h. 20 m. du matin.

Très-forte canonnade dirigée contre Avron par les batteries du Raincy. Je fais prendre les armes.

LIV.

DÉPÊCHE.

ROSNY. — N° 1209.
27 décembre, 10 h. 17 m. du matin.

Gouverneur à général Vinoy.

Paris, 27 décembre, 10 h. 5 m. du matin.

Le feu que l'ennemi a ouvert sur Avron et Noisy pourrait précéder une attaque sur la droite des positions du général Ducrot. Le général d'Exéa qui est à Noisy y pourvoirait; vous vous tiendrez en mesure pour le plateau d'Avron. Restez à votre poste et ne tenez pas compte du rendez-vous que je vous ai donné pour aujourd'hui. Tenez-moi informé à Paris.

LV.

DÉPÊCHE.

ROSNY. — N° 1213.
27 décembre 1870, 11 h. 3 m. du matin.

Général Ducrot à général Vinoy.

Aubervilliers, 26 décembre 1870, 10 h. 5 m. du matin.

J'ai donné l'ordre au 2° corps d'être prêt à vous donner son concours. Si vous en avez besoin, la division Mattat est dans les baraques de Vincennes, la division de Bellemare à Noisy-le-Sec, où le général d'Exéa se tient de sa personne. Vous pouvez leur donner vos ordres directement. Je vous prie seulement de me tenir au courant des mouvements que vous ordonnerez.

LVI.

DÉPÊCHE.

ROSNY. — N° 1222.
27 décembre, 1 h. du soir.

Gouverneur à général Vinoy.

Paris, 27 décembre 1870, 12 h. 55 m. du soir.

Je reçois votre dépêche; elle est inquiétante pour la

division d'Hugues. Vous avez des renforts à votre portée; servez-vous-en vigoureusement contre une attaque d'infanterie, mais abritez-les le plus possible contre les feux d'une artillerie qui paraît puissante et qui pourrait leur occasionner de grosses pertes.

LVII.

DÉPÊCHE.

ROSNY. — N° 1212.
27 décembre, 11 h. du matin.

Général d'Hugues à général Vinoy.

Avron, 27 décembre 1870, 10 h. 45 m. du matin.

Des hommes, me dit-on, quittent le plateau; je donne des ordres pour qu'on les arrête à Neuilly-Plaisance et Rosny.

Je viens de parcourir les tranchées; elles sont, en ce moment, garnies d'hommes. La garde mobile perd du monde. La nuit sera peut-être difficile Y a-t-il des cartouches en réserve à Rosny?

LVIII.

DÉPÊCHE.

ROSNY. — N° 1238.
27 décembre, 8 h. 10 m. du soir.

Colonel Stoffel à général Trochu.

Avron, 27 décembre 1870, 7 h. du soir

Combat d'artillerie a été très-vif; l'ennemi a armé de pièces de gros calibre les hauteurs du Raincy, de Gagny et de Noisy. Je ne puis répondre en gros calibre qu'avec trois canons de 16 et quatre canons de 24; deux ayant été mis hors de service, infériorité qui n'est pas rachetée par le nombre de mes autres pièces de petit calibre, le 4, le 7 et le 12. L'artillerie a fait des pertes : quelques hommes tués, plusieurs officiers et une vingtaine d'hommes blessés; épaulements et embrasures fortement endommagés, sans possibilité d'être réparés cette nuit à cause de la nature du terrain. Plusieurs de mes batteries, dont le tracé a été fait dans un but déterminé, sont aujourd'hui battues de front et d'écharpe. Deux d'entre elles n'ont pu agir. Le service des munitions est assuré en partie pour le moment, et il le sera complétement cette nuit.

Je m'approvisionne au fort de Rosny.

LIX.

DÉPÊCHE.

ROSNY.
27 décembre, 10 h. 45 m. du soir.

Général d'Hugues à général Vinoy.

Neuilly-Plaisance, 27 décembre 1870, 10 h. 15 m. du soir.

Le colonel Guillemaut a reçu mille pioches, ce qui suffit pour le moment. D'après l'avis du colonel Stoffel et du commandant Pothier, si la canonnade reprend demain, le plateau ne doit pas riposter, les batteries d'Avron étant prises de front, d'enfilade et de revers par des batteries d'un calibre beaucoup supérieur. Ne pourrait-on pas armer la redoute de la Boissière de canons de 7, capables par leur portée de prendre d'enfilade les batteries du Raincy et de Gagny? L'infanterie s'abrite, mais imparfaitement, dans des tranchées trop faibles ou enfilées.

Les réserves arrivées sont au sud du plateau.

LX.

LETTRE.

ROSNY.
23 décembre 1870, 5 h. du matin.

Général Vinoy à gouverneur de Paris

Je ne dois pas vous laisser ignorer que la position du plateau d'Avron peut devenir critique d'un moment à l'autre. Les travaux d'établissement qui y ont été faits sont très-incomplets et ne l'ont été évidemment qu'en vue d'une occupation passagère. Ce qui le prouve, c'est qu'il n'y a pas encore eu de levé de plan établi, et que pour pouvoir me rendre compte des travaux, j'ai dû les parcourir dans le plus grand détail. Depuis que je suis ici, j'ai dû aller au plus pressé, faire établir des traverses pour les batteries d'abord. Mais celles des défenseurs n'ont pu l'être encore; un simple fossé les abrite; ils sont obligés de se coucher pour s'y maintenir; on ne s'est même pas servi de gabions pour soutenir les terres. La nature du sol est rocheuse; il est très-difficile de s'y enfoncer. La gelée est venue y apporter un nouvel obstacle et paralyser nos travaux, qui, étant faits d'ailleurs par des ouvriers civils, marchaient très-lentement. Nous n'avons pour défendre ces positions que de jeunes troupes dont le moral n'est pas très-solide, et notre artillerie me paraît bien faible pour répondre au gros calibre de l'ennemi. Les hommes une fois placés dans les tranchées, mal défilées en plusieurs endroits, peuvent difficilement en sortir sans passer sous le feu de l'ennemi. Avec les faibles moyens dont je disposais, ajoutez la rigueur du temps; il m'était difficile, pour ne pas dire impossible, d'améliorer une semblable situation. Je vous en fais cet exposé très-véridique et confidentiel, afin que vous avisiez aux mesures qu'il y aurait à prendre, si la nécessité de la défense de Paris exige absolument de se maintenir dans cette position avancée. Conformément à vos ordres, je n'avais gardé que deux bataillons du 112ᵉ de ligne et deux bataillons de gendarmerie; j'ai donc accepté avec reconnaissance les renforts qui m'ont été spontanément offerts par le général Ducrot. J'ai demandé au général d'Exéa une de ses brigades établies à Noisy; la division Mattat a également été mise à ma disposition; elle sera de bonne heure à Fontenay, et je compte m'en servir au besoin. L'ennemi a dû s'approvisionner largement cette nuit, car on n'a cessé d'entendre le roulement de ses voitures. La nuit est calme; nous attendons le jour et veillons.

Signé : Vinoy.

LXI.

DÉPÊCHE.

ROSNY. — N° 1305.
29 décembre, 2 h. 50 m. du matin.

Gouverneur à général Vinoy.

Paris, 29 décembre 1870, 2 h. 25 m. du matin.

En raison de la portée du feu de l'ennemi, il faudra, l'opération terminée, évacuer les positions avec précaution et par des groupes successifs qui ne soient pas trop considérables. Une partie des régiments de la garde nationale qui encombrent les villages en arrière devraient d'abord rentrer dans Paris. On en pourrait mettre aussi à Charenton. La division de Bellemare, par groupes, pourrait aller à Montreuil et Bagnolet; la division Mattat, dans le même ordre, à Fontenay et Nogent. Vous vous entendrez pour cet ensemble avec le général d'Exéa.

LXII.

DÉPÊCHE.

ROSNY. — N° 1307.
29 décembre, 4 h. 20 m. du matin.

Général d'Hugues à général Vinoy.

Neuilly-Plaisance, 29 décembre, 4 h. 10 m. du matin.

L'opération pour l'artillerie sera achevée vers cinq heures, sauf peut-être un certain nombre de projectiles que le défaut de chariots empêche d'emporter.

LXIII.

DÉPÊCHE.

ROSNY.
29 décembre, 6 h. 15 m. du matin.

Général d'Hugues à général Vinoy.

Neuilly, 29 décembre 1870, 6 h. 10 m. du matin.

Une pièce de 24 et une pièce de marine de 30 restent encore par suite d'accidents; il faudrait quatre heures pour chaque pièce, d'après l'artillerie, qui croyait devoir ne pas arrêter le mouvement pour cela, afin de ne pas causer d'inconvénients plus graves. Munitions vont être enlevées.

LXIV.

DÉPÊCHE.

ROSNY.
29 décembre, 6 h. 35 m. du matin.

Colonel Stoffel à général Vinoy.

Rosny-Neuilly, 6 h. 30 m. du matin.

La pièce de 24 a eu l'essieu cassé par un boulet; elle a versé pendant qu'on la transportait cette nuit. Il faudrait compter sur trois heures au moins pour l'enlever du lieu où elle est. Les troupes se repliant, je regarde la chose comme très-risquée.

LXV.

LETTRE.

Amiral Saisset à général Vinoy.

Fort de Noisy, 29 décembre 1870.

Grâces à votre bonté, j'ai pu sauver une pièce de 0^{m}16 marine qui était en souffrance sur la route d'Avron à Neuilly-Plaisance.

Il n'en reste qu'une qui a chaviré avec son triqueballe au bas de la butte des Carrières, et se trouve à cinq mètres en contre-bas de la berge de la route. C'est une difficulté à vaincre assez considérable que de la retirer de là. Nous sommes cependant prêts à le faire la nuit prochaine; mais il faudrait un bataillon en avant développé en tirailleurs et un bataillon en réserve près de nous, pour travailler avec une sécurité suffisante la nuit.

Je prends vos ordres au sujet de la détermination que je dois prendre de tenter d'arracher cette pièce à l'ennemi. Nous sommes prêts à tout tenter, de six heures du soir à six heures du matin, pour la ramener.

Signé : SAISSET.

LXVI.

DÉPÊCHE.

Général Vinoy à gouverneur de Paris.

Rosny, 29 décembre 1870, 2 h. du soir.

Le général Ducrot est venu me voir; je me suis entendu avec lui pour les nouvelles dispositions à prendre en vue de nouvelles précautions de défense à organiser.

Il a réglé devant moi le service des troupes du corps d'Exéa et a fixé leur cantonnement. J'ai mis à sa disposition les vingt-quatre pièces de 7 retirées d'Avron, qu'il s'est chargé d'utiliser lui-même. L'emplacement que j'avais choisi pour l'établissement d'une batterie dans la courbe du fort de Rosny à Nogent lui a été indiqué. Je pense que vous approuverez les mesures que nous avons prises ensemble, et il me reste à attendre vos ordres pour rejoindre mon quartier général à Paris.

Signé : VINOY.

LXVII.

DÉPÊCHE.

ROSNY. — N° 1334.
29 décembre, 2 h. 15 m. du soir.

Gouverneur à général Vinoy.

Paris, 29 décembre 1870, 2 h. du soir.

J'approuve naturellement toutes les dispositions de répartition que vous avez concertées avec le général Ducrot. Faites rentrer aujourd'hui même à Paris les gendarmes. Dites-moi où a été dirigé le gros de l'artillerie ramenée d'Avron. Je souhaite que les forts reprennent leurs pièces de 0^m16. Vous pourrez rallier aujourd'hui votre quartier général.

LXVIII.

DÉPÊCHE.

Général Blanchard à général Vinoy.

Gare Mont-Parnasse, 9 janvier, 10 h. 50 m. du matin.

Général Corréard m'écrit ce qui suit : « Le commandant des francs-tireurs vient de me prévenir que les Prussiens se seraient avancés dans le bas Meudon, au nombre de 150, et lui auraient fait 5 prisonniers. »

Cet officier, pressé par mes questions, m'inspire des doutes, et me porte à supposer que ce serait un coup prémédité pour éviter la reconnaissance. Je fais renforcer ce poste par précaution et réitérer l'ordre aux francs-tireurs de se trouver au rendez-vous à l'heure indiquée. J'écris à Corréard pour certaines précautions.

LXIX.

Armement des travaux extérieurs de la défense de la rive gauche.

PREMIÈRE PARTIE.

Redoute de Vitry	1 batterie de 12 de campagne.
Batterie du chemin de fer	3 obusiers de 0^m22 sur affûts marins.
Batterie de la pépinière de Vitry ..	6 obusiers de 0^m22 sur affûts marins.
Truc blindé du chemin de fer	2 pièces de 0^m14.
Batteries du Moulin-Saquet	4 pièces de 24 court.
	6 pièces de 12 de siége.
Batterie de la barricade de Villejuif.	2 pièces de 4.
Batteries en avant du Moulin-Saquet.	(N'ont pas été armées.)
Entre Villejuif et les Hautes-Bruyères.	6 pièces de 12 de siége.
	6 mitrailleuses divisionnaires.
Batteries des Hautes-Bruyères	6 pièces de 24 court.
	3 pièces de 0^m16 de marine.
	6 pièces de 12 de siége.
Batterie à droite du fort des Hautes-Bruyères....................	6 pièces de 4 divisionnaires.
Batterie de l'aqueduc d'Arcueil ...	2 pièces de 24 court.
Total pour la première partie des travaux	9 obusiers de 0^m22.
	3 pièces de 8^m16 de marine.
	2 pièces de 0^m14 de marine.
	12 de 24 court.
	18 pièces de 12 de siége.
	12 pièces de 12 de campagne.
	12 pièces de 4 de campagne.
	6 mitrailleuses.

74, dont 44 de gros calibre.

SECONDE PARTIE.

Batterie de la maison Millaud.....	6 pièces de 12 de campagne. 3 pièces de 12 sur le cavalier.
Batterie des glacis de Montrouge...	6 embrasures.
Batteries entre Vanves et Montrouge.	1° 3 pièces de 24 long. 2° 3 pièces de 24 long.
Batteries à crémaillère à l'ouest de Vanves................	6 pièces de 24 long.
Batterie du chemin de fer à la station de Clamart................	6 pièces de 24 long.
Batterie du cimetière d'Issy......	2 pièces de 24 long.
Batterie du parc d'Issy..........	3 pièces de 24 court.

   20 pièces de 24 long.
   3 pièces de 24 court.
   6 (non encore armée de 12 de siége).
   9 pièces de 12 de campagne.

Total.... 38, dont 29 de gros calibre et 9 de campagne.

TOTAL GÉNÉRAL de l'armement des batteries et des ouvrages extérieurs de la rive gauche :

   9 obusiers de 0^m22 de marine.
   3 pièces de 0^m16 de marine.
   2 pièces de 0^m14 de marine.
   20 pièces de 24 long.
   15 pièces de 24 court.
   24 pièces de 12 de siége.
   21 pièces de 12 de campagne.
   12 pièces de 4 de campagne.
   6 mitrailleuses.

112 pièces, dont 76 de gros calibre et 36 de campagne

LXX.

DÉPÊCHE.

Gouverneur à général Vinoy.

Paris, 9 janvier, 12 h. 50 m. du matin.

Je regrette cette reconnaissance, qui va avertir l'ennemi; il valait mieux ne rien reconnaître cette nuit et aller à fond dès que la batterie aurait été armée : la destruction des obturateurs avec la mise hors de service des pièces en aurait été la conséquence.

LXXI.

DÉPÊCHE.

Général Blanchard à général Vinoy.

Paris, 10 janvier, 12 h. 40 m. du matin.

Voici ce que m'écrit le général Corréard : « Un officier d'ordonnance s'est rendu à la maison des Jésuites et a reconnu que les francs-tireurs étaient sens dessus dessous. Impossible de compter sur ces gens-là. Il est préférable de s'en passer et de les faire licencier. » J'écris à Corréard de les remplacer par d'autres troupes.

LXXII.

NOTE CONFIDENTIELLE N° 1575.

Gouverneur de Paris à général Vinoy.

Paris, 11 janvier 1871.

Le bombardement, commencé partiellement contre nos positions, a pris depuis quelques jours un développement et une intensité qui sembleraient déceler chez l'ennemi le projet de tenter une attaque de vive force contre un ou plusieurs des points battus par son artillerie.

Dans la période actuelle du siége, et en raison de l'inquiétude que cause aux Prussiens la résistance énergique de nos armées à l'extérieur, on peut croire, en effet, qu'il est de tout intérêt pour l'assiégeant de tenter un grand effort à la suite de son action violente d'artillerie.

D'autre part, la fête anniversaire du roi Guillaume a lieu lundi prochain, 16 janvier. Ces considérations imposent à la défense l'obligation de redoubler de vigilance. Il est nécessaire que les généraux et les chefs de corps soient pénétrés de la pensée que rien ne doit être négligé, en présence des éventualités, pour assurer plus efficacement encore la garde des positions qu'ils sont appelés à défendre.

Signé : Général TROCHU.

LXXIII.

LETTRE CONFIDENTIELLE.

Gouverneur de Paris à général Vinoy.

Paris, 12 janvier 1871.

Je vous prie de prendre des dispositions pour faire, demain soir 13 janvier, une sortie contre les tranchées et les batteries que l'ennemi construit au Moulin-de-Pierre.

Il est nécessaire que cette entreprise soit plus solidement constituée, comme commandement et comme troupes, que la précédente. L'ennemi a, en effet, continué ses travaux, et il est certain qu'il a employé plus de monde pour les garder.

D'autre part, l'action doit être engagée de telle manière que les tirailleurs et troupes de soutien dépassent la tranchée ou la batterie enlevée, et tiennent sur leurs positions en avant pendant tout le temps nécessaire à l'exécution du travail de destruction, qui doit être effectué, en arrière, par des détachements de travailleurs que vous constituerez également très-solidement.

La retraite ne devra pas s'effectuer aussi promptement que la dernière fois; elle ne commencera que sur l'ordre du commandant de la sortie, qui se sera rendu compte préalablement des dommages causés aux ouvrages.

Vous demanderez confidentiellement au général Guiod

des encloueurs et ouvriers pour détruire les pièces que l'ennemi pourrait avoir établies.

Je vous prie de vouloir bien m'accuser réception de la présente dépêche.

Signé : Général TROCHU.

P. S. — Il est nécessaire d'employer de la garde nationale mobilisée dans cette opération. Je désire que le général Javain soit là en personne. Vous voudrez bien prévenir le secteur, les forts et tous les défenseurs qui pourraient avoir intérêt à connaître votre opération. Vous ne le ferez, bien entendu, qu'au dernier moment.

LXXIV.

LETTRE.

Gouverneur de Paris à général Vinoy.

Paris, 13 janvier 1871, 9 h. du matin.

J'ai consenti d'autant plus volontiers à l'ajournement que vous m'avez proposé hier, que la 2ᵉ armée devait faire, cette nuit, une entreprise qui avait quelque importance au point de vue offensif; elle n'a pu avoir lieu, par suite d'un incident imprévu, et, dans l'état des choses, il me paraît absolument indispensable que nous revenions à celle pour laquelle je vous avais écrit hier matin. Je vous prie de la préparer dans la journée, avec les conditions de solidité qu'elle comporte, très-secrètement, et de manière à ce que la petite concentration et les mouvements qu'elle motivera ne se fassent qu'après la chute du jour.

Je suis, en outre, d'avis qu'il faut adopter et fixer, pour cette opération, une autre heure que celle que vous aviez fixée pour la précédente. Sans pouvoir statuer sur ce détail, qu'il vous appartient de déterminer, j'estime que le commencement de la nuit conviendrait, de huit à neuf heures, par exemple; les hommes seraient plus reposés et rentreraient plus tôt à leurs stationnements respectifs.

Il faudra que l'avant-garde, avec ses tirailleurs, offre une composition particulièrement étudiée pour que vous soyez assuré qu'elle tiendra pendant que le corps principal, ayant derrière lui ses réserves, fera les travaux de destruction nécessaires.

Signé : Général TROCHU.

LXXV.

DÉPÊCHE.

Commandant fort de Vanves à général Vinoy, etc.

13 janvier, 4 h. 54 m. du soir.

Le tir de l'ennemi, qui n'avait pas cessé depuis hier, a repris, à huit heures, avec une violence inouïe jusqu'à trois. Depuis cette dernière heure, il s'est ralenti sensiblement, et, en ce moment, l'ennemi ne tire que rarement. L'escarpe de la courtine est un peu attaquée, vers le milieu principalement, aussi la face gauche du bastion 3, où existent des écorchures assez considérables, mais pas suffisantes pour inspirer la moindre inquiétude. Cette escarpe a été atteinte jusqu'à $1^m 50$ au-dessus du fossé. On va réparer les terrassements cette nuit. Un seul blessé légèrement à la joue, le capitaine Gustave, de l'artillerie de marine. Les batteries extérieures marchent admirablement et ne souffrent que peu.

LXXVI.

TÉLÉGRAMME.

N° 2218.

Commandant supérieur d'Issy à général Corréard.

Issy, 13 janvier, 12 h. 48 m. du soir.

Je suis parfaitement convaincu que nous n'avons pas assez de troupes à Clamart, au cimetière d'Issy, au parc d'Issy et à l'île de Billancourt, et qu'il est indispensable d'en augmenter la force, si l'on veut être à même de repousser une attaque de vive force de l'ennemi. Je ne puis donc qu'accepter avec reconnaissance toute augmentation de force qui me sera donnée. L'ennemi cherche à faire brèche depuis cette nuit. Je crois qu'il serait utile que vous signaliez vous-même la gravité de la situation au gouverneur.

LXXVII.

LETTRE.

A monsieur le commandant de Saquet.

Tour d'Eau, au sud de Saquet, 14 janvier 1871, midi.

Nous venons d'observer que vous travaillez, que vos voitures amènent des fachines (*sic*), etc. Selon nos ordres, il faudrait vous envoyer quantité de granates (*sic*) comme avant-hier l'après-midi!

Mais! l'humanité avant tous (*sic*)!

Faites cesser vos travaux afin que la paix soit maintenue entre nos avant-postes!

Une (*sic*) entretien avec vous, monsieur le commandant, me ferait grand honneur!

Peut-être nous ferions cesser ces carnages inutiles comme inhumaines (*sic*)!

Soyez aimables et procurez-nous l'honneur d'un entretien personnel avec vous!

Votre réponse honorée je vous prie de faire déposer au même lieu que vos avant-postes ont trouvé ces mots.

J'ai l'honneur de signer avec tous les respects pour les valereux (*sic*) Français.

Signé : Von Kraewel Brefa,
Officier d'ordonnance au VIe corps d'artillerie.

Je vous prie de m'envoyer instantanément votre réponse aimable.

LXXVIII.

Étude détaillée des ouvrages qui forment la ligne de circonvallation prussienne en avant du Mont-Valérien.

La ligne d'avant-postes prussiens s'étend depuis la Seine jusqu'à la redoute de Montretout, s'appuyant :

1° Sur une tranchée qui va de la Malmaison à la Seine;

2° Sur le mur crénelé de la porte de Longboyau, se prolongeant par le mur du parc de Buzenval;

3° Sur une tranchée en forme de redan, autour de la maison dite *la Maison du Curé;*

4° Sur la redoute de Montretout, retournée contre nous.

Pour servir de réduit à cette ligne et achever de fermer le passage de la route n° 13 de Paris à Cherbourg, il établit sur le coteau de la Jonchère une batterie qui tire souvent sur Rueil, et trois redoutes sur les mamelons placés en arrière; dans le bois, il pratique un large abatis et construit trois redoutes à l'ouest de l'étang de Saint-Cucufa; enfin, la route qui monte de Bougival à la

Celle-Saint-Cloud est absolument barrée, de manière à ne permettre de suivre que la route du fond de la vallée, qui est enfilée par les ouvrages situés en arrière, dans le parc de Beauregard.

La seconde ligne est beaucoup plus forte et présente une série de défenses très-redoutables :

1° En avant du château de Beauregard, une batterie de douze pièces, protégée par le mur du parc, crénelé; la route est barrée par une palanque.

2° A l'est de la route, une batterie de six pièces, avec des épaulements très-forts; elle se relie au pavillon du Butard par un épaulement pour la fusillade et une redoute avec fossé.

3° Le pavillon du Butard et la maison de garde qui y touche sont crénelés et fermés à la gorge par une palanque en troncs d'arbres très-solide.

4° *Clos Toutain.* — La maison est crénelée, ainsi que les écuries; un épaulement couvre la partie ouest; la partie est est fermée par un mur préparé pour la fusillade.

5° *Défenses du haras Lupin.* — Le mur extérieur est crénelé; trois blockhaus donnent des flanquements excellents; ils sont en troncs d'arbres équarris, recouverts d'un mètre de terre. Le blockhaus de l'angle nord-est est entouré d'un épaulement avec fossé.

A l'intérieur se trouvent deux redoutes avec fossé : l'une, en forme de redan, a son saillant disposé pour être armé de quatre pièces de campagne; l'autre a la forme d'un ouvrage à corne, avec parapet de 1^m20 d'épaisseur et fossé.

6° Albrecht Schanze est une série d'épaulements avec une batterie de six pièces à gauche et une forte redoute avec fossé à droite ; elle se relie par deux tranchées assez faibles à la Bergerie, qui est crénelée.

La redoute de l'Albrecht Schanze forme un saillant très-aigu ; la ligne revient alors sur elle-même, suivant la crête, pour se relier à l'hospice Brézin par une tranchée armée de deux batteries, l'une de six pièces, l'autre de quatorze pièces ; ces deux batteries tirent sur la redoute de Montretout. Une redoute est établie en avant de l'hospice Brézin, dont les murs sont crénelés.

7° *Défenses du parc de Saint-Cloud.* — Il y a deux lignes de défenses. La première est formée par le mur du parc, qui est crénelé et flanqué par plusieurs blockhaus ; un épaulement barre la route à hauteur du mur extérieur de l'hospice Brézin ; un premier blockhaus se trouve à la porte de Villeneuve, le troisième est à la porte Jaune. Un immense épaulement et des grilles clayonnées pour servir d'abri barrent la route de Ville-d'Avray à Montretout. En avant du château de Saint-Cloud se trouve un parapet pour la fusillade ; il se prolonge presque sans interruption jusqu'au pont de Sèvres.

La seconde ligne quitte le mur du parc à la porte de Villeneuve et se dirige perpendiculairement au sud, puis tourne à l'est par un angle droit jusqu'à une redoute. Cette partie des défenses se compose de portions d'épaulements et est armée de deux batteries, l'une de neuf pièces, l'autre de douze pièces. La redoute du saillant a un parapet plus fort, une traverse, un fossé profond ; ses glacis sont garnis de petits piquets et de fils de fer tendus.

La portion de la ligne qui retourne de nouveau brusquement au sud est appelée par les Allemands *carrée Schanze* n° IV ; elle se compose de quatre épaulements, avec intervalles, et s'appuie à une grande redoute établie à l'Étoile-de-Chasse, et défilée du Mont-Valérien par un bouquet de futaie soigneusement réservé. Cette grande redoute est très-belle : fossé profond, parapet très-fort, embrasures pour douze pièces, défenses accessoires, grilles aux deux passages du fossé, magasin à poudre blindé, rien n'y manque de ce que peut inventer un art ingénieux. Un redan se trouve entre cette redoute et la Lanterne, et la ligne de défense retourne à l'est pour atteindre le sommet du coteau de la Seine.

Toute cette seconde ligne de défense est complétée par d'inextricables abatis, qui s'étendent presque sur tout le front, d'abord du parc de Beauregard à l'extrémité nord-est du haras, en avant de la face Est du mur du haras et du mur de l'hospice Brézin; la largeur moyenne de cette zone d'abatis est d'environ 200 mètres.

Une seconde zone d'abatis s'étend à travers le parc de Saint-Cloud, en avant des défenses, depuis la porte de Villeneuve jusqu'au coteau de la Seine.

L'ensemble de toute cette ligne, que l'on peut appeler la seconde, est très-fort; c'est une ligne à intervalles, appuyée, aux points jugés les plus importants, par des ouvrages très-solides; les redoutes les mieux construites sont assurément celles du Haras et de l'Étoile-de-Chasse; un soin extrême a présidé à leur construction; un temps considérable a dû y être consacré, et, telles qu'elles sont, elles présentent une très-grande résistance.

Une troisième ligne de défense se trouve encore en arrière; elle part de Vaucresson, suit la crête au-dessus du parc de la Marche jusqu'au parc de Marnes, puis le mur du parc de Marnes, descend à l'étang de Ville-d'Avray, et, remontant à droite, atteint la crête, qu'elle barre jusqu'à hauteur du bas Chaville; elle est formée

APPENDICE.

d'une tranchée presque continue, couverte par de très-larges abatis; la zone a une largeur moyenne de 2 à 300 mètres; elle est armée d'une batterie de douze pièces, qui enfile la route de Ville-d'Avray; un épaulement de deux pièces se trouve au-dessus de Chaville, et un autre épaulement presque à la porte de Versailles. En arrière, Versailles n'a aucune défense.

LXXIX.

INSTRUCTIONS.

Colonne d'attaque de gauche.

La colonne d'attaque de gauche se massera en arrière de la Briqueterie, montera parallèlement au chemin de fer, et s'emparera de la redoute de Montretout, en l'attaquant par la gauche et par la droite.

Cette opération terminée, la tête de colonne continuera à marcher et gagnera le plus rapidement possible la propriété *Pozzo di Borgo,* qu'elle occupera fortement. Elle surveillera la gare de Saint-Cloud, qui se trouve en contre-bas de ladite propriété, et le parc de Montretout.

Une partie de la colonne s'avancera jusqu'à la propriété *Zimmermann,* pour l'occuper également et surveiller le carrefour de la grille d'Orléans et le parc de Saint-Cloud.

Pendant ce temps, un détachement qui aura passé entre le bord de la Seine et la ligne du chemin de fer, ira occuper la propriété de *Béarn* et *Armengaud,* pour appuyer l'extrême gauche de l'opération.

Lorsque ces trois positions (Pozzo di Borgo, Zimmermann et de Béarn) auront été occupées, l'artillerie qui aura suivi la colonne viendra se placer en avant de l'ouvrage de Montretout, à gauche du chemin des Bœufs, sur la crête, de manière à battre le fond de Garches et tout le terrain compris entre la *Bergerie* et la *Porte-Jaune*.

La position en avant de Montretout étant assurée par la possession des propriétés ci-dessus désignées et par tous les développements qu'elle pourra donner à la ligne de défense, la colonne s'étendra sur la droite pour se relier à la gauche de la colonne du centre.

Pendant ce temps, le 6ᵉ secteur fera feu dans toute la zone dont la limite à droite est le château de Saint-Cloud, étendant son tir à gauche, de manière à ne pas gêner les mouvements de nos troupes.

Colonne du centre.

La colonne du centre sera massée entre le Mont-Valérien et la ferme de la Fouilleuse.

Elle se partagera en trois colonnes ; celle de gauche suivra la route dite de la *Fouilleuse,* passant à gauche de la ferme, rejoindra la route de la plaine, sa gauche appuyée au point 112 ; à partir de ce point, l'objectif de cette colonne sera la maison dite *Maison du Curé* ou *Maison de la Guette*.

Celle du centre traversera la ferme de Fouilleuse, marchera perpendiculairement à la route allant de la Porte-Jaune à Rueil (route de l'Empereur), franchira cette route et gravira les pentes nord du plateau, ayant pour objectif le point marqué 155 sur la carte.

Celle de droite passera sur la droite de la Fouilleuse, marchera directement contre le mur de *Buzenval,* où des brèches seront immédiatement pratiquées, au saillant central, par le génie, à l'aide de pétards et à la pioche ; elle gravira les pentes droit devant elle, pour arriver au sommet du plateau.

Celle de ces trois colonnes qui arrivera la première à la ligne des crêtes poussera vigoureusement (en restant toujours sur le plateau), ouvrant par des brèches nombreuses les murs qu'elle rencontrera, et s'emparera de la propriété Craon.

Colonne de droite.

La colonne de droite se massera entre les *Gibets* et la *Maison Crochard,* en profitant du ravin qui vient aboutir au parc *Masséna.*

Elle sera partagée en deux colonnes : celle de gauche destinée à appuyer, en se reliant avec elle, la colonne de droite de la colonne d'attaque du centre, marchera directement sur le château de *Buzenval,* et pénétrera dans le parc, à droite de ce château.

Elle gravira ensuite les pentes nord du plateau, s'établira dans la partie supérieure du parc, pratiquera des brèches dans le mur qu'elle trouvera devant elle, pour pénétrer au centre même du plateau de Garches.

Celle de droite, longeant la crête qui s'étend entre le *Pignon* et le Longboyau, montera par la ligne de la plus grande pente qui suit le mur de clôture du parc de Buzenval. Tout en marchant, elle ouvrira des brèches dans ce mur pour se relier par sa gauche à la première colonne.

Elle devra toujours se garder très-fortement sur sa droite contre une attaque sur son flanc. Cette colonne, en bifurquant, cherchera à gagner, dès qu'elle le pourra, la tête du ravin de Saint-Cucufa, à l'Étang-Sec, et de là elle tentera de tourner le Haras par sa droite.

Il ne faudra pas perdre de vue que ce mouvement tournant est nécessité par l'établissement que l'on suppose fait par l'ennemi au carrefour du Haras, et que la colonne de gauche ne pourra l'aborder de front qu'après que le mouvement tournant aura eu son effet.

Établissement des premières réserves.

Les commandants des colonnes établiront leurs réserves le plus à portée possible de leurs troupes d'attaque, de manière que celles-ci puissent être ou soutenues ou remplacées en temps opportun. Ils en auront la libre disposition et se tiendront constamment en rapport avec elles.

Le Gouverneur insiste d'une manière toute particulière sur ce point, en recommandant expressément l'exécution de cette disposition.

Génie.

Chacune des colonnes aura à sa disposition une compagnie du génie, sans compter le détachement du *Mont-Valérien*. Cette compagnie sera munie d'une partie de parc, de quelques échelles et de pétards, et accompagnée de *dynamiteurs*.

Ces compagnies marcheront dans les colonnes à la suite de l'avant-garde.

Artillerie.

L'artillerie de la colonne du centre ne pourra commencer son mouvement en avant que lorsque le passage lui aura été rendu praticable par les troupes qui la précéderont. Elle prononcera son mouvement sur le chemin qui aboutit au point 155, et cherchera les endroits les plus propres pour son passage à droite et à gauche de ce chemin à travers les champs.

Quant à l'artillerie de la colonne de droite, elle devra se placer le plus tôt possible sur la crête qui s'étend du

Pignon à *Longboyau*, pour battre la *Jonchère* et les bois de la *Celle* et de la *Malmaison*.

Elle suivra le mouvement général dès que le plateau de Garches sera fortement occupé et que l'infanterie lui aura assuré son passage.

Occupation de la gare de Rueil.

Ce mouvement général pouvant être gêné par une attaque de l'ennemi, venant de *Bougival* et de la *Jonchère*, ou par l'établissement de batteries sur la rive droite de la Seine, un fort détachement appartenant à la colonne du général Ducrot, et composé d'infanterie et d'artillerie, viendra occuper la station de *Rueil*.

Colonne de gauche (général Vinoy).

Général DE BEAUFORT...	Général NOEL. 1 bataillon du 139ᵉ 1 bataillon de la Loire-Inférieure 1 section du génie du Mont-Valérien... 1 compagnie du génie auxiliaire 2ᵉ régiment de garde nationale mobilisée.	5,250
	Lieutenant-colonel MADELOR. 3 bataillons de la Vendée 53ᵉ régiment de garde nationale *Réserve de la colonne d'attaque.* 4 bataillons de mobiles (BALETTE) 3ᵉ régiment de garde nationale	5,300

Réserve générale.

Division DE COURTY.....	Francs-tireurs... Brigade AVRIL DE L'ENCLOS. { 123ᵉ 124ᵉ 5ᵉ régᵗ de garde nationale. Brigade PISTOULEY.. { 125ᵉ 126ᵉ 34ᵉ régᵗ de garde nationale.	9,400

Colonne de la maison Béarn.

Colonel MOSNERON-DUPIN.	3ᵉ bataillon d'Ille-et-Vilaine 6ᵉ régiment de garde nationale	2,300

TOTAL......... 22,250

Colonne du centre (général DE BELLEMARE).

Colonne d'attaque de gauche. — Général VALENTIN
- Francs-tireurs.
- 109ᵉ de ligne.
- 1 section du génie.
- 1 section du génie auxiliaire.
- 16ᵉ régiment de garde nationale mobilisée.

1ʳᵉ réserve.
- 110ᵉ de ligne.
- 18ᵉ régiment de garde nationale mobilisée.

14,900 hommes.

Colonne d'attaque du centre. — Général FOURNÈS
- Francs-tireurs.
- 4ᵉ de zouaves.
- 1 section du génie.
- 1 section du génie auxiliaire.
- 11ᵉ régiment de garde nationale mobilisée.

1ʳᵉ réserve.
- Bataillons de Seine-et-Marne.
- 14ᵉ régiment de garde nationale mobilisée.

Colonne d'attaque de droite. — Colonel COLONIEU
- Francs-tireurs.
- 136ᵉ de ligne.
- 1 section du génie.
- 1 section du génie auxiliaire.
- 6ᵉ régiment de garde nationale mobilisée.

1ʳᵉ réserve.
- Bataillons du Morbihan.
- 10ᵉ régiment de garde nationale mobilisée.

7,300 hommes.

Réserve générale.

Brigade HANRION
- 135ᵉ de ligne...
- 5 bataillons de la Seine...
- 20ᵉ régiment de garde nationale mobilisée.

5,800 hommes.

Brigade VALETTE
- 3 bataillons de la Seine...
- 1ᵉʳ du Finistère...
- 5ᵉ d'Ille-et-Vilaine...
- 4ᵉ de la Vendée...
- 21ᵉ régiment de garde nationale mobilisée.

6,600 hommes.

TOTAL GÉNÉRAL........ 34,600 hommes.

Colonne de droite (général Ducrot).

Division	Brigade	Régiments	Effectif
Division Faron		Francs-tireurs.	
	Brigade La Mariouse.	35ᵉ de ligne 42ᵉ de ligne 19ᵉ régᵗ de garde nat. mobilisée.	
	Brigade Lespieau.	121ᵉ de ligne. 122ᵉ de ligne. 25ᵉ régᵗ de garde nat. mobilisée.	8,700
Division Susbielle.		Francs-tireurs.	
	Brigade Ragon.	115ᵉ de ligne. 116ᵉ de ligne. 51ᵉ régᵗ de garde nat. mobilisée.	
	Brigade Lecomte.	117ᵉ de ligne. 118ᵉ de ligne. 23ᵉ régᵗ de garde nat. mobilisée.	8,200
Division Berthaut.		Francs-tireurs.	
	Brigade Bocher.	119ᵉ de ligne. 120ᵉ de ligne. 17ᵉ régᵗ de garde nat. mobilisée.	
	Brigade de Miribel.	Bataillons du Loiret. Bataillons de la Seine-Inférieure. 8ᵉ régᵗ de garde nat. mobilisée.	10,600
		Total	27,500

Renseignements pour le général de Valdan.

Le lieutenant-colonel Madelor a le commandement du groupe de la Vendée et de deux bataillons du 42ᵉ de garde nationale. M. Madelor va prendre les ordres du général Vinoy; comme ses bataillons de la Vendée sont aux Tuileries, la garde nationale partira de Paris avec eux en une seule colonne.

La division Courty s'embarque demain à quatre heures après-midi et sera portée à Puteaux en chemin de fer; ses régiments de garde nationale seront rendus là à 6 heures du soir (5ᵉ et 48ᵉ).

Le régiment de garde nationale du général Noël se rendra au Mont-Valérien (2ᵉ régiment).

Le régiment de la colonne Béarn (6ᵉ) se réunira au

3ᵉ bataillon d'Ille-et-Vilaine, à Suresnes, demain le plus tôt possible. Le lieutenant-colonel Mosneron-Dupin (ancien officier de l'armée) prendra le commandement de cette petite colonne. Je vous l'enverrai demain matin.

Prenez à votre état-major celui de la division d'Hugues, rentrant à Paris seul, et restant sans commandement pour le moment.

Le régiment de garde nationale du groupe Balette (3ᵉ régiment) demain dans la journée.

Veuillez envoyer les ordres concernant ces dispositions au général de Beaufort, qui les communiquera.

Signé : Schmitz.

LXXX.

Ordre pour la journée du 19 janvier.

MM. les officiers généraux commandant les colonnes d'attaque devront prendre toutes les dispositions nécessaires pour que les têtes de colonne soient arrivées et prêtes à se porter en avant à 6 *heures du matin,* sur leurs positions respectives, savoir :

  Celle de gauche, à la Briqueterie ;
  Celle du centre, derrière la Fouilleuse ;
  Celle de droite, auprès de Rueil.

Trois coups de canon précipités, tirés à *six* heures du matin, du Mont-Valérien, après un silence de toute la nuit, donneront le signal du départ des points de concentration, pour l'attaque des positions.

Le Gouverneur de Paris.

LXXXI.

DÉPÊCHE ÉCRITE AU CRAYON.
Général Trochu à général Vinoy.

Mont-Valérien, 19 janvier, 10 du matin.

Vous tenez la redoute de Montretout. Le point 112, le plateau 155, le château et les hauteurs de Buzenval sont occupés par Bellemare, qui fait attaquer la maison Craon.

Le moment me paraît venu de porter votre artillerie sur le plateau, en avant de Montretout, comme il a été convenu, pour tirer sur tout le bassin de Garches ; elle pourra même s'étendre jusqu'au plateau 155, si l'artillerie de Bellemare, qu'il faudra consulter à ce sujet, n'y est pas arrivée. Elle est encore à la Fouilleuse.

Signé : Général TROCHU.

LXXXII.

DÉPÊCHE.
Gouverneur à général Vinoy.

Mont-Valérien, 19 janvier, 1 heure.

Appuyez énergiquement le général Bellemare avec votre canon, partout où il peut se développer, et avec une part de vos effectifs. Le général Ducrot, qui est à la droite avec peu de monde, souffre beaucoup.

Si vous aidez Bellemare, Bellemare pourra aider Ducrot.

Signé : Général TROCHU.

LXXXIII.

NOTE AU CRAYON TOUTE MACULÉE DE BOUE.
Général Guillemaut à général Vinoy.

Montretout, 19 janvier, 3 heures du soir.

Le feu de l'ennemi, très-violent, le mauvais état des

chemins surtout, nous empêchent de monter sur les parapets les quatre pièces que nous avons à notre disposition. Il est indispensable que nous puissions être soutenus au moins par une ou deux batteries de campagne, capables de se porter sur le plateau pour contrebattre les batteries de l'ennemi.

Si on ne peut pas nous soutenir, des accidents sont à craindre.

Signé : le général de brigade,
GUILLEMAUT.

LXXXIV.

TÉLÉGRAMME.

BRIQUETERIE.

Gouverneur à général Vinoy.

Mont-Valérien, 19 janvier, 2 h. 50 m. du soir.

Je donne l'ordre de tirer, avec les grosses pièces du Mont-Valérien, sur les points que vous m'indiquez. J'en excepte l'hospice Brézin, trouvant dangereux de tirer, dans cette direction, par-dessus la tête de nos colonnes du centre.

LXXXV.

TÉLÉGRAMME.

BRIQUETERIE.

D. Charbonniez à général Vinoy.

Montretout, 19 janvier, 3 h. 38 du soir.

Nous sommes arrivés à la maison indiquée, où attendons vos ordres. La fusillade s'engage de ce côté.

LXXXVI.

TÉLÉGRAMME.

BRIQUETERIE.

Chef d'état-major, 6ᵉ secteur, à général Vinoy.

Muette, 19 janvier, 4 h. 30 m. du soir.

On tire, selon vos instructions, sur une partie de Saint-Cloud et dans la vallée de Sèvres. Prière de donner vos instructions pour diriger notre tir pendant la nuit.

LXXXVII.

BRIQUETERIE.

Officier d'ordonnance du général Noël à général Vinoy.

Montretout, 19 janvier 1871, 4 h. 50 m. du soir.

Les quatre pièces de 12, sorties de la redoute avec caissons, se défilent de leur mieux sur le nouveau boulevard.

LXXXVIII.

TÉLÉGRAMME.

BRIQUETERIE.

Officier d'ordonnance du général Noël à général Vinoy.

Montretout, 19 janvier.

Je fais porter dépêche au général Noël, qui est allé chercher un bataillon. Il serait, je crois, nécessaire d'envoyer renforts, si l'on veut que les ordres du gouvernement puissent être exécutés. Renforts aussi nécessaires à la gauche; un bataillon de mobiles isolé dans maison. Zimmermann.

LXXXIX.

NOTE AU CRAYON, MACULÉE DE BOUE.

Général de Beaufort à général Vinoy.

Briqueterie, 19 janvier, 11 h. du soir.

Je reçois du gouvernement la dépêche suivante : « Recommandez au général d'Ubexi de faire reposer son artillerie cette nuit, et d'ordonner que ses chevaux mangent l'avoine, de manière à être en état de fonctionner demain matin. Il se peut que nous ayons demain à combattre. L'infanterie du général de Courty devra se tenir prête dès l'aube, ainsi que toute celle qui serait encore disponible. » Le général d'Ubexi est, je crois, rentré à Neuilly, rue Charles-Laffitte, 42. Toute l'artillerie est partie. Quant à la division de Courty, il ne me reste que quatre compagnies. Tout le reste est parti aussi pour Puteaux. J'attends à peu près seul à la Briqueterie. Si vous avez des ordres, donnez-les-moi par le retour du planton.

Signé : Général DE BEAUFORT.

XC.

TÉLÉGRAMME.

Gouverneur à général Vinoy, Suresnes.

Mont-Valérien, 19 janvier 1871, 10 h. 22 m. du soir.

Il se peut qu'à la suite de la retraite confuse de ce soir nous ayons demain à combattre. L'infanterie du général Courty se trouvant à la Briqueterie, autour du général de Beaufort, j'ai recommandé à celui-ci de dire à Courty de se tenir prêt. Je vous prie de faire la même recommandation à l'infanterie qui se trouverait disponible autour de vous. Le général d'Ubexi, avec son artillerie très-fatiguée et embourbée, se tiendra prêt également. Montretout, que le général Noël m'a déclaré intenable, a dû être évacué, comme tout le reste de nos positions.

XCI.

TÉLÉGRAMME.

SURESNES.

Gouverneur à général Vinoy.

Mont-Valérien, 20 janvier 1871, 9 h. du matin.

Ne laissez à la Briqueterie que peu de monde bien défilé. Rappelez en arrière dans leurs cantonnements celles de vos troupes qui sont encore accumulées en arrière de la Briqueterie. La garde nationale pourra rentrer à Paris. Votre artillerie fera d'abord son mouvement et ira se cantonner où elle était avant-hier, à Neuilly.

XCII.

TÉLÉGRAMME.

SURESNES.

Général Noël à général Vinoy.

Mont-Valérien, 20 janvier 1871, 4 h. 25 m. du soir.

Un aumônier, qui, à raison de son caractère, a pu arriver dans le voisinage de la maison Zimmermann, raconte qu'un officier prussien lui a dit que le bataillon Lareinty était bloqué dans la maison Zimmermann, et que l'ennemi comptait sur la faim pour les obliger à se rendre. Pouvez-vous y envoyer ce soir des troupes solides pour tenter de délivrer ce bataillon? Je n'ai pas les éléments nécessaires. Je demande des ordres.

XCIII.

LETTRE.

Général Noël à général Vinoy.

Mont-Valérien, 20 janvier.

Je vous ai télégraphié uniquement sur le rapport de l'aumônier. Je viens de recueillir d'autres renseignements. Par exemple, j'ai interrogé le sous-officier de mobiles qui accompagnait l'aumônier. Les renseignements sont bien moins certains. Rien ne prouve que les 300 hommes de M. de Lareinty ne soient pas prisonniers maintenant. On n'a rien entendu; pas de fusillade. Je ne sais même pas si c'est dans la maison Zimmermann qu'est bloqué M. de Larcinty. Cette tentative est une opération bien délicate avec un ennemi sur ses gardes, dans un terrain aussi accidenté, la nuit, avec Montretout sur sa droite.

Signé : Général Noel.

XCIV.

TÉLÉGRAMME.

Général Noël à général Vinoy

Mont-Valérien, 20 janvier 1871, 9 h. du soir.

Le nommé François Bruninkx m'apporte à l'instant un billet du commandant de Lareinty : « Cerné par des forces très-considérables dans la maison Zimmermann, et n'ayant pas de vivres et plus de munitions, le commandant de Lareinty a été obligé de se rendre. » Je préviens M. de Vertus que l'expédition projetée pour cette nuit n'aura pas lieu. Bruninkx, gardien du château de Puteaux, où habitait M. de Lareinty, avait suivi le bataillon en qualité d'ambulancier; grâce à son brassard, après avoir été conduit à Ville-d'Avray, il a été reconduit de poste en poste jusqu'à Montretout, et là remis en liberté. Il prétend avoir vu beaucoup de troupes.

XCV.

TÉLÉGRAMME.

Général Schmitz à géneral Vinoy.

Paris, 20 janvier, 5 h. 15 m. du soir.

Le gouverneur est absent du Louvre, mais vous pouvez rentrer à Paris.

TABLE DES MATIÈRES.

Lettre a S. E. M. le ministre de la guerre. 1

PREMIÈRE PARTIE.

OPÉRATIONS DU 13ᵉ CORPS D'ARMÉE AVANT LE SIÉGE DE PARIS.
RETRAITE DE MÉZIÈRES.

Chapitre I. Formation du 13ᵉ corps d'armée. 3
— II. Mouvement du 13ᵉ corps d'armée de Paris sur Reims et Mézières. 18
— III. Opérations du 13ᵉ corps sous Mézières. . . . 30
— IV. Retraite de Mézières sur Laon. 60
— V. Concentration du 13ᵉ corps d'armée à Paris. 95

DEUXIÈME PARTIE.

SIÉGE DE PARIS.

I. — OPÉRATIONS DU 13ᵉ CORPS.

Chapitre I. Le 13ᵉ corps d'armée avant l'investissement. . 105
— II. Combat de Créteil. 136
— III. Mouvement sur Villejuif. 144
— IV. Reprise de la redoute des Hautes-Bruyères et de celle du Moulin-Saquet. 160
— V. Combat de Chevilly. 183
— VI. Combat de Bagneux. 211
— VII. Licenciement du 13ᵉ corps d'armée. 231

II. — OPÉRATIONS DE LA TROISIÈME ARMÉE.

Chapitre I. Formation de la troisième armée. 237
— II. Combats de l'Hay et de la Gare-aux-Bœufs. . 248
— III. Combat de Choisy-le-Roi. 267
— IV. Mouvements sur Avron. 291
— V. Combats de Ville-Évrard et de Maison-Blanche. 304
— VI. Attaque du plateau d'Avron par les Prussiens. 328
— VII. Évacuation du plateau d'Avron. 345

III. — ATTAQUE DES PRUSSIENS SUR LA RIVE GAUCHE
DE LA SEINE.

Chapitre I. Coup d'œil sur les travaux exécutés par les troupes pour la défense de la rive gauche de la Seine.................. 353
— II. Ouverture du feu par les Prussiens contre les positions du Sud................... 372
— III. Bombardement de la rive gauche...... 379
— IV. Bataille de Montretout............ 396
Appendice.......................... 427

TABLE
DES PLANCHES DE L'ATLAS.

I. Croquis indiquant le mouvement projeté par le général de Montauban pour porter l'armée de Châlons au secours du maréchal Bazaine.
II. Position des troupes le 31 août 1870.
III. Position des troupes le 1er septembre 1870.
IV. Retraite du 13e corps d'armée de Mézières sur Laon.
V. Détails de cette retraite.
VI. Dispositions défensives autour de Laon.
VII. Retraite du 13e corps d'armée de Laon sur Paris.
VIII. Position du 13e corps d'armée sous Paris avant l'investissement.
IX. Combat de Montmesly, le 17 septembre 1870.
X. Combat de Chevilly, le 30 septembre 1870.
XI. Combat de Bagneux, le 13 octobre 1870.
XII. Combats de l'Hay et de Choisy-le-Roi, les 29 et 30 novembre 1870.
XIII. Combats autour du plateau d'Avron, du 21 au 29 décembre 1870.
XIV. Travaux exécutés par les troupes sur la rive gauche de la Seine.
XV. Bataille de Montretout, 19 janvier 1871.

www.ingramcontent.com/pod-product-compliance
Lightning Source LLC
Chambersburg PA
CBHW071415230426
43669CB00010B/1557